All Voices from the Island

島嶼湧現的聲音

Biopolitics in Contexts

閱讀生命政治

黃涵榆——著

目次

裸命與見證

精神病院

經濟與治理

免疫

神學救贖

思想報導

【導論】

現代生命政治情境與理論[1]

生命政治的情境與特質

正當二〇二一年初，這本書進入最後的撰寫階段，新冠肺炎（或稱武漢肺炎、COVID-19、SARS-CoV-2）的全球疫情仍看不到減緩的趨勢，疫苗的研發與施打仍處於不確定狀態。回顧疫情自二〇二〇年一月底從中國武漢爆發以來、二月開始在歐洲、美洲乃至全球各地迅速蔓延，各國政府大多採取包括隔離、封城、限制社交活動等各種緊急防疫與醫療防護措施。包括阿岡本（Giorgio Agamben）、南希（Jean-Luc Nancy）、艾斯波西多（Roberto Esposito）、紀傑克（Slavoj Žižek）、哈維（David Harvey）、茱蒂絲・巴特勒（Judith Butler）等全球知名哲學家都對防疫措施是否侵犯人權、激起集體恐慌、導致民粹主義與排外風潮表達關切，因而引發熱烈的論戰。在疫情結束遙遙無期的狀態下，緊急的防疫措施似乎成為日常，用阿岡本的生命政治語彙來說，「例外狀態常態化」。換個角度來看，肺炎疫情和防疫措施也深深影響我們的生命情境。實際案例已證明新冠肺炎變得愈來愈有無症狀傾向，復發者大有人在，確診者有可能終其一生都很難擺脫慢性病的糾纏。不只新冠肺炎，在各種「慢性病」愈來愈普遍的狀況下——舉例而言，在臺灣有五成以上的老年人同時有三種以上的慢性病，最常見的慢性病包括高血壓、白內障、心臟病——藥物或醫療措施只能「控制」或「緩解」而不是「治癒」身心病痛。我們似乎落入了一種無法痊癒、看不見終端、漫長而稀薄的時間軌跡。面對這樣的生命政治情境，沒有人能確切回答，這一切到底還要多久才能結束！

事實上，我們不只有在像新冠肺炎或其他重大傳染病肆虐才會面對生命政治的問題。除了慢性病外，我們可以從以下兩個例子，理解生命政治早已與日常生活密不可分。二〇一六年三月三十一日中午，一名經常在政大校園與附近地區出沒閒逛、外號為「搖搖哥」的男子，被獲報的政大駐衛警連同臺北市政府文山第一分局警察與臺北市衛生局人員強制送醫。據部分政大師生描述，搖搖哥經常出現在校園附近，揮舞手臂並自言自語，但並未有過攻擊行為，甚至有人已把他當成校園景觀的一部分。包括臺灣人權促進會與人本教育基金會等團體、律師、學者獲知消息後，立即發起救援與抗議行動，要求柯文哲領導的臺北市政府停止濫權，立即釋放搖搖哥。四月一日晚間在各方人士與團體努力，搖搖哥也表明不願住院後獲得釋放。

二〇一七年八月三十一日新竹縣竹北警分局鳳崗派出所接獲報案，竹北市中華路一名全身赤裸的移工企圖破壞並偷竊車輛，員警陳崇文夥同民防李坤龍到現場，移工不服制止並攻擊員警等人，造成李姓民防鼻梁骨折及臉部挫傷，並企圖搶奪巡邏車逃逸，員警連開九槍，移工身中六槍失血過多死亡。死者是二十七歲的越南籍移工阮國非，此事件引發移工人權團體強烈攻擊員警用槍過當，並激發討論移工處境的輿論熱潮。有專家指出，類似英國、美國都是由移民事務主管單位負責取締「非法」移民，且相關人員都具備外語能力，熟悉法規與證照查驗，不可能由未受過相關訓練和未具備必要能力的基層警員，帶著完全不具司法人員身分的民防人員前往現場處理。當然，也有網民支持警方的作為。檢察官依照業務過失致死起訴員警陳崇文，但建議從輕量刑，監察院針對此事件於二〇一八年七月通過對於新竹縣警察局糾正案。

搖搖哥和阮國非的事件難道只是兩個登上社會新聞版面的偶發事件嗎？就算把他們看成「常態」社會裡的少數或所謂的「社會邊緣人」，我們是否從他們的遭遇看到具有普遍意義的生命政治情境與特質？簡單來說，從「生命政治」看政治，不只是國會代議制度和抽象層次的法律與權利義務規範，而是一套治理機制，深深介入了人們實質的身體、行動與生命；關於這點，生活在防疫管制下的人民應該都有很深刻的體會。生命政治總是牽涉到「界線維護」的問題：健全與病態、合宜與不合宜、公民與非公民、安全與威脅。從這個角度來看，搖搖哥和阮國非的事件看似邊緣或極端，事實上都顯現了生命政治普遍的情境，都涉及身分屬性、行動、空間與權利的劃分與限制。精障者與移工，兩個被生命政治機器視為「不對的人」，出現在不該出現的地方，被警政、醫學、法律等生命政治機器以「健康」與「安全」防護為由逮捕與槍殺。

「為什麼需要談生命政治？」這是我一直以來在課堂上或和學界同仁間討論時經常遇到的問題，很適合作為本書開卷的提問。新自由主義的興起及主導的人流與物流、全球社會對恐怖主義和政治監控擴張的恐慌、基因圖譜計畫或基因改造工程、幹細胞研究、全球化的風險與傳染病的威脅、日益嚴重的對跨國移工和難民的壓迫，近年中國政府在新疆進行的維吾爾人種族「再教育」與淨化，臺灣二〇一八年所舉行的同婚與核能公投——這些都是重要的生命政治議題，都與實質生命的保護、管理、排除、界線維護相關。「為什麼需要談生命政治」這個問題也許夾帶著某些預設、觀察、抗拒或無奈，似乎不管我們願不願意接受，生命政治（理論）已然成為當代學術界的顯學。生命政治作為一種學術領域或知識體系，跨越了政治學、經濟學、生物學、醫學、哲學、法學、社會學甚至神學的界線。而相關的著述者，如傅柯（Michel Foucault）、阿岡本、哈達特（Michael Hardt）與奈格里（Antonio Negri）、艾斯波西多等也受到廣泛閱讀和討論，我們甚至可以回溯到包括鄂蘭（Hannah Arendt）、海德格（Martin Heidegger）、班雅明（Walter Benjamin）、施密特（Carl Schmidt）、尼采（Friedrich Nietzsche），甚至更早的霍布斯（Thomas Hobbes），一路到歐陸政治哲學的源流亞里斯多德，重新詮釋他們的思想可以幫助我們思考當代生命政治情境的重要性，顯示生命政治論述多元的發展脈絡。

生命政治當然不是我們所處時代特有的產物，而是整個現代歷史發展的一環，可以區分成兩個發展階段。根據艾斯波西多的說法，「第一現代性」指的是早期現代時期或霍布斯所處的宗教戰爭時代，政治治理主要依賴「主權」（sovereignty）、「代議」（representation）與「個體權利」（individual rights）等抽象概念，作為政治治理以保護政體生命免於毀滅的依據。然而，自十八世紀以來，歐洲國家為了累積生命力以培植戰力，開始透過各種政治措施，以防止意外死亡的發生、降低死亡率、提升公共衛生與人口品質……也就是說，具有在承平時代為戰爭做準備的弔詭特質。政治和法律透過各種警政、戶政與衛生機構，愈來愈直接和深入地介入人們的生命，這樣的發展可稱為「第二現代性」。這並不是說在現代時期以前的國家，或更早的中古世紀或希臘羅馬時代的城邦，「生命」和「政治」之間沒有扣連，而是指「保存生命」在那時還沒有像在現代階段如此成為政治行動的主要目標。我們可以把整個現代性的發展過程看成以不同的概念方式回應或解決生命防護的需求。舉例而言，「自由」不僅表示參與公共事務的法律權利，更意謂著安全的權利，免於危險與傷害。

現代生命政治另一個明顯的特質是政治和生物語言的混用，不再限定包括「民主」、「自由」、「權利」等傳統政治哲學框架。類似「身體」、「構造」、「健康」、「疾病」等生物學詞彙成為政治語彙，生命與生物醫學在政治領域的重要性與日俱增。貫穿《閱讀生命政治》的核心主旨是：生命防護或人口健康的目標從來都不是中性的。雖然從傅柯的觀點來看，生命政治關乎的是「讓生」（to make live）以及維持社會內部的平衡，但生命政治也並沒有脫離和製造死亡的緊張關係。艾斯波西多也認為，當生命防護和國族主義與種族主義的發展軌跡交會，也就是說，當個體生命的防護轉移或被提升到國家和種族的層次，國家和種族的生命健康被奉為至高無上的價值，就會把其他國家的人民和種族當成障礙，必須犧牲和清除。傅柯也提到興起於十九世紀末以戰爭為模式的「國家種族主義」，將種族罪犯隔離或處決以保護和繁衍自己的國家和種族。這樣的國家種族主義在納粹德國和史達林蘇聯時代發展到最極端，澳洲的白澳政策和南非的種族隔離也都是重大的歷史範例，美國在伊拉克的戰爭也可以算是對外輸出國家種族主義，為了區域和平或解放伊拉克人民而戰，恐怕都是「美國至上」的話術。

二十世紀的三波生命政治論述

事實上，在重要的生命政治思想家傅柯和阿岡本出現之前，二十世紀初期，特別在德文體系裡，已出現許多有機論、人類學和自然主義的生命政治論述，強調國家統治與物種生命管理的關聯。[2]最早使用「生命政治」一詞，一般認為是瑞典理論家柯傑冷（Rudolph Kjellén）的《國家作為生命形式》（*Staten som lifsform*, 1916）。古典自由主義政治哲學把「政體」或「國家」看成一個自願性契約構成的人造體制，也就是說，人民自願把部分權力委託君主或政府執行。柯傑冷在這本書裡提出一種有機的、生機論的（vitalist）國家模式，把國家看成是一個具有生存本能和自然動力的生命體，將眾多人民的肉體和心靈統合成一個整體，這樣的特質比抽象的體制概念更為根本。霍布斯的政治哲學主張政體的作用在於讓人們脫離或超克彼此基於自私自利相互爭鬥的「自然狀態」（state of nature），但在柯傑冷的生命政治論述裡，「自然」並未消失，而是進入更高層次的政治領域。二十世紀初期的另一個生命政治論述的範例，是德國生物學家烏克斯庫爾（Baron Jakob von Uexküll）的《國家生物學：解剖、生理與病理》（*Staatsbiologie*）。他主張國家的「有機生命」需要透過協調個別「器官」、各種職業與能力才得以茁壯，而面對「退化的疾病」威脅時，必須要能提出「復原方案」對抗「寄生蟲」。更重要的是，烏克斯庫爾所指的國家不是普遍、抽象意義下的國家，而是具體存在、具有特殊性質與生命需求的德國。他呼籲成立學術機構培養「國家醫生」，發展「國家醫療體系」，推動全國性的衛生政策。傅柯在一九七四年巴西里約熱內盧州立大學的演講〈社會醫學的誕生〉（La naissance de la médecine sociale）提到相關的歷史脈絡。他指出，德國早在十八世紀末就已開始發展「國家醫學」，同時間也形成了「國家學」（Staatswissenschaft）這樣的學科領域，這一方面意謂著「國家」成為研究的重要課題，另一方面，國家也成為產生與累積知識和主控相關技術的重要機構。這樣的發展和日耳曼地區由城邦間的競爭與衝突走向統一的王國的歷程息息相關，也是因為日耳曼地區和英法等歐洲主要國家相較下，經濟、公民社會和社會分工的發展都較晚。國家醫學體系致力於提升公共衛生成立了「醫療警察」，讓整個醫學知識養成和實作有了標準化的規範，醫學從業人員和醫療機構也正式納入整個行政官僚體制。一切都是為了增強國家的生命力，以因應和鄰國之間各個層面的衝突。

除了北歐和德國統合國家和生物學與醫學的生命政治論述外，英國生物學家羅伯茲（Morley Roberts）的《生命政治：論社會與肉身有機體的生理、病理與政治》（*Bio-politics: An Essay in the Physiology, Pathology and Politics of the Social and Somatic Organism,* 1938）也結合政治生物學和醫學範疇，強調生命政治主要的功能在於確實找出危害政體的風險，評估實際和潛在的疾病並找出其確切根源，預先啟動防衛機制。羅伯茲最具原創性的特點，在於將這樣的政治防衛機制類比為人類身體的「免疫系統」（immunitary system），往後眾多的生命政治和文化理論都沿用這個類比。如同這時期主要的生命政治論述，羅伯茲談的免疫機制具有種族化（甚至種族主義）的色彩，將猶太人在二戰前後被驅離與清洗比喻成「政體的過敏性驚嚇」。

根據艾斯波西多的研究，二十世紀除了上述的第一波生命政治論述之外，一九六〇年代法國在納粹政權垮臺之後，法語世界出現另一波生命政治論述風潮，淡化先前有機論的語彙和立場，走向「新人文主義」（neo-humanist）的方向。舉例來說，瑞士哲學家史塔洛賓斯基（Aron Starobinski）於一九六〇年出版的《論人性與文明之詮釋與歷史》（*Essai d’interprétation de l’historire de l’humanité et des civilisations*），顧名思義，是從生命角度詮釋人性與文明的歷史發展，他認為政體要能穩固地治理自然的「細胞生命」（也就是個體生物層次的生命），必須要能納入「正義」、「慈善」與「真理」等精神養分，才得以調和自然生命中暴力和毀滅傾向。到了一九七〇和八〇年代的英美學界，生命政治論述可說是進入了第三波的發展階段。國際政治科學協會（the International Political Science Association）於一九七三年成立生物學與政治學研究中心，開始在包括巴黎、華沙、芝加哥、紐約等地舉辦國際研討會。政治與生命科學協會（the Association for Politics and the Life Sciences）於一九八三年成立，開啟一系列生命政治研究與出版。這個階段包括麥斯特斯（Roger D. Masters）的《政治的自然》（*The Nature of Politics*）等生命政治論述，品質雖良莠不齊，但都有志一同地把自然當成政治判斷與決定不可或缺的尺度，而不是像古典政治哲學那樣把它當作是需要跨越的門檻或解決的問題。這些論述重新回到自然主義思維模式，重視身體、生理和基因結構；他們界定的政治就是統御自然或順應自然發展，也因此沒有什麼討論政治建構和變革的空間，這無疑是第三波生命政治論述的局限。

生命政治的三種樣態：生物權力、國家暴力與免疫

「生命政治」作為一種理論和真實政治運作模式，並沒有單一且清晰的語義和發展脈絡，以上主要參照艾斯波西多的研究所描繪的三波生命政治論述發展，純粹只是為了提供讀者一個有限但有效的視角，並不妨礙我們探索或想像其他敘述的可能。舉例來說，克莉絲汀．艾斯達爾（Kristin Asdal）等人在《人類、動物與生命政治：不只有人類的情境》（*Human, Animals and Biopolitics: The More-than-human Condition*）的導論裡，歸結了生命政治的三種版本，緊扣我們對於傅柯、阿岡本、艾斯波西多等當代生命政治論述的不同詮釋和定位。艾斯達爾等人將第一個版本命名為「後人文主義群體」（the post-humanist collective），希望能跳脫人類或政治主體的框架，關照身體、力量與事物的治理，展望更開放的生命共同體。這樣的生命政治也會轉向倫理責任，不斷在各種關係之間進行折衝並且做出回應，而不是強化統治機器的運作。第二個版本闡述傅柯「治理」（governmentality）的概念，讓它更貼近物質性，跳脫人類中心的意涵，重新思考並超克自然與人造、自然與文化、自然主義與實證主義的對立，更強調環境（milieu）的重要以及人與事物更多元開放的配置。第三個版本試圖整合傅柯的治理理論、符號學和

拉圖（Bruno Latour）的行動網絡理論，動物或物件不再被當成被動的人類的工具，而是社會、政治、環境體系運作的行動者。這裡將取徑「生物權力」（biopower）、國家暴力與「免疫」（immunity），描繪生命政治的複雜面向。傅柯、阿岡本和艾斯波西多相關的著作將留待後續章節再做詳細討論。

當前的生命政治情境顯然不只涉及政治和生物科學語彙的混用。在我們所處的時代裡，生命政治的問題似乎已變得無所不在，滲透到大大小小的政治和社會部門，甚至日常生活中，包括恐攻和反恐戰爭、難民潮、跨國移工、傳染病和公共衛生、食品安全和風險等等，都是生命政治的議題。當代的政治理論、文學與文化研究創造出時代性的新詞彙，例如「生物防禦」（biodefense）、「生物恐怖主義」（bioterrorism）、「生命資本」（biocapital）等，在日常生活與大眾媒體上廣泛使用。有別於上述幾波論述所談的生命政治，我們現在所面臨的生命政治情境不僅牽涉到「界線防護」——生命政治一直都是界線防護的問題，疾病與健康、病原與載體、內外、敵友、他們和我們之間的界線——更擴及管理、控制、塑造、調整人類存活的各種身心機能。

即便種族主義、國族主義和極權主義這些極端的政治型態在當前的時代裡並未完全銷聲匿跡，我們對於生命政治的理解可以試著跨越那樣的視野，掌握更細緻的權力運作策略和日常化的傾向。早在一九六三年《臨床醫學的誕生》（*Naissance de la clinique*）[3]階段，傅柯就已經開始摸索新的「治理」（governmentality）、「規訓」（discipline）、「生物權力」概念。臨床醫學的出現不只代表著醫學部門的重整，更是人類身體與生命認識論、本體論以及生命政治治理的轉變。任何身體上的症狀、病痛和意外、人口繁殖、各種形式的風險等等都被納入縝密的醫學管理和檔案、論述與權力網絡。傅柯在整個七〇年代持續探索與形塑他的權力和生命政治論述，聚焦在擴散式的、個別化的權力配置，而不是類似國家那樣超大型權力機器單一化、全面性的權力策略。「規訓權力」被廣泛應用在監獄、精神病院與療養院、教養所、工廠與學校，主要目標在於訓練出符合道德規範的、順從的、有用的、合宜的（proper）身體。與此同時，傅柯也考究與十八世紀中期以降的自由主義治理模式密切相關的生物權力。根據傅柯自己的解釋，他並不是把「自由主義」當作一種理論或意識形態，更不是社會自我表現的方式；自由主義對他而言比較是「做事情的方式」，朝向特定目標，並且不斷自我修正與組織。生物權力在身體上部署了種種規範和矯正機制，主要目標在於極大化身體與生命的價值和效益。

當生命政治成為死亡政治

傅柯式的「生物權力」有助於我們理解現代生命政治擴散式、個別化或微細管化的運作方式，但是我們不該因此便忽略生命政治與死亡的糾葛，也就是生命政治逆轉成「死亡政治」（thanatopolitics），或者更廣泛地來說，國家機器暴力的本質。班雅明在〈暴力的批判〉（Zur Kritik der Gewalt）一文中指出，法律和國家機器的核心就是暴力。國家機器透過獨占暴力的使用權，才能維持穩定有效率的運作；而法律的創制凌駕既有的法律秩序，對於現況而言也都是一種暴力。阿岡本則是在《例外狀態》（*Stato di eccezione*）一書中繼續闡述主權者宣告的緊急狀態終止了常態法律的運作，因此僭越了司法與政治、有法與無法、甚至民主與極權之間的界線，成了一種「例外狀態」，凸顯法律自我合理化的、自我證成與自我建構的暴力。另一方面，阿岡本在他的《牲人：主權與裸命》（*Homo Sacer: il potere sovrano e la nuda vita*）一書中考究了包括集中營囚犯、難民、重度昏迷者等不同形象的「牲人」，揭露現代生命政治如何藉由不斷把生命拋除到生死、人畜界線不分的「邊界」（threshold），強化其治理的疆界。阿岡本甚至以集中營作為現代生命政治的範式（paradigm），從中看到民主體制與極權體制之間的連結。

我們當然不是必須在傅柯的「生物權力」和阿岡本的「例外狀態」或「集中營」兩種模式間選擇其一，而是透過彼此的對話和相互參照，掌握當前生命政治情境更複雜的面向。我們透過班雅明的「暴力批判」看到，現代生命政治從一開始就將暴力納入其中。這不僅意謂著國家機器獨占暴力的使用，暴力也是法律本身的變體：法律不再需要倚賴任何類似「上帝」、「歷史」等超越性的法則，而是進入到生命的內在層次運作，像是透過醫學技術從實質的肉身和生命元素統治主體。身體成為各種政治、法律和醫學權力部署或投資的對象，成為累積國家防衛能力的資源。傅柯的生命政治論述提醒我們不應該只在國家及其附屬機制的層次上談權力的問題，這有助於我們理解權力更細部、更擴散的運作。「到處都有權力的問題」，從傅柯的觀點來看，也表示反抗的場域無所不在：身體、健康、身心需求、自我潛能等等權利。但對於理解生命政治逆轉為死亡政治，兩者之間類似莫比烏斯環（the Möbius strip）的關聯——也就是順著「生命防護與強化」的平面會走到「對生命的摧殘」或「製造死亡」那一端——我們也可以嘗試跨越傅柯和阿岡本的理論視野。

免疫

艾斯波西多的「免疫範式」（paradigm of immunization）提供我們另一種生命政治的理論視角。艾斯波西多發現包括黑格爾、尼采、佛洛伊德、魯曼（Nicholas Luhman）等人的思想裡都蘊含著否定性（negativity）的概念，也就是說，否定性是他們有關人類歷史、道德、心靈和系統理論不可或缺的元素。而艾斯波西多在《生命：生命政治與哲學》（*Bios: Biopolitica e filosofia*）一書裡透過與包括巴岱以（George Bataille）、傅柯、德希達、哈達特、奈格里、哈伯瑪斯、阿岡本等人的思想進行批判性的對話，形塑出自己的「免疫範式」理論。艾斯波西多並不認為生命政治必然會走向「自體免疫毀滅」（auto-immunitary destruction）或死亡政治，因此他並不認同阿岡本以集中營作為現代生命政治的範式。他選擇把免疫範式放到比較寬廣的辭源和歷史脈絡，以理解納粹的死亡政治。作為一種否定性概念的「免疫」，其拉丁文字源 *immunitas* 表示某種豁免權，免除社群存在與運作所必需進行的交換活動，包括饋贈與擔任公職。順此邏輯，我們可以看到社群的核心就是一種（反社群的）否定性的狀態，如同上述班雅明的《暴力的批判》所談到的，國家機器獨占暴力的使用，等於內攝（introject）了它所要壓制的暴力。這樣的社群不是一種同質性的整體，而是必須不斷在延續與斷裂、存在與不存在間折衝。這樣的論證也賦予「自由」新的意義：自由不是指參與公眾事務，而是免於他人和體制的干預、侵犯財產和人身安全。換言之，「自由」的核心從「權利」轉移到「安全」與「防護」。艾斯波西多的字源學考究也讓我們理解到，早在現代醫學發展出免疫學之前，「免疫」已是一個西方法學與政治學的重要概念，牽涉社群潛在的矛盾衝突。

十八世紀末英格蘭的詹納（Edward Jenner）的天花研究發明了牛痘疫苗，開啟了現代免疫學。「免疫」也在經歷了漫長的歲月後，正式從法律與政治的場域遷移到生物醫學。這個轉變的意義不僅在於法律政治和醫學詞彙的混用，更在於人們理解和感受身體、健康、疾病和治療的方式也經歷重大改變：身體成了一個實質的政治力和經濟力生死存亡戰鬥的場域，而不是純然想像或意識形態的建構物，也不單純是被規訓的主體。根據細胞吞噬作用（phagocytosis）的相關研究顯示，有機體透過細胞之間的相互爭鬥和吞食，規範各種相互抗衡的力量和要求。吞噬細胞（phagocytes）鎖定一些有機體內無用的元素和滲透細胞壁防護的外來入侵物質發動殲滅戰。（自體）免疫邏輯的生命隨時處在備戰、戰鬥、攻擊和吞噬的狀態中，無法維持平衡和和諧。

當傳統的自然疆界和超越性的神學與象徵體系失去防護效用，現代生命政治防禦機制——也就是上述的「免疫範式」——取而代之。自此，生命防護成了一種工具性的、策略性的選擇。當這種工具性的免疫治理邏輯被推向極端，生命政治就會逆轉成死亡政治，防護和毀滅之間出現難以想像的可怕交會，如同納粹政權帶來的災難：透過殘殺數百萬的「劣等的入侵細胞」以維護德意志民族的健康和統一。如果我們不認為生命政治逆轉成死亡政治是一種歷史的必然，當我們處在當前後九一一國際反恐政治和難民潮的生命政治情境中，展望或想像一種肯定生命的政治和倫理模式似乎成了一種急迫的任務。艾斯波西多提到，「當人類的身體與其他身體在無限的關係之中共存，其內在的（生命）規範也會持續產生變化。」[4]這樣的生命樣態不抗拒對他者開放，是一種從強調界線防護的「免疫化」轉變為打開疆界的「共群化」（communization）。我們除了「效能」、「健康」、「健全」、「完整」等價值之外，還能、還該怎樣看待生命？當我們處在疾病感染、暴力威脅與攻擊、各種人為與自然風險與災難無所不在的情境中，我們該如何重思各種層次的界線，以及與其他生命的共在？

政治生物化（biologization of politics）

我們可以更聚焦生物學和生物醫學來談當前的生命政治情境。大約從十九世紀開始，現代生物學持續從語言學、溝通理論和演化理論等學科借用了新的詞彙，將身體界定成隨時面臨威脅的有機體。對於身體和生物科學而言，界線維護都是最重要的課題。近幾年來的生化科技在分析、組合和模擬DNA有了長足進展，但是我們並不能因此將生命（元素）完全化約成可任意讀寫、複製的透明資訊。在生物學與生物科技發展的過程中，類似精子、卵子、胚胎和幹細胞等元素的發現總是引發分子層次的生命的論爭，衝擊既有的生命定義和既有學科的語彙和分際，即便這些元素在現今的資本主義體系裡，已成為生命政治控管和資本化的對象。

根據羅斯（Nicholas Rose）的研究，當前的生命政治走向「分子化」（molecularized），國家機器重新組裝，不再獨占生命政治權力，而是委任諸多半自主的機構，例如研究機構、生技公司和醫藥廠商等，代理執行健康管理的任務。這些機構加上許多互助和壓力團體，將許多「生命專家」送上生命政治舞臺；他們代表著新型態的生物醫學權威，或者傅柯所說的「生物權力」。這些專家介入個人的生活，提供諮詢和建議，因此擴展了生命倫理的範疇，涵蓋了日常生活大大小小的面向。而最具「生產效益」的生命政治權力機構當屬醫學與藥學實驗室，那裡進行著各種測試，發現更細微、更分子化的生命元素，也創造出理解生命的新形式。舉例而言，拜新的模擬與視覺技術之賜，我們對於生物體系運作的理解得以深入到核酸基（nucleotide base）和酵素活動。但這也意謂生命政治和生物醫學科技介入生命到更細微的層次，那些生命元素不僅被定義、賦予特質，也同時可以被控制和商業化，成為資本投注的對象和利潤產出的來源。

換個角度來說，當前的生物醫學科技並非只以治療疾病為主要目的，而是在生命分子的層次上執行管理、改造、控制、強化生命機能的任務。而這種生命機能強化的任務也表示個體透過生命專家的中介，必須承擔自我健康照料的責任，讓自身成為健康的、有知識的主體，得以遠離生命力退化或病變，以免成了不負責任的、不健康的主體。「健康」作為一種免疫化的道德責任與命令成了主體焦慮的來源，也彷彿是傅柯分析的「敞視監控」（panoptical surveillance）。換言之，當健康成了一種具有生命政治管理與監控作用的內化的道德責任與律令，主體所面對的健康風險反而更高，主體的心理壓力更大，生存也變得更脆弱、更易受到威脅與侵犯。

「健康」從來都不是一種中性價值

不管如何，我們都必須理解健康從來都不是一種免於政治、意識形態、社會和心理衝突的中性價值。這些觀念從免疫邏輯來看，也適用於國家或政體對於傳染病的防衛。自十六、十七世紀以來，健康就一直是歐洲國家政治權力最重要的支柱，攸關人口規模、生產力以及軍事武力的發展。對於包括馬基維利、霍布斯、盧梭、孟德斯鳩等共和政治哲學家而言，人民順從國家的統治，為的是交換國家的保護，免於病原——不論是實質的或譬喻性的、內部的或外來的——威脅。微生物病原的傳遞將人類器官和組織、動物、植物、眾多的物質連結成生化共同體，或者是一種共病系統，鬆動了既有的國族、地理、生態與物種之間的界線；國家存在的目的就在於準備免疫防護的戰爭，以重建或強化這些界線。然而，在當前全球化時代裡，人員與物質的流動更為快速頻繁，病原更易透過偶然的連結與迴圈發展出變種，傳染病的傳遞與演化因而愈趨隨機、非線性與複雜化，愈難預防與防護。傳染病的爆發構成了國家治理的例外狀態，不僅威脅國民健康安全，更衝擊到社會凝聚和經濟利益，不同社群和階級之間生命資本的分配和使用差別激化成嚴重的社會對立，甚至挑動了「責怪他者」的集體歇斯底里或極右派的恐外症（xenophobia）和種族主義。

學者普莉希拉．瓦爾德（Priscilla Wald）明白指出，「傳染不僅是一種認識論的事實，也是宗教與社會研究中具有悠遠歷史的根本性概念，解釋了信仰如何在社會互動中流通……造成我們得病的接觸和互動也建造了我們的社群。疾病的發生戲劇化地顯現出一種激發最基本的人類敘述的兩難：人類接觸的必要性與危險。」[5]「健康」與「疾病」的對立、健康作為一種道德律令、從苦難之中或重大災難之後所形成的凝聚力儼然都是生命政治的策略，用以轉移社會內部根本性的對立與矛盾，強化社群或國族認同。我們正好可以從這一個環節接著思考當代「風險社會」（risk society）的問題：風險愈來愈無所不在與多樣、愈分子化，也更具有滲透力，所引發的恐懼和焦慮好像是傳染病原將人們連結，使他們成為生命政治管控的對象。

風險社會

長久以來，科學技術領域總是將風險視為一種客觀現象，但是一九八〇年代以後，包括瑪麗．道格拉斯（Mary Douglas）、貝克（Ulrich Beck）、紀登斯（Anthony Giddens）、凱斯特爾（Robert Castel）、狄恩（Mitchell Dean）等學者即便有各自的方法論和理論背景，卻都反對傳統的科學技術視角，轉而強調風險的社會、政治與文化脈絡。他們有關風險社會的著作也可視為生命政治論述；對他們而言，風險與風險管理是治理個體、群體與人口的方式。主體以「風險」作為管理生活的指標，而人民是否得以免於各種層次的風險則成了判斷政府治理的正當性的準則。廣泛地說，這些風險社會理論裡的「風險」指的是損害、疾病、死亡或災難的或然率。貝克認為，當前的風險已經滲透到科技、經濟、自然科學、健康（從吸菸到核電的風險）、老化、交通事故、失業等範疇，不一而足，無所不在。若說風險已然成為當前影響最深遠的生命政治情境一點都不為過。風險的迅速擴散凸顯了人們對於任何超越的或烏托邦的救贖力量失去信念，對未來感到不確定。在這樣充滿風險的世界裡，知識與無知、真理與虛假、善與惡的認識論、倫理學與本體論的區分變得脆弱無比。這個狀態反映出整體後現代懷疑論與犬儒主義的時代氛圍，對於風險計算與管理的需求愈顯得急迫。

美國九一一恐攻事件、卡崔娜颶風、南海大海嘯、SARS 與禽流感、日本福島核災、近幾年歐洲各地的恐怖攻擊，更別說是目前尚無明顯緩趨勢的全球新冠肺炎大流行，在在顯示風險與災難隨時都可能發生在自己身上，見證了集體性的脆弱、驚嚇與創傷經驗，「全球社會」——如果存在的話——就是透過這種方式被動員和凝聚起來。這樣風險社會的運作很顯然依賴著前文所討論過的免疫邏輯。包括恐怖主義自殺攻擊等各種不同類型的風險從內部入侵全球體系，無法被精準地估算和有效地管控，但同時也是全球體系運作所必須的否定性元素，如同病毒是有機體免疫力運作的前提。順著這樣的免疫邏輯看下來，一旦全球體系將安全防護提升到不容質疑的目標，帶來的將是更高的風險、更脆弱的全球體系，這將導向自體免疫的自我攻擊甚至是自我毀滅，如同前文討論過的生命政治逆轉為死亡政治。

我們不妨從知識形態來看生命政治和風險社會的密切關聯。風險意謂著生命受到威脅，因此透過醫學和政治措施進行的風險估算與預防總是生命政治管理的重大議題。風險估算的本質是透過功效理性（utilitarian reason）去計算方法、代價和目的之間的等式，以預測、管理、甚至預防或極小化意外和危險的發生。即便如此，我們必須理解當前風險社會裡的風險已不再只是被計算的客體，而是已經滲透到知識體系內部，也就是說，知識變得更為「自我反射」（self-reflexive），更具風險性、更不確定。如同李歐塔（Jean-François Lyotard）高舉後現代主義大旗向所有大敘述宣戰，風險社會理論肯定非線性的知識理論，賦予異議和認知衝突比共識更高的價值。換言之，知識本身就是醞釀出風險的沃土，「非知識」（non-knowledge）成了知識否定性的核心，滲透並徹底改變了人們生命的條件，也對社會控制系統、國家主權和法律造成深遠的衝擊。然而，這種知識與非知識的分身關係並不表示生命政治的鬆綁，而是代表生命政治權力新的運作型態。這種權力不是由類似軍隊、警察和監獄等超大型的壓迫性國家機器執行，而是透過如前面討論過、羅斯所說的「生命專家」提供個人專業諮詢，讓「健康」成為一種知識與道德職責，並滲透到日常生活大大小小的層面。這些專家的專業知識不僅無法消解人們的焦慮，反倒是讓那些焦慮不斷滋生剩餘價值（surplus value）。

關於這本書

這本書的主體結構出自近年來我在國立臺灣師範大學英語系碩博士班開設的「生命政治與倫理」課程演講內容。原始課程依照著年代探討亞里斯多德、霍布斯、鄂蘭，到當代的傅柯、巴迪烏、阿岡本、艾斯波西多、桑特納等作者共十一部著作，涵蓋西方傳統的政治哲學、政治神學到當代生命政治論述。另外有三篇由我在不同場合發表的學術論文改寫而成，分別以移工、難民與見證、當代義大利哲學家阿岡本生命政治與神學思想為研究主題。在春山出版小瑞和君佩的編輯建議下，我以主題調整篇章順序將授課內容轉換成書稿，十一部著作分別依照「城邦與政體」、「極權主義與集中營」、「裸命與見證」、「精神病院」、「經濟與治理」、「免疫」、「神學救贖」重新組合和編排順序。我在準備這本書的文稿時，如同在課堂上講授這些著作，力求忠於原典，讓有心涉獵或研究生命政治的讀者掌握思想內涵與脈絡。但是，一個積極的閱讀過程不會也不應受限於作者的「主權決斷」，篇章之間的多重閱讀路徑、連結、組裝或對話是可能且值得嘗試的。舉例而言，亞里斯多德和霍布斯是整個西方政治哲學不可迴避的源流，但我們可以透過當代的阿岡本或艾斯波西多，反思城邦和政體預設的區分、排除或免疫機制。鄂蘭為世人留下分析極權主義體制最重要的思想遺產，我們可以經由裸命的概念，理解集中營的運作並不限於納粹或史達林政權，而是成了現代生命政治的範式，也可運用到精神病院或難民營。讀者也可以選擇從「精神病院」到「經濟與治理」，跟著傅柯探究精神病院，其並非以治療為主要目的，而是體現了新自由主義講究管理與效益的運作邏輯，再回到〈關於瘋狂與精神醫學（史）的哲學漫談〉這一章，從一個更根本的哲學層次思考書寫與見證瘋人裸命的議題。讀者如果讀了有關集中營和裸命的篇章後覺得政治甚至生命實在太陰暗、太悲觀——敬愛的讀者們，閱讀和思考本身即是愉悅的！——請別遺漏了幾個討論救贖的篇章，即便我們都已聽慣了「上帝已死」的召喚。除了這些理論層次的交互指涉與對話，我同時也希望能以比較友善的書寫方式，讓更多讀者親近歐陸生命政治與哲學思潮，因此我簡要地討論了幾部著作裡的生命政治情境，包括卡夫卡《審判》、歐威爾《一九八四》、電影《楚門的世界》和《鬥陣俱樂部》，期望達到理論與作品相互輝映的效果。我期待不同類型的讀者能依照各自的需要，開展出自己的閱讀路徑，從這本書建立自己的生命政治關懷。這本書是課程內容的改寫與延伸，主要目的在於引領讀者進入當代生命政治重要著作與議題，它並不是一本生命政治百科全書。我知無不言，除此之外，我只能保持緘默。

> Whereof one cannot speak, therefore one must remain silent.
>
> Ludwig Wittgenstein,
>
> *Tractatus Logico-Philosophicus*

城邦與政體

亞里斯多德與他的《政治學》

從小到大我們常聽到「政治是管理眾人的事物」這樣的說法，而這正是政治哲學的一大課題。作為哲學領域的一個學科，政治哲學主要在探究政治行為的合理性與價值，核心概念包括政體、公民、法律、自由、統治的權威等。人們為什麼需要組成政府？政府統治的正當性和權威在哪裡，政府應該實踐什麼樣的價值，如何保障人民的自由並規範其權利義務？「公民」是種什麼樣的身分，應該具備什麼條件？人民在什麼情況下可以或不可以反抗政府……這些問題，都是接下來兩章透過亞里斯多德和霍布斯的著作所要探討的重點。

亞里斯多德的《政治學》（*Politics*）為西方政治哲學樹立了系統化的基礎。全書以城邦（polis）作為理想的政治組織，城邦公民參與政治則是良善生活的前提。在亞里斯多德設想的城邦裡，各種政治職務（特別是高階的）都要依照功能做妥善的分配，才能穩定群體生活。亞里斯多德的哲學向來重視「整體」，因而賦予城邦較高的權威地位，但同時也強調城邦存在的目的，在於為公民帶來幸福快樂。從這些角度來看，亞里斯多德的《政治學》已具備現代國家憲法的精神，也蘊含生命政治管理的思維。亞里斯多德相信人「作為一種政治動物」具有組成不同規模政治組織的自然本性。他延伸有機生物學，把城邦看成一連串的人類關係——包括家庭（婚姻、主人與奴隸）、社區、聚落等——依照內在的原則，發展到最高層次的「自然形式」。這種由政治組織實現的良善生活也是亞里斯多德《尼各馬科倫理學》（*Nicomachean Ethics*）的主旨：「幸福」（eudaimonia）。從幸福的角度來說，善之為善，在於內在價值的自然發展，不是為了其他事物或任何工具性目的，更不是為了彰顯什麼超越的價值。幸福是各種良善與愉悅形成的有機整體，是至高的善，與理性和品德息息相關，只有在城邦的客觀條件之中才得以實現。從較寬廣的歷史視野來看，亞里斯多德《政治學》提出的憲政、分配正義（distributive justice）、公民參與和政治生命的理念，都為西方政治哲學奠定了不可忽略的基礎，也為當代生命政治論述開啟了論爭的場域。簡言之，希臘城邦離我們雖已數千年，但亞里斯多德的《政治學》和當代政治思想間的對話依然持續著。

§

亞里斯多德於西元前三八四年生於古希臘城市斯塔基拉（Stageira，馬其頓中部）。關於他年輕時期的資訊相當稀少，世人很難準確掌握他所受到的思想影響，但可以合理推斷，他早年居住在山林茂密且靠海的斯塔基拉，並開始觀察和思考自然生命產生，後來發展成他的生物學和城邦政治思想。西元前三六七年，十七歲的亞里斯多德進入柏拉圖學院尋求他視為人生至高目標的「哲學生活」，直到十九年後因柏拉圖過世以及日益高漲的反馬其頓情緒才離開。之後應赫米亞斯（Hermeias）——奴隸出身成了小亞細亞西北岸小國亞塔紐斯（Atarneus）和阿索斯（Assos）國王——的邀請加入學者團體，隨後於西元前三四二年進入馬其頓國王宮廷教導王子亞歷山大。兩年後回到故鄉斯塔基拉，於西元前三三五至三二五年間再次以外籍人士身分在雅典居留並創建學院。西元前三二二年卒於母親家族在哈爾斯基（Chalcis）的宅院。亞里斯多德被定位為古典希臘後的偉大哲學家，與蘇格拉底、柏拉圖並稱哲學史上最偉大的三人組。亞里斯多德更以其龐大而完備的哲學體系涵蓋理則學、形上學、生物學、政治學、倫理學、藝術與悲劇理論，對希臘哲學，甚至接下來的哲學發展有著不可抹滅的影響。

城邦是「善」的最高表現

亞里斯多德在整部《政治學》開始便確立一個原則：所有人類社群都致力實現特定的善，而城邦作為一種政治共同體，本身就是善的最高表現。亞里斯多德主張的城邦治理無關乎領土大小和人口多寡，如同家長、議員和國王間的差異也不在於統治的子民的數目多寡，而是治理形式的差異。國王或王室的統治由德行（virtue）優越的一人統治眾多臣民，而憲政體制則是彼此平等的公民輪流依據法律治理城邦。治理者的德行（之後的篇章亞里斯多德大多改用「卓越」〔excellence〕一詞）和政體則因著共善的原則得以融合在一起。

從家庭（以供應日常所需為主要功能）、村落（以共同血緣為凝聚力，且已發展到得以自給自足的規模）到城邦是個有機發展的過程，開展出城邦作為社會形式自然的最終「階段」與「目的」（end的一語雙關），以及「人類作為一種政治動物的自然天性」

（*man is by nature a political animal*）：自然天性包括語言、社會本能、群居的欲望，總是想要成為某個整體的一部分。此處，我們也許可以更深入思考「自然」一詞在亞里斯多德哲學語境中的意涵。表面上看來，使用「自然」界定政治看似突兀，畢竟政治屬於後天人為的範疇，但實際上在亞里斯多德的哲學裡，「自然」（*physis*，即物理學 physics 的希臘詞源）表示成熟或發展的原則，事物的自然本質使事物以特定方式朝向某個目標發展。他的物理學雖然主張萬物的存在都符合某種目的，但並不相信整個自然世界是由某個偉大的神靈或心靈所設計。在自然世界中，事物發展的目標或終點就是發展完成的狀態，從那裡可以回顧較早期的階段。在政治的範疇裡，如果較早階段的社會形式是自然的，包括家庭裡的主人與奴隸、男人與女人、家父長與兒女的主從區隔，城邦當然也符合自然，因為城邦是社會形式發展的目標和終點。任何得到完整發展的都屬自然，城邦如此，作為政治動物的人也是如此。

城邦實現幸福的理想生活

城邦實現的是良善生活或者幸福，不是建立同盟和通商，這些都只是方法而非目的，不是構成城邦充分且必要的條件。共同居住地、防止犯罪、友誼等，這些都屬於「社會」，也不是城邦的要件。城邦實現的幸福生活很重要的一環是正義（justice）：人民、事物、財產、政治權力和權威依照特性合理分配，各得其所，使城邦成為有機的整體。從現代的觀點來看，我們也許難以理解亞里斯多德《政治學》為何沒有明白反對城邦政體的奴隸制度，甚至為奴隸制度設想某種自然的合理性，而不認為它違背自然法則（第一卷，第五、六章）。亞里斯多德主張，當個別元素構成一個整體，當中必然存在著某種統治的原則，區分統治者和被統治者。他甚至指出，「有些人從出生就注定被統治，有些則是統治者。」這種統治與被統治、同時也是優越與卑賤間的二元區分，也存在於靈魂與肉體、理智與欲望、人與動物、男人與女人間。奴隸制度裡的主人統治奴隸為的是自身的利益，是專制的（despotic），但城邦國王的治理則是為了臣民的利益，是憲政的（constitutional）。亞里斯多德假設，反對「奴隸制度符合自然法則」的人，可能會主張奴隸制度是後天的人為因素造成，例如戰爭，取決於野蠻的武力，成王敗寇。但亞里斯多德認為，這種主張等於認同愈有能力施加暴力的人愈有理由當統治者。他反對以戰爭條約或習俗等任何後天人為的因素作為奴隸制度的基礎，更不認為強者必然有較高的道德地位。有人會以為，類似戰爭所簽訂的契約是經過雙方同意，順理成章合法取得奴隸，符合正義的法則，但亞里斯多德進一步質疑這種說法，因為戰爭的原因有可能不符合正義原則。他指出：

> 一方奉行服從，一方施展權威與王權，一切恰如自然所給予。權威的誤用對雙方都有害：因為部分與整體、身體與靈魂有著相同的利益。奴隸是主人的一部分，是主人身體存活但分離的一部分。因此當主人與奴隸之間的關係是自然的，他們就是朋友，具有共同的利益；如果他們的關係建立在〔人為的〕規範和武力，結果就會完全相反。[1]

在此必須要強調的是，我們不需以過度道德化的觀點看待亞里斯多德如何重視利益的合理分配，為統治尋求符合自然法則的正當性基礎。如同當他討論人口、財產的計算和合理的限制以及平等的教育機會、榮耀感和欲望的滿足，他關注的都是如何避免貧窮、犯罪、社會動盪和革命，以維持城邦的有機秩序。

亞里斯多德的憲政觀

在亞里斯多德的政治思想，「憲政」一詞用於城邦，指行政單位和職位的組織，或者是各種元素與事物合理的配置，融合了物理、政治與倫理不同層次的自然秩序，儼然已具備現代憲法作為國家根本大法的精神。亞里斯多德的（政治）哲學具有目的論的特質，組織總是指向某種目的和終點。整部《政治學》從一開始就確立公民的幸福快樂是城邦存在的目的，以統治者的利益為目的的城邦則敗壞了憲政體制。第三卷第七章以統治者的人數區分出三種政府的形式，並對其各自的優劣進行對比（見下表）。

這樣的區分顯然過度簡化，特別是少與多確切的內涵。根據亞里斯多德在第四卷前半部的說明，少與多都涵蓋各種不同的職業、團體或階級，治理的事務和方式各有不同。也就是說，城邦必然是個複雜元素的組合體，元素的組合方式隨城市

統治者	優	劣
一	王權	暴政
少	貴族統治	寡頭體制
多	憲政（政體）	民主體制

而有差異，也因此造就了不同的治理或政府形式。

亞里斯多德的《政治學》經常交替使用憲政與政體（polity）兩個概念，既廣泛適用於不同類型的政府形式（例如民主政體與王權政體），也表示眾多政府形式其中的一種。在作為特定政府形式的憲政體制裡，所有公民輪流統治與被統治，這是一種涵蓋性的體制，政治權力由所有公民共享。貴族統治（aristocracy）指的是最好的（aristos）少數人統治，通常是那些出身貴族世家自認為具有較高德性的人。寡頭體制（oligarchy）也用來稱呼少數人的統治，但是一種敗壞的形式，只為謀求少數富裕者的財富。民主體制（democracy）字面上的意義是人民的統治，但亞里斯多德和其他古代的作者特別用此來指稱窮人追求自身利益的統治形式。對他而言，貧窮是一種必須解決的社會疾苦，是為了防止社會動盪，而非為了任何超越的正義，窮人的統治必然會降低城邦的高貴與卓越。亞里斯多德雖然肯定多數統治的憲政體制比起一人或少數人統治的形勢都較完善，但還是設下限制條件。他主張群眾可以有權參與部分「審議和司法裁決運作」，但不包括競選公職或擔任需要較高條件的職務，如財政與軍事，如此設限對於人民（demos）的不信任不言可喻。簡單來說，亞里斯多德依照統治者的數目「一」、「少」和「多」區分包括王權、貴族和憲政三種統治形式，各自有以上提到的理想，但有可能因為統治者缺乏德性、追求私利或多數暴力，淪為暴政、寡頭體制和民主這三種敗壞的統治形式，破壞了公平正義的原則，也就是破壞了合理的分配原則，更違背城邦政體實現良善幸福生活的最高目的。從這裡我們也可以看到，合理的「分配」或「比例」一直是亞里斯多德政治思想的核心議題，這也是現代政治和法學的要務。

在肯定憲政體制的前提下，第三卷第十五章有關掌控至高權力的「最佳一人」的想像，堪稱某種「例外狀態」；事實上這「最佳一人」在本質上也的確是例外狀態。亞里斯多德並沒有死守法律條文，也沒有一味遵從凌駕特殊經驗的超越性法律，他既非文字主義者，也非超越主義者，而是試圖在兩者間求得平衡。他主張好的法律應該具有絕對的權威，但法律的制定與施行都必須順應情境的變化。最佳一人作為一個統治者依循通用法律，當法律窒礙難行時，就必須做出決斷創造制定新法的條件。但是就常態而言，亞里斯多德並不認為王權是一種完善的政體。亞里斯多德否定國王、王室和貴族必然比其他所有人的道德更優越，較為可行的做法似乎就是讓能力相當、且品德比被統治者優異的公民輪流擔任公職的憲政體制。這些公民都必須具有德性，並且符合不是很高的財產門檻（亞里斯多德並沒有清楚交代多少），才得以出任公職，這顯示亞里斯多德主張擁有財產對於美德和公共事務的參與具有正面意義，有點類似管子《牧民》裡「倉廩實而知禮節，衣食足而知榮辱」的說法。

亞里斯多德所談的統治（rule），涵蓋士農工商各種職業階級多樣的社會活動，他所設想的憲政體制盡可能擴大參與，納入不同的族群，達到讓富有與貧困階級共享權力的理想（第四卷第八章）。亞里斯多德進一步解釋，憲政是寡頭體制與民主體制的融合，目標是「聯合窮人的自由和富有者的財富」。這樣的融合之所以可能，主要透過在政體中納入部分民主體制的特性，如全民會議，以及其他寡頭體制的特性，例如高級公職的選舉。

「適度」是最佳的理性統治原則

從以上的討論已經可以看出，整部亞里斯多德的《政治學》一直努力在各種元素和形式、量和質間尋求妥協或最佳比例，以維持城邦的穩定秩序。他強調「政治元素的混合愈完美，政體就愈能延續生命」。各方面的適度（moderation）是最佳的理性統治原則，和過度（excess）及欠缺（lack）形成強烈對比。這兩種特性都會破壞理性法則和權威，也因此會威脅人際社會關係，兩者各自會導向暴力和詐欺，進而危害社會秩序。基於對適度的重視，亞里斯多德肯定中產階級為主的城邦，因為他們比較滿足於現況，不會覬覦他人財物，可以維持較穩定的人際關係與社會秩序。顯而易見的是，城邦的治理必須能預防或壓制革命的爆發。民主體制的基本理念是多數同等自由的人追求絕對的平等，寡頭體制則是財富相當的人享有高於多數人的政治權力，兩者各以多數和少數衡量政治權力，都不是理想的狀態。頗令人玩味的是，亞里斯多德認為真正的「正義」在於不同身分特質的人依其優劣各得其所，得到應有的、合乎比例的對待。當人們不滿有人比他們擁有更多而要求平等，或者認為自己較優等理應得到更多卻受到虧待時，亦即當人們追求不合乎理想比例的公平或不公平時，革命就有可能爆發。其他引發革命的因素還包括公部門的傲慢、恐懼、城邦某區域不合比例的擴張、選舉舞弊、種族差異等等。

適度或合理比例的統治原則也用於實現城邦的幸福生活。簡單來說，幸福就是各種利益或善——身體和心靈的滿足、個人和群體——之間的合理比例。一個幸福的人必須擁有外在的利益（也就是財富）、身體的善（例如健康）和靈魂的善（例如品德）。也許有些人對於品德的追求遠不及對於財富、權力和聲名等外在好處的渴望，但亞里斯多德也指出，「真正幸福的人不是那些擁有的外在利益多到無用的程度、但是高尚特質少得可憐的那些人，而是有著高度教養的心靈和性格、克制追求外在利益的人。」[2]這裡所說的外在內在、多和少之間的合理比例為何，才是幸福生活呢？如亞里斯多德所說，當卓越品德使人只想擁有「足夠執行良善行動的外在利益」就好時，對於個人和城邦來說就是至善的生活。從這個方向去思考，一個理想的城邦必須要讓公民能從事理智和品德的活動，包括科學和哲學思考以及政治治理，這也表示部分人的閒逸是必要的。以個人的幸福類比集體的幸福，理想狀態是每個人都能有最佳的行動和幸福的生活。如前所述，這種狀態需要各種元素間合理的比例，包括獨處和參與公眾事務之間。自給自足的快樂固然重要，但也要同時顧及城邦安危；即便有時戰爭可能是無可避免的，或會為城邦帶來榮耀，但都應把它當成實踐城邦幸福的工具，而非目的。

亞里斯多德的理想城市藍圖包括規範不同的人口族群，區分階級和職業，好讓各自發揮最佳功能。比如說，亞里斯多德主張公民不應過工匠的生活，認為那有損擔任公職所需的品德；議會成員應該包括攸關城邦安危的戰士階級的長老；農夫和工匠被排除在公職之外，他們的活動並不具有卓越德行。理想的公民性格——出自天性、習慣或理智養成——包含精神飽滿、富機智、有勇氣、善統御、熱愛自由。亞里斯多德對城邦人民的理想性格似乎早有定見，甚至直接以他所觀察到的希臘城邦現實為基礎。這也許會有刻板形象的問題，然而我們也必須理解，亞里斯多德的政治倫理絕對不是具文或無關性格和情感的超越律法；純粹的理念和律法並不足以使人變得道德。概念和律法透過怎樣的心靈機制影響或控制主體，或人與律法的接觸有怎樣的心理背景或成因，還有待從其他哲學角度進一步探討。

整個來說，城邦政體實現的幸福與卓越德行的養成與行動密不可分，也是一種絕對的、自身之善（good-in-itself），而不是「有條件」或不得不（indispensable）的行動——例如「懲罰」或受苦本身可能是不好的，是不得不、具強迫性的選擇，但也有可能衍生出好的結果。帶給人民幸福是政府治理最高、最終的目的，而不是為了更有效的統治。我們也是從這個角度較能理解實踐卓越品德和得到幸福是不可分的，它們自身即是善，而非實現其他目的的工具。

延伸思考

理想（ideal）一詞是希臘原文 *euché* 不甚精準的翻譯。在原典的語境裡，亞里斯多德把理想的城邦類比為仙人居住的祕境之島，不是一般世俗城邦所能達到的層次，但他同時也強調我們應該懷抱希望，不要認為理想城邦不可能實現。亞里斯多德的理想城邦並非烏托邦或「無有之地」（no place），理想並非強加的絕對秩序，而是各種元素逐步趨近於理想比例的發展過程。順此原則，亞里斯多德在《政治學》也批判了他的老師柏拉圖的《理想國》（*Republic*）太過強調城邦的整體秩序，以及不切實際的利他主義（altruism）和共產主義，而「哲王」（the Philosopher-King）的概念也太過理論化，忽略了實際的治術。他的政治學理論也許與現代自由主義頗為契合，兩者都以小而美的政府確保人民追求幸福生活為理想。然而，亞里斯多德影響深遠的主張：人是一種政治動物，具有群居、參與群體的欲望，是否過度簡化了人性，值得更深入的思考。

會不會人們組成群體的真正動機是一種自我中心的欲念，為了要防衛並保有拒絕交換的那部分，也就是說，城邦或任何一種形式的共同生活核心其實是一種不願「共」、不可「共」？整部《政治學》依然存在著公共與私人、分享與獨占、納入與排除、計算和不被計算間的緊張關係：女人、奴隸、動物性的生命都被排除在合宜的城邦生活外。而亞里斯多德對於群眾與民主體制的保留態度更是不言可喻：多數民主在他的政治學裡從不是理想的選擇。即便有這些問題，我們似乎也不應以一種時空錯置的觀點，指稱作為西方政治哲學根基的亞里斯多德的《政治學》，其目的僅在於維持現況的最佳狀態，本質是反民主，甚至是反動的。比較踏實的做法是，透過當代批判性的生命政治論述和包括亞里斯多德的西方政治哲學思想進行對話，而這正是本書的主要目的之一。

霍布斯與他的《巨靈論》

從歷史觀點來看，歐陸的政治哲學思想從著重統治者的性格與德性、皇權與帝國的理念，轉移到主權，反映了歐洲從小規模的城邦，到中世紀的帝國，逐步邁向現代民族國家的發展歷程。我們大約也是順著這樣的歷史脈絡看待霍布斯的《巨靈論》（*Leviathan*）。《巨靈論》可說是完成了從君王德性、君權神授到現代共和政權的思想典範轉移，是西方（現代）政治哲學史的一個里程碑，也是現代民主思想的先驅。就《閱讀生命政治》的架構而言——當然，本書的重心放在當代的生命政治論述，而非宏大的政治哲學史——亞里斯多德有關理想的政治組織的理念為西方政治思想奠定基礎，但尚未發展出契約論，《巨靈論》則填補了這樣的空缺。人為什麼組成共和政體，將權力交給統治者代為執行？為什麼自由需要透過法律才能實現？統治者與人民的權利義務要如何規範？這些是《巨靈論》的核心問題。為了證成共和政體存在的理由，霍布斯假設了自然狀態（state of nature），人類會為了爭奪利益和權利，對其他人發動戰爭。但是，霍布斯推論，人們會憑藉著自保的現實理性組成共和政體，放棄自己部分私欲、自由和權利的主張，設立君主（the sovereign），並和他訂定契約（covenant），接受君主保護，規範彼此的權利義務。共和政體透過國法（Civil Laws）界定和約束人們的自由，合理分配共和制政體的各種元素，以延續集體生命。君主的統治正當性經由人民同意取得絕對地位，他是國法的立法者，代表法律的最高權威，有權懸置和廢止國法。《巨靈論》為現代共和政體樹立了具有唯物主義傾向的自由主義思想基礎，也為何謂自由、盟約、法與無法的辯證等重要政治哲學議題，開啟論爭的場域。

§

霍布斯（Thomas Hobbes）一五八八年四月五日生於英格蘭北部的威爾特郡（Wiltshire）馬姆斯伯里（Malmesbury），時值英格蘭與西班牙無敵艦隊軍事衝突之際，英格蘭政權面臨動盪不安。從小到大長時間的自主學習，造就霍布斯精通包括義大利文、法文、希臘文等外國語言，他飽讀古籍，更譯介包括荷馬史詩、古希臘修昔底德（Thucydides）的史學著作，堪稱文藝復興時期的人文主義典範。霍布斯一六〇八年自牛津大學畢業之後，被引介為後來成為德文郡（Devonshire）伯爵的卡文迪什（William Cavendish）的幕僚與家庭教師。他從塔西陀（Publius Cornelius Tacitus, 58-117）和培根（Francis Bacon, 1561-1612）的作品中，逐漸建立論文寫作的模範，關注自由、公民參與、共和主義等理念，從人文主義的涵養進入正規的哲學與科學著述。霍布斯於一六七九年死於膀胱炎引發的中風。

《巨靈論》大部分是霍布斯在一六四〇年開始被放逐到巴黎期間所寫。一六五一年正式發表後，因為書中提出有別於傳統的政治和宗教概念，引發頗不友善的迴響，他的一些保皇黨友人甚至指控該書傳播叛亂思想；當時正值法國發生投石黨叛亂（the Fronde, 1648-1652），也就是法國與西班牙戰爭期間因法王路易十四走向專制王權而引發的內戰。而英王查理一世則因暴政引發內戰，最終被審判、處死，英格蘭宣布建立共和政體。不過因為該書撰寫期間內戰尚未結束，因此對內戰並沒有清楚直接的概念與評論。

大體而言，霍布斯的哲學立場傾向唯物論，認為思想或心靈活動是實質的客體所建構，對於傳統的自由意志、自然權利或任何具有超驗色彩的概念都保持懷疑態度；《巨靈論》約莫也反映了這種唯物論的思想。《巨靈論》認為人類生命充滿信仰、情感、欲望、利益等各種衝突，而為了深刻思考衝突的本質，霍布斯創造出一整套新的政治哲學語彙，例如自然狀態和自然法（Natural Law）。在自然狀態裡，每個人都宣示自己對於事物的權利，以求自保，延續生命。這樣的宣示也意謂著個體的權利要獲得他人的認同，必然會和他人的權利產生衝突，形成近似自我保存的戰爭狀態。人們若要脫離這樣的自然狀態，就必須接受適用所有人的自然法，放棄一部分的自由和權利。霍布斯的自然法確切意涵為何還有待討論，即便如此，我們還是可以瞭解脫離自然狀態需要的是人們的理性思考或推理能力。當人們集體放棄自己的權利，就進入一種契約關係，依多數決設立君主，代表他們執行權力。君主的權力是代表性的，其正當性基礎來自人民，其權力必須加以規範。比如說，君主沒有權力指定繼位者，君主行使的一切權力都必須以保護人民的生存與福祉為目的，而人民的權利包括生命、免於暴力對待等，都是不可轉讓和剝奪的。由這裡我們可以看到，人民和君主訂契約割捨部分權力以求生存，並避免毀滅性的衝突，這種契約關係本質上是防衛性的，為的是要維持人我、公私、內外間的界線，因此是「免疫的」（immunitary）；[1]這種免疫性也反映在否定性的自由，也就是「免於……的自由」。《巨靈論》第二部分「共和政體」包括共和政體的「組成和運作」、「君主的權力和人民的契約」、「自由」、「法律與正義」、「上帝國與共和政體」等幾個主題。這些都是典型的政治哲學議題，霍布斯對這些問題的思考事實上不再只是停留在抽象的政治哲學層次，而是已蘊含了免疫邏輯、政治生物化等當代生命政治的重要面向，值得深入探討。

共和政體的組成和運作

建立共和政體的主要目的是確保人民的生存與安全。換個角度來說，人民願意讓部分自身權利與自由受到限制，避免人人為了自身的生存利益，訴諸自然天性或與生俱來的激情，陷入毀滅性的爭奪或戰爭。當人民體認自然法的地位，並接受它的約束，但這並非出自任何先驗的超越理性，不像康德主張的「人生而有遵從法律權威的先驗理性」，而是出於自保的現實理性，為的是使自己的生存利益免於受侵犯。從這個角度來看，自然法並非屬於純粹理性的範疇，而是和現實的權力治術相輔相成。

霍布斯接著解釋，共和政體不能由少數個人或家族獨占，避免引發外來勢力的覬覦進而入侵。共和政體也不能由多數民眾治理，因為共同的判斷不可能持久，共同的敵人也並非固定且清晰可辨，而且群眾總是有可能陷入相互爭奪的自然狀態或無政府狀態：除非他們出於敬畏恐懼之心，「同意接受」法律的制約。這種同意顯然具有脅迫性，而脅迫和恐懼一直都是霍布斯政治思想的要素。霍布斯思索著，為什麼人類不能像（亞里斯多德所說的）蜜蜂、螞蟻等群居動物，可以生活在沒有脅迫性權力的社會。他以那些生物和人類間的本體區分為依據，列舉了許多人類具備（但那些生物欠缺）的特質——榮譽和尊嚴感、得失心、理智、語言能力、行動智慧等特質——解釋為何人類不可能生活在沒有脅迫性權力的社會之中。其他群聚動物間如果有任何契約，也都是基於自然本能；人類社會則是透過「共同的權力」建立「人為的」（artificial）契約。

霍布斯主張建立「共同的權力」的唯一方法，是人們：

> 將他們所有的權力和力量責付給一人或議會，讓他們的意志和多重的聲音變成單一意志……這不再只是同意或一致，而是所有人形成的一種實質的統合體……我放棄統治自我的權利，授權給一人或議會代為執行，你也依照相同條件，把你放棄的權利交

付給他，以同樣的方式授權他採取所有的行動。如此，諸眾統合在一人之中，謂之共和政體。[2]

在這樣的大原則下，霍布斯進一步依照不同的主權（sovereignty）擁有者區分了幾種類型的共和政體：君主制、貴族制和民主制。這些體制的差別不在於權力本質，而完全基於確保政體和平與安全的權宜謀略，以及權力執行效益的不同。例如，霍布斯指出議會受較多人事地因素的限制，也難保達成的決議能確實執行。君主共和體制的問題主要在於如何有效延續王權，幼君需要有人輔佐，容易引發臣民覬覦而爭奪權位。霍布斯顯然特別關注王位繼承的問題是否危及共和政體的穩定，如同他也關注人口繁衍如何影響政體的強弱。用當代生命政治的角度來說，我們在《巨靈論》的共和政體中看到的是「政治的生物化」（biologization of politics），亦即共和政體是以生命保存和延續、界線防護為主要目的。

君主的權力和人民的契約

君主統治權的正當性來自人民轉讓的權利，雙方的權利與義務由契約加以規範。必須釐清的是，這種契約是推論性的（也可說是象徵性的），而不是經驗層次上的實質契約，也就是說，人民並沒有真的動手簽訂契約。人民一旦同意忠於契約，確立與君主的從屬關係，統治結構就具備了絕對地位，不容輕易更動。除此之外，雖然霍布斯並未完全切斷共和政體與上帝的關聯，但他把「契約」從基督教神學根源帶到世俗政權，強調與上帝的契約不能作為不服從甚或罷黜君主的正當性基礎。在以契約的絕對權威為前提的情況下，個人沒有任何正當理由對君主的決斷提出異議和控訴。君主不再單純指涉那個實際存在的肉身，而是成了共和政體運作的必然邏輯，合乎必要的統治理性。即便霍布斯代表西方政治思想從「君權神授」過渡到現代世俗共和政體的里程碑，我們還是可以發現他的契約論內建了一種從屬關係，一種免疫邏輯：合意契約的核心是無法選擇的，是不得不同意的必然性。

為了要維繫共和政體的和平與安全，君主必須採取必要的手段，包括進行思想與言論的控管、裁決人民的財產、選擇行政官僚、施行賞罰、頒授榮勳等等。這些決斷權都是君主不可分割、不可轉讓的至高權力，和對於戰爭的集體恐懼一樣，都是防護和延續共和政體生命的裝置。霍布斯將透過戰爭和征服取得的統治權界定為專制統治（despotical dominion），戰勝者對於被征服者行使如同主人對僕人的統治。令人好奇的是，霍布斯認為在這種情況下被征服者對於勝利者的「屈服」（而不是勝利本身）形同契約的訂定。這樣的說法是在合理化強者使用武力征服弱者的行為？是在討論不同類型的契約？或者契約本質上就具有強迫性，總是以武力為後盾？

自由

霍布斯所設想的自由並非超越性的抽象概念，而是具有唯物論的特色。在物理的範疇裡，自由意謂著物體不受阻撓而能移動；霍布斯把這樣的概念用在共和政體的人民，讓自由的概念變得更為複雜。人民的自由必須接受法律的限制，以免落入自然狀態自我私欲的衝突，這樣的自由本質上是否定性的、免疫性的，是「免於……」的自由。霍布斯不認為在共和政體裡自由和恐懼相互矛盾，在邏輯推論的層次上，正是因為人是自由的，才會因恐懼而守法，如同因為害怕沉船而把貨物拋入海中一樣是出於自願。這看似難解、甚至有些無厘頭的推論，事實上涉及自由與必然性是否相容的哲學難題。人類的意志、欲望、性情甚至宇宙萬物都在特定的因果連結中，最終推向必然的「第一因」（the first Cause），也就是上帝。在這樣的思考脈絡下，「上帝」彰顯的是一種邏輯必然性，使推論得以進行。這種因果關係和必然性都需要透過人的自由行動才得以實現。人們為求自保，自願設立「人造人」（Artificial Man，也就是君主）與共和政體，自願遵從「人造的鏈條」（Artificial Chains，也就是法律）的束縛。君主在共和政體裡代表類似上帝般絕對的邏輯必然性，因此，雖然在現實上人們不難破壞法律，具有破壞法律的行動自由，但君主代表的主權和統治的正當性是絕對、必然、不容挑戰的，共和政體的律法因此能產生運作效力，人民才得以依據法律規範行使自由，包括因為土地與財產爭議和政府與君主進行司法訴訟的自由。君主代表的統治權如同貫穿整個共和政體的靈魂或生命原則，讓組成政體的個別身體產生動能。

法律與正義

共和政體作為一種集體生命，必須透過妥善分配各種物質、動植物、土地財產等才得以延續。合理分配延續共和政體所需的元素，用現代的術語來說，就是分配正義（distributive justice）。這種型態的正義，如同以上所討論的自由，本質上是否定性的、免疫性的，因為牽涉我與非我、適當與不當等各種界線的劃分和安全的維護。舉例而言，當某個公民對於某些財產具有所有權，自然就排除了其他人使用那些財產的權利，但君主則不在此限，因為君主代表的主權是所有區分的最終權威。而公民的土地與財產買賣必須要依最高的統治主權決定，不能任由公民自行決定規則，以免危害政體安全。

《巨靈論》到底形塑了什麼樣的共和政體法律典範呢？第二部第二十六章討論的「國法」（Civil Laws），並非個別國家因地制宜實證層次的法律，而是普遍的法律；與之對應的則是國家代理人（*Persona Civitatis*），如同抽象律法的肉身。從最字面的層次來定義，國法指的是一套以命令的方式適用於所有人民的對錯、合法與不合法、公義與不公義的判斷準則。這些命令必須有具體充分而明確的表述，不容絲毫疑義。

所謂的「主權者」是共和政體唯一的立法者，不論是以君主一人、議會或民主體制行使這樣的主權。立法者憑藉理性意志（而不是制式的法條文字）代表整個共和政體制定法律，人民必須絕對服從這樣的法律，因為主權者的權力基礎是全民的自由意志和同意，因此「無知」不能成為破壞或不遵守法律的藉口。主權者不受制於國法本身，他

（們）具有懸置和廢止法律的權力，也是因為有這樣的權力才能避免長期受制於僵化的法律條文或習俗所形成的惡法。但是從這裡可以看到主權者的弔詭：共和國的法律賦予主權者超越法律的權力，這個權力既在法之內，也在法之外，我們也可以說法律權威的核心是一種無法（non-law）的例外狀態。

另一方面，自然法和國法並非相互牴觸的兩套法律系統，國法甚至可以說是依循著自然法而訂定。一些屬於自然律法的德性，例如平等、義氣、感激等，都需要透過國法才得以實現，自然法並沒有因為進入國法的階段而消失。必須說明的是，自然法和國法不僅是不成文（unwritten）法和實證法間的差異，這樣的差異同時也顯示人在自然狀態的部分自由與權利必須受到國法的限制，換言之，自然法和國法間沒有任何自然的發展歷程或絕對的斷裂，而是持續存在著折衝的關係，這樣的關係也持續存在於現代法學有關於法律規範、政治治理和人民權利的限度的論爭。

上帝國與共和政體

《巨靈論》一方面維持實證性的國法和自然法間的關聯，另一方面也讓共和政體和上帝國之間——也就是俗世的、實證性的國法和超越性的上帝律法之間——產生微妙的連結。針對這個問題，我們必須觀察共和政體如何需要上帝國的榮耀加持（這也是往後阿岡本的《王國與榮耀》一章中的核心議題），或者上帝國如何讓共和政體的合理化基礎更加穩固。首先，上帝國的基本原則，包括話語、統治、賞罰、信仰、希望以及敵我分明，及於萬物。上帝以話語統治天堂國度，如同共和政體的國法必須昭告天下，徹底否定以無知作為僭越律法的藉口。人們除了透過自然理性之外，還可能經由某些人（例如先知）宣告的啟示和預言理解上帝的話語，然而，屬於超感官的啟示和信仰範疇的預言都不足以形成普遍律法。

霍布斯更進一步指出，上帝的統治正當性源自祂「無法抵擋的權力」，而不是任何抽象的「善意」，在這樣的權力條件下，人們信守與上帝的契約而順服祂的統治。像約伯這樣善良的人為什麼會經歷慘痛的遭遇？霍布斯對這個歷史久遠的問題的思考，依舊環繞在上帝的統治權力，沒有涉入神義論（theodicy）——也就是代表全知、全能、至善的上帝為何允許惡發生在祂所造的人世——的論爭。他對於超自然的啟示和預言，以及直接使用聖經條文作為法律的懷疑態度延續到《巨靈論》第三部有關基督教國家的討論，但他以國法作為共和體法律基礎的信念未曾改變。

延伸思考

整體而言，霍布斯的政治哲學似乎不太樂觀看待人性。然而，他卻頗為樂觀地認為，如果統治者能理性地運用權力，將得以維繫國家安全與和平，改善人民的生活狀況，讓人們遠離生存的爭奪和衝突。霍布斯這樣的思維讓他名列早期歐洲啟蒙思潮的代表，嚴格說來，他是開明專制（enlightened despotism）的倡議者，也可算是現代自由主義的先驅。《巨靈論》如同亞里斯多德的《政治學》，同樣為政體的各種元素設想出理想的配置，但他更重視人民透過自由意志創建主權者，讓統治更符合制度規範，而不是依循統治者個人的立場。《巨靈論》談的自由很容易被界定為「免於外在的障礙」，也就是所謂的否定性的自由，但實際上我們仍可發現書中有關於自由的兩難或矛盾，比否定性的自由更為複雜或曖昧。人們出自對於君主的畏懼，「自願」接受他的統治和國法的制約也是自由的表徵。霍布斯的思想多少有些機械論的色彩，物體受到外在力量的驅使（或決定）才會移動，他把這樣的定律應用在政治哲學；對他而言，水往低處流動、欠缺理性的動物動作和理性的人類的行動並沒有本質上的差異。但是他同時也從意志的角度談自由，這樣一來，外在和內在、障礙和自由間便有了更複雜的關聯。於是我們會問，恐懼作為一種「內在的」心理障礙和自由是相容的嗎？人出自恐懼而接受統治正好彰顯人的自由嗎？霍布斯顯然不太在意是什麼因素引發意志，但他對自由有其個人獨特的理解：那不是任何先驗的、超越的概念，而是在面對決定因素行使的意志，甚至包括為了生存的安全犧牲部分的自由。這會不會是一種「強迫性選擇」（forced choice），如同「要錢還是要命」？這樣的自由和必然性（包括君主的權力）是一體兩面，總是以共和政體的統治權威和秩序為前提；霍布斯也因此提到權宜性地行使自由做法律沒有禁止的事。政治治術和道德正當性間存在著緊張關係。另一方面，《巨靈論》提出的契約論包括交付權力、同意被統治、免於被侵犯、享有合法權力等。共和政體的契約具有假設性、想像性的根源——也就是說，並沒有人真的跟誰實際簽訂任何形式條文的契約——但卻形成了實際的權利義務規範；實證性、內在性的法律依舊脫離不了超越性的法源。契約必須要有各方當事人，責任、義務、承諾和預期的利益都必須載明。共和國政體的契約「理應」包括君主和所有公民。但如果君主被賦予懸置和廢止共和國國法的例外權力，他似乎既在契約之內，卻又又不受契約限制，這是否意味著君主體現了法之內和法之外、法和無法的弔詭，人民是否也可能被「合法地」丟棄到不受法律保護的生命狀態，合法地被剝奪法律的保護？這些問題牽涉的不只是抽象層次上的法律、公民、權利與義務，而是主權者自身弔詭的例外狀態，法律介入實質的生命，以及法之內與法之外的生命形態之間的緊張關係，這些是當代包括班雅明、阿岡本、艾斯波西多等人的生命政治論述探討的問題。每當重大犯罪事件發生時，臺灣人總是本能地訴求「治亂世用重典」，同意交付更多的權力給政府和國家法律，似乎基於安全維護的考量，可以任由公權力擴張，合法排除危險分子或「不合宜的生命」。也許我們該靜下心來思考法律的本質，我們要的是什麼樣的法治。

極權主義與集中營

鄂蘭的《極權主義的起源》

為什麼會出現極權主義？鄂蘭的《極權主義的起源》（*The Origins of Totalitarianism*）告訴我們，納粹德國和史達林蘇聯極權主義是極端的現代現象，但鄂蘭要引領我們思考的與其說是特定政權和意識形態，倒不如說是現代性的本質。《極權主義的起源》留給世人最大的警醒也許是極權主義並不會因為體制的瓦解而消失。新型態的（科技與經濟）極權主義透過影像、商品和媒體，遂行更無所不在的監控和統治，穿透人們的日常生活、想像、欲望和快感，任意翻轉扭曲真相和價值觀……思考極權主義的問題除了關乎生命政治、政府形式、統治技術和意識形態的問題，更是對存在意義的追尋。

鄂蘭的著作呈現極權主義和整個現代治理密不可分，這也表示《極權主義的起源》

雖然成書已超過半世紀，依然具有當代意義，有助於我們理解自身所處的生命政治情境。當我們想要透過鄂蘭理解「為什麼會出現極權主義」——不管是納粹、史達林或任何形式的極權主義——這個複雜的歷史脈絡，我們都必須注意鄂蘭對於歷史因果論和決定論普遍抱持懷疑態度，極權主義獨特而極端的現代性更在於它摧毀了現代政治哲學和經驗，它和無國籍者與難民一樣，都讓政治和道德判斷遭遇空前的困境。包括暴政（tyranny）、獨裁（despotism）、威權主義（authoritarianism）等看起來雖然和極權體制很相似，但這些統治形式是以「恐懼」（fear）作為統治技術，發揮讓人民順服的功效，而極權體制瀰漫著具有法律基礎的恐怖（terror）對於人的存在造成毀滅性的效應，遠超出任何傳統的壓迫性體制，也不是功效主義因果律或方法與目的的估算。極權體制裡「沒有什麼不可能」，任何違反人性的罪行都可能發生，都可以被體制合理化。在相當大的程度上，極權主義體現了現代文明發展的弔詭。它在早期革命運動的階段強調的是不斷前進的動態，但一旦建立政權之後，極權主義卻又轉型成為全面統治的超穩定體制。現代文明彷彿是順著進步史觀、功效主義和科學與官僚理性發展，最後走到了極權主義的極端。

鄂蘭從一九四五年開始寫《極權主義的根源》，在希特勒政權滅亡四年後的一九四九年完成初版，於一九六六年完成第三版修訂。鄂蘭在這橫跨二十年的寫作過程中見證了一段動盪不安戰爭與革命的年代：極權主義政府興起獲得群眾支持，摧毀民主體制的根基；俄國的極權體制並未隨二次世界大戰結束而崩落，持續利用祕密警察和集中營擴大整肅異己；東歐布爾什維克化，中國共產黨取得政權，極權主義持續擴張……整個時代瀰漫在一種失根無依的氛圍，文明瀕臨瓦解邊緣，面對瘋狂的政治權力時，人們已無法依賴現有的原則理解整個世界到底發生了什麼。

《極權主義的根源》讓我們看到，雖然極權主義在建立政權後成為超穩定的體制，但因為它讓再違反人性的罪行都可能發生，等於是讓「無法」成為日常狀態。複雜的是，這種為所欲為的無法的狀態卻是體制運作的原則。極權體制以自然和歷史法則作為藉口，所有異議和反對人士都變成必須清除的障礙；它透過祕密警察進行無所不在的監控，使人們活在極度恐慌不確定的狀態。極權體制施行的全面統治帶來全面恐怖，集中營更是最極端的恐怖，徹底摧殘人類的法律、道德存在、個體性與自發性。我們所處的世界中依然存在著極權體制的暴力和罪惡，《極權主義的起源》引導我們面對道德概念和判斷的難題，將思考推向不可能的界線。

§

漢娜・鄂蘭於一九〇六年十月十四日生於德國漢諾威的一個猶太中產家庭，雙親都是社會民主黨黨員，母親是羅莎・盧森堡（Rosa Luxemburg）的崇拜者。鄂蘭的父親於一九一三年因多年的梅毒去世，由母親承擔教養責任。鄂蘭在一九二四到一九二九年期間，前後在馬堡、弗萊堡和海德堡等大學研究哲學和神學，深受雅斯培和海德格的影響。一九二九年鄂蘭在亞斯培的指導下完成並出版博士論文《奧古斯丁的愛的概念》（*Der Liebesbegriff bei Augustin*）。在這本書裡，鄂蘭從奧古斯丁融合了前基督教的世俗文化與基督教超越信仰的「愛」，導引出公共領域和民主參與行動的思想基礎。鄂蘭在一九三三年離開德國，在捷克和瑞士短暫停留之後到了巴黎，結識班雅明。鄂蘭因為猶太裔的身分，在一九三七年被納粹德國政府取消公民身分，於一九四〇年與馬克思主義詩人兼哲學家布里赫（Heinrich Blücher）開始第二段婚姻（與前夫史特恩〔Günther Stern〕於一九二九年結婚，一九三七年離婚），同年被囚於德軍占領法國期間的維琪政權為遣返猶太人所設立的集中營，數星期之後成功逃離，隨後與先生、母親經由葡萄牙前往美國定居，於一九七五年十二月四日因心臟病發作過世，得年六十九歲。在橫跨近半世紀的學術研究與創作歷程中，鄂蘭為現代政治哲學留下了極為豐富的思想遺產，包括《極權主義的起源》、《人的條件》（*The Human Condition*, 1958）、《平凡的邪惡》（*Eichmann in Jerusalem: A Report on the Banality of Evil*, 1961）、以及到她過世前幾天都還在撰寫的《心智生命》（*The Life of the Mind*, 1978）等，持續關照公共性、政治組織與治理、判斷與責任、暴力與邪惡、生命情境等議題。

《極權主義的起源》顧名思義，詳盡考察了極權主義的歷史脈絡，包括十八世紀後期以降的反猶太主義（anti-Semitism）和帝國主義（imperialism）。全書第一部探究了歐洲反猶太主義的發展脈絡。鄂蘭並不像一般研究猶太主義的學者那樣，從「代罪羔羊」的角度看待猶太人在西方社會的地位，而是特別關照因歐洲民族國家和國族主義的興起，猶太人被視為威脅國家安全的外來者；再加上猶太人傳統上被看成貴族階級同路人，而傳統階級架構在現代歐洲民族國家中已式微，取而代之的是為極權主義提供穩定基礎的群眾社會。第二部描繪極權主義、現代歐洲帝國主義和種族主義發展脈絡的密切關聯。歐洲人因帝國主義的擴張，增加了與非歐洲人接觸的機會，強化了自身的種族優越感，以及（單一化的）語言與國籍的連結，合理化對外擴張和兼併：所有說德語的都是德國人，都屬於統一的德國……這樣的帝國擴張主義也為極權主義的發展提供了必要的基礎。《極權主義的起源》第三部以納粹德國和共黨蘇聯為範例，探討運動階段和掌權後的極權主義，聚焦群眾現象、意識形態宣傳、權力運作、領袖的原則、全面統治（total domination）、恐怖（terror）的效用等。此處將特別著重（掌權後的）極權主義體制，進一步討論這些議題。

極權主義需要群眾

極權主義興起於傳統的階級區分和階級社會崩解的基礎之上，它從運動階段開始就依賴群眾（masses），或建構能支撐從擴張到奪權所需要的群眾基礎。列寧在一九一七年的十月革命後面對的是沒有組織的群眾，於是他發動農人掠奪鄉村地主的財產，鼓勵組織自主工聯，甚至容許新興中產階級的存在，但後來國家的最高權力卻還是由官僚體系獨占。列寧去世後的布爾什維克政府開始清除有產階級、中產階級和工人階級，原有農村中的農民也被透過集體化產生的新農階級所取代。史達林的大規模整肅甚至還包括所有政府機構、整個社會中的黨員和非黨員的管理階層，結果就是所謂的「群眾社會」。整體言之，極權體制的宣傳、灌輸與恐怖手段相互為用，以科學客觀的外表掩飾意識形態教條和謊言，目的是控制群眾，讓他們噤聲。偽科學、預言式的群眾宣傳有時到達了荒誕可笑的程度，像史達林吹噓：「我們愈精準地認識和觀察歷史和階級鬥爭的法則，我們就愈能符合辯證唯物論。我們愈能體察辯證唯物論，我們就會更成功。」[1]沒有什麼比這樣的宣傳更能向群眾證成領袖的正當性。領袖的預言都不會錯，如同希特勒在一九三九年一月對國會的宣告那樣：「今天我要再次預言，為了避免猶太金融家們再次成功讓人民陷入戰亂……結果將是全歐洲猶太種族的淨化」（希特勒的宣告翻成白話就是「我要製造戰爭殺光歐洲的猶太人」）。[2]諸如此類的宣傳對於生存在艱困、失根年代的群眾深具吸引力，讓他們成功凝聚成一個群體，並給予他們充滿希望、成功的願景。

我們還可以更深入理解極權主義群眾的本質。極權主義運動像是被「恆動狂熱」（perpetual-motion mania）所驅動，最直接反應在群眾的健忘和反覆無常上。極權主義運動的成功不必然取決於政治宣傳，但不可能缺少群眾支持；它所塑造的群眾心態深受邪惡和犯罪吸引，也失去自我概念。這種極權主義群眾的「無我」無關乎任何理想主義，而是一種固執和狂熱，顯示群眾的經驗與感受力已被摧毀。極權主義的群眾是漠然的，包括共同利益、政黨、地方政府、同業公會等一般民主體制的政治組織原則在他們身上都不適用。也就是說，我們無法用傳統的政治哲學理解極權主義的群眾，他們是（要摧毀一切傳統基礎的）「狂熱」和（對於任何違反人性的罪行）「漠然」、群體和孤立的矛盾集合體。他們不太關心公共事務，對於政治議題也大多沒什麼立場。鄂蘭指出，這種漠然的群眾心理源自為利益和生存而競爭的布爾喬亞社會；那是一種無感的、高度原子化的社會。用鄂蘭的話來說，「極權主義運動是原子化的、孤立的、個人化的群眾組織……最顯著的外部特性是要求個別成員全面、毫無限制、無條件、無法改變的忠誠……這種忠誠只能出自完全被孤立的人，他沒有和家人、朋友，同志或任何點頭之交維持任何社會連結，只從隸屬於某個運動中得到一點存在於這世界上的位置感。」[3]人們渴望的是隱身在運動之中的「匿名性」（anonymity），他們無法在社會裡找到確切的位置，無法標榜個別性，他們成了歷史或自然進步的工具，像是巨型機器裡的齒輪。

極權主義運動階段要摧毀一切傳統基礎的「恆動狂熱」，在建立政權之後轉變成「恆常的無法狀態」（permanent state of lawlessness），也就是「無法」的狀態成為日常。弔詭的是，這種無法的狀態是合法的，已經成為極權體制的治理的基礎，任何法律的條文和精神都可以被任意扭曲。法律毋須公布就自動生效，如果上級下達任何命令，也都刻意保持模糊，人們必須自行猜測命令的具體內容和用意。用現在的語彙來說，法律的運作變得愈來愈私密，更加脫離客觀經驗和現實，人們必須自行揣摩潛規則，也因此更活在心理監控與恐怖狀態中。在史達林的極權體制下，「罪」已不需要客觀事實，只需心證就足以判定。極權體制「恆常的無法狀態」也顯示在權力運作上，政府與黨部門的區分、權力的分配和行使都極為繁瑣複雜。真正掌權的通常都是黨而不是政府的行政部門，但是黨本身的組織區分也很難掌握。權力中心似乎一直處在運動狀態，有些已失勢的人或部門甚至都還不知道到底發生什麼事。

極權體制真正的權力總是透過錯綜複雜、祕密且又不確定的方式運作，如果這當中有什麼是確定的，那就是眾多的機構或部門當中，一定會有一個代表領袖的意志，而這看來不具體、捉摸不定的權力運作其實是實踐領袖意志最理想的工具，可以防止與解除各種階層的凝聚力，避免特定派閥掌握過多的權力。極權統治不依賴任何權威的中介或中介性的權威，類似民主體制的「代議」（representation）更是不可能。缺少了中介和代議的機制，每個公民被孤立、被原子化，直接面對領袖的意志；層層區分、迷宮般的權力機構只是表象或假象，貫穿其中的是領袖獨斷、獨大的權力意志。

極權體制的虛幻性

我們必須記得極權體制超乎現實經驗、虛幻不實的本質。納粹極權體制執行所謂種族清除或屠殺的「五年計畫」，幾乎打破了所有的經濟學邏輯和原則，無關乎任何功效主義的考量，似乎不計一切代價，要以最極端的方式實踐種族主義意識形態。我們因此斷定納粹體制陷入完全失控的瘋狂狀態，並對此感到錯愕不解。之所以會有這樣的反應，也許是因為我們企圖從常態與現實政治的角度理解（納粹）極權體制。也因此，根據鄂蘭的研究，極權體制領袖比極權主義運動領導人更能有系統地實踐「謊言藝術」；這種差異牽涉到革命運動期間和建立政權之後兩個不同階段不同的宣傳目的。納粹在運動階段的宣傳主要以「外部領域」為對象，包括國內人口和外國非極權主義階層、尚未接受運動目標的同情者，甚至包括不在權力核心的納粹黨員；外面世界對於納粹擴張的壓力愈大，宣傳的需求就更急迫。不論是納粹或共產主義，宣傳總是和恐怖手段相互為用。史達林共產主義極權主義的宣傳訴諸超越和客觀的「歷史法則」，人民可能在個人經驗的層次上是清白的，但是從（官方的）歷史法則來看卻是有罪的；納粹則以強調雅利安人優良血統和基因的「自然法則」為官方意識形態，任何妨礙（雅利安人）演化的因素都必須被清除。即便有這樣的差異，這兩種宣傳都用間接、若有似無的方式操作威脅策略，而且都會披上實證科學的外衣，彷彿被神格化的實證科學已經發展出最終的真理。極權主義宣傳一種不可能出差錯的科學預言，領袖以先知自居，他的統治正當性如同科學法則不容質疑，這樣的先知預言在極權主義掌權後變得更加不言可喻。宣傳的重點總是不離陰謀論，彷彿人們不再相信所見所聞，只相信想像和懷疑；他們的生命經驗也因此脫離現實。

當極權主義從運動階段進入極權體制，宣傳已變得多餘，因為極權體制下的日常生活具有虛幻不實的特質，或不論多麼脫離現實的意識形態，都已直接實踐在現實生活之中，一些難以想像的、「無法」的措施竟然都成了常態。鄂蘭指出，「事實證明極權主義獨裁者非常瞭解他們偽裝的常態具有內在危險，也就是實行真正的國族主義政策或真的在某個國家建立社會主義是危險的。面對這種狀況，他們的解決方法是維持場面話和真正的規則之間永恆且一致的落差，有意識地發展出一種方法，讓去做的和說的是完全不一樣的事。」[4]但是，極權主義這種系統性的謊言並不等於單純的虛偽和顛倒是非黑白。極權主義政府似乎很嚴肅看待他們征服世界的計畫，這使得他們會不顧現實條件，在人力物力都相當短缺的情況下，推動類似大規模遣送和集中營的政策；或是雖不見得能為國家帶來任何實質利益，卻把國內法直接移植到所占領的外國領土，並以征服者姿態統治本國，讓國內和國外失去區分。在這裡，我們碰到的問題是如何理解極權體制虛幻不實的特質。我們可以延伸鄂蘭的極權主義研究，更細緻地界定「意識形態」。意識形態經常被看成「虛假的意識」（false consciousness），也就是統治階級顛倒是非黑白的洗腦工具。但我們從鄂蘭研究的極權主義可以看到，意識形態意謂著知識、信仰和行動之間的斷裂。這種斷裂或許是某種類似「犬儒主義意識形態」（cynical ideology）的狀態：人們在意識層次上認為自己並不相信什麼，以為自己對什麼事都瞭然於心，但他們（自己認為的）的知識使他們更理盲，更看不清楚自己在行動的層次上依然繼續做著他們自認並不相信、並不嚴肅看待的事……這種犬儒主義意識形態不僅存在於極權主義的群眾心態，似乎也適用於假新聞和陰謀論充斥的網路時代的群體思維或酸民文化，或者許多總透過宣稱自己很中立理性來掩飾自己僵化且無法進行理性辯論的網民。

當極權體制有上述知識、信仰和行動的斷裂，超出功效主義和經濟考量的政策等特質，自然就構成政治判斷的難題，無法以傳統的政治哲學理解，因為實然和應然、客觀和主觀變得無法區分。對此，我們不能不討論祕密警察所發揮的作用。祕密警察是極權主義國家權力運作的樞紐，發揮的統治效用甚至比軍隊更大。祕密警察事實上是領袖意志的延伸，貫穿整個極權主義社會任何一個私密的角落；他們儼然是公開行動的祕密機關，也是凌駕所有政府部門的國中之國。當反抗勢力被軍事鎮壓後，祕密警察更能有效維持和強化全面統治的條件，其中一點是獵捕「客觀性敵人」（objective enemies）。客觀敵人的認定並不是因為他們有叛變的意圖，而是被政府的政策界定為「某些傾向的帶原者」，如同疾病帶原者。「客觀性」的依據則是代表歷史和自然法則的領袖的意志。彷彿延續了運動時期的「恆動狂熱」，以歷史和自然法則為正當性的極權體制永遠都有障礙必須清除。那些被認定為客觀性的罪並不是指任何實際上「已然」犯下的罪行，而是在超越的、全知的邏輯原則之下必須被嚴懲的「可能的」罪行。於是，不論在現實和超越的層次上，人們都活在無所遁形的監控中，彼此相互懷疑，人人都可能犯罪，沒有人可以確信誰是清白的。

超出經驗範圍的恐怖

極權體制透過實驗室、勞改營和集中營以最極端的方式實踐「全面統治」。然而，全面統治滲透整個極權社會，對於人性、生命本質、社會關係、道德價值等面向都帶來前所未有的影響。如上所述，極權主義的意識形態洗腦和祕密警察的監控，讓人們活在虛幻不實和心理恐怖的狀態之中。人類的存在被剝奪了多元性、自發性和差異，只剩下純粹的生物性存在，隨時可以被替代和清除。集中營毫無疑問地將全面統治的原則推向無法想像的極端，那是一個完全被隔離的虛幻世界。集中營的恐怖已不具有政治脅迫的作用，完全沒有任何功效主義的考量，也不是用來達成任何特定目標或利益；那樣的恐怖已無法用任何理性目標來衡量，本質是虛無的，比人類歷史上任何一種暴政都更虛無。幾乎所有恐怖統治的技術都可以應用在集中營，集中營裡的「無法」的狀態已不是「為所欲為」（everything is permitted），而是「沒有什麼不可能」（everything is possible）。

集中營有系統地清除人類存在的標記和特質，紀錄、檔案、回憶、屍體或死亡的痕跡都被銷毀。勉強活下來的比死去的人更與外界隔離，他們早已從集中營外的世界被抹除，他們述說著無人能懂、沒人相信的恐怖故事，甚至可能連自己都無法置信。集中營完全籠罩在「瘋狂和虛幻的氣氛」和「變態、惡性的幻想世界」之中。在那裡什麼可怕的罪行都可能發生，囚犯日以繼夜從事與生產效益無關的勞動，他們遺忘了自己作為人類的存在，不帶任何目的在生與死的模糊地帶繼續存活，行動、同情、憐憫、責任都變得不可能和失去意義。集中營的恐怖超出可溝通的經驗範疇，讓道德判斷和行動失效，也無法和其他受壓迫和奴役的經驗類比。

鄂蘭對於集中營如何把極權體制的全面統治推向最極端的程度——也就是極權體制對於人的生命最大程度地毀滅——有著深刻的分析。首先是集中營摧毀人的法律存在（the juridical person in man）。整個集中營不在正規司法體系之內運作，被送進集中營的人已先被剝奪國籍和公民權，完全不在法律保護範圍之內，但他們比其他任何人都更受到生命（或死亡）政治的統治。有時，有些刑期將屆滿的罪犯甚至也會被送進集中營，表示集中營的運作並非針對特定罪刑施行的處罰；什麼事都沒做的人也可能成為集中營囚犯。其次，集中營的運作，謀殺了人的道德存在（the moral person in man）。每個集中營囚犯都活在絕對的隔離狀態，無法與其他人維持情感聯繫和凝聚力，完全沒有殉道的機會，因為集中營讓死亡本身匿名化，讓死亡不可能成為完成生命意義的最終行動，任何人都無法以自己的方式死亡，他們的死亡只不過是確認他們根本未曾存在過的事實。對囚犯而言，任何出自良知的決定都很可疑，因為許多人被迫謀殺朋友、小孩、親人；他們是極權體制的受害者，但為求生存成了共犯，清白與犯罪、受害與加害間的界線也因此消失。最後則是摧毀人的個別性（individuality）。從囚犯被送上卡車和火車車廂、集中營食衣住行大大小小的面向、所有的野蠻仇恨和嫌惡，到冷酷無情且系統化地殘殺生命和銷毀屍體，無一不在摧毀人的獨特存在。在這樣的狀況下，集中營囚犯不可能採取任何自主行動，更別說是反抗行動。失去個別性和自主性也意味著經驗的毀滅，無法有創造性的變化和新的開始。

然而，鄂蘭並不認為集中營的恐怖，特別是那些劫後餘生者的證言所描述的，可以凝聚人類社群。她親自旁聽戰後耶路撒冷的納粹戰犯審判，指出不應該讓那些身心飽受摧殘和損傷的集中營倖存者成為法庭主角，她認為那無助於讓世人看清納粹罪行的本質。她似乎企圖維持某種思考的距離，因此她主張只有那些情感因劫後餘生者的證言而波動、但並未親身經歷那些野蠻的恐怖、身心沒有遭受摧殘的人，才可以訴諸他們的「令人畏懼的想像」（fearful imagination）以思考集中營發生的恐怖。鄂蘭這樣的見解目的在於建構某種公共空間或溝通理性，對於納粹罪行進行必要的政治與道德判斷。然而，情感、記憶與知識之間的關聯，或者創傷對於歷史記憶或（轉型）正義的意義，也許就不是鄂蘭特別著墨的議題。

極權體制讓「無法」成為合法的常態，集中營更是以最極端的方式實踐「沒有什麼不可能」。對此，鄂蘭思索著我們面對的是「無法」懲罰和寬恕的罪行，那也是絕對的、根源的（radical）邪惡。這樣的邪惡出自於一種讓人變得可有可無的體系，使得傳統的道德概念和判斷都失去效力，如鄂蘭所言，「無法以自利、貪婪、覬覦、嫌惡、權力慾、怯懦等邪惡動機理解和解釋；憤怒無法報復，愛無法容忍，友誼無法寬恕。」[5]

延伸思考

承接鄂蘭所遺留的思想遺產，面對極權體制的暴力、罪惡與我們活在當下的關聯，將使我們不帶著道德幻想以為那一切都已離我們遠去。鄂蘭的著作（包括中譯本的出版與再版）近幾年在臺灣的出版界和公民論壇持續受到重視，對於深刻理解和清理威權遺緒、轉型正義工程的追求和打造、釐清和追究加害者的責任，都有不容忽視的啟發。

鄂蘭從極權體制看到的邪惡的問題是當中令人印象深刻的。鄂蘭後來在一九六三年的《平凡的邪惡》（*Eichmann in Jerusalem: A Report on the Banality of Evil*）透過觀察納粹戰犯艾希曼在耶路撒冷的軍法審判，提出了「平凡的邪惡」的概念。艾希曼是一個什麼樣的人呢？簡單來說，艾希曼是執行納粹德國種族淨化——也可以說是「死亡政治」——的「最終解決方案」（the final solution）的主要推手。我們也許會直覺地認為，犯下屠殺數百萬人的「違反人性」罪行的人一定是妖魔的化身。但根據鄂蘭的觀察，艾希曼不過是個「普通人」，借用尼采的書名，是「人性的，太人性的」（Menschliches, Allzumenschliches）。他和絕大部分的納粹如同一般的世間男女，愛自己的家人和古典樂，上教堂和戲院。除了那平凡的人性之外，最讓鄂蘭感到驚訝的是艾希曼滿是成語、口號、陳腔濫調和空話的語言表達。他無法真正用他自己的語言說話和溝通，這樣的失語和失能顯示他無法思考，特別是站在他人的立場上思考。像艾希曼這樣依法行政的公務員，平凡到不過只是一部大型機器的一顆小齒輪，隨時可以被更換。艾希曼已經失去個人的獨特性，鄂蘭認為這種特質反映了納粹時代整體德國人喪失思考能力的民族性格。鄂蘭指出：

> 艾希曼一案的棘手之處正在於，與他相似的人太多了，這些人卻既談不上邪惡，也非虐待狂惡，無論過去還是現在，他們都極其正常，甚至正常得讓人害怕。從我們的法律制度以及道德評判標準的角度來看，這種正常比所有的屠殺加在一起更讓人恐怖，因為這表示這類新罪犯……是在他們幾乎不可能知道或意識到自己正在作惡的情況下犯罪。6

也就是說，一個人或群體要犯下難以想像的可怕罪行，並不需要康德所說的「根源邪惡」（radical evil）的扭曲的意志，只需堅持「平凡」或「正常」到最極端、完全無法獨立思考的狀態即可。艾希曼在大審判過程中坦承自己在上帝之前有罪，但堅稱在法律之前清白。即便我們有理由相信「上帝」不過是艾希曼的空話裡的一個符號，不過，他所作所為的確符合納粹政府的法律。他甚至自詡為康德道德哲學的信徒，辯稱遵守法律是好公民的職責，但他其實誤讀了康德，他並不是出自純粹理性對於法律的尊重而守法，而是盲目地遵守法律。簡而言之，艾希曼表現出一個平凡、守法、但無法思考的官僚人員所能實現最極端的邪惡。

耶路撒冷大審理應實踐正義，但鄂蘭不認為大審實踐了那樣的目標，因為有太多問題尚未被釐清，甚至尚未被思考，其中至關重要的是罪與責任的問題。艾希曼堅稱他和每個德國人一樣遵守德國法律，那顯然是他的脫罪之詞。問題是還有多少遵守德國法律的人有罪呢？鄂蘭在《平凡的邪惡》結語時思索著，如果每個人都有罪，等於無限擴張了歸罪的對象和範圍，最終將是沒有人有罪，沒有人能夠真正承擔責任，但是這當然不是鄂蘭樂於見到的。我們也能夠從這裡看到轉型正義工程咎責的難題。我們如果延伸鄂蘭的論述來思考轉型正義，「集體罪過」（collective guilt）意謂著現任政府為前任政府的罪行承擔責任，或一個民族為民族的過去負責，只能是象徵性的，不應該從道德理解和實踐。鄂蘭認為，在道德的層次上為自己沒犯過的罪行感到罪惡和承擔責任，和應該承擔罪責卻毫無罪惡感都一樣是錯誤。至於要如何透過政治程序制定什麼樣的法律，才能讓政府或整個群體承擔象徵性的罪過和責任，也就是實踐轉型正義，也許就不是鄂蘭特別著墨的議題。另一方面，服從就等於某種形式的支持，任何一種極權體制都必然有無數像艾希曼這樣的人的支撐，臺灣的戒嚴體制也不例外，（被迫）服從法律或體制的要求，都不能當作逃避罪責的藉口。

鄂蘭的《極權主義的根源》做出提醒，當我們認為我們掌控了全面的知識或全然透明的理解，而不願意持續思考如何減輕政治、社會和經濟的苦難，也就是說，當我們認為我們已完全瞭解或擺脫極權主義——就像有些臺灣的政治人物覺得「現在好好的，幹嘛一直講過去」，或吹捧自己的政黨執政「已經完成轉型正義的工作」——就會讓極權主義的邪惡在體制瓦解後繼續存在。當我們面對過去和正發生在我們所處世界的那些極端可怕的罪行，可能會覺得無法言語，會感嘆人怎麼那麼邪惡！但我們真的只能這樣嗎？鄂蘭提醒我們在面對極權體制的罪惡時，不應耽溺在自以為是、自戀的感嘆：「感謝上帝，我一點都不像納粹那樣！」我們該思考的是，一個如同我們一樣的凡人艾希曼到底有能力做些什麼，但他為什麼沒有承擔思考和判斷的責任，盲目地遵守法律，拒絕與他人共享生命世界？

在哲學的層次上，思考極權體制的惡也是思考個人對於自身存在及自身統治結構的關係。接下來的兩個篇章我將透過歐威爾《一九八四》探討極權體制的監控機制、對於真相和人性的扭曲以及主角溫斯頓個人的反抗；我也將從《楚門的世界》和《鬥陣俱樂部》談當前的資本主義如何透過影像和商品消費，造就一個表面上看起來更滿足，更能允許個人選擇，但實質上底層更為僵化的極權主義社會型態。

生命如同一座集中營

——歐威爾的《一九八四》

歐威爾（George Orwell）的反烏托邦（dystopia）經典小說《一九八四》（*Nineteen Eighty-Four*, 1949）仿若小說版的鄂蘭和阿岡本的極權主義生命政治論述。從二十世紀初開始，在俄國的一九一七年十月革命、兩次世界大戰、科技大躍進、資本主義剝削、環境災難等歷史現實衝擊下，歐美出現幾波反烏托邦文學浪潮。相關的經典作品除了《一九八四》之外，還包括俄羅斯作家薩米爾欽（Yevgeny Zamyatin）的《我們》（Мы, 1921）和英國作家赫胥黎（Aldous Huxley）的《美麗新世界》（*Brave New World*, 1931），一直到更當代的瑪格麗特·艾特伍（Margaret Atwood）的《使女的故事》（*The Handmaid's Tale*, 1985），以及許多電腦叛客小說（cyberpunk）。在這些反烏托邦文學裡，國家機器遂行全面統治和無所不在、無孔不入的監控，塑造一致的行為和想法，尖端科技甚至被用來控制基因培養和生育。舉例來說，艾特伍的《使女的故事》描繪了一個軍事政變建立的神學極權國家，《聖經》的家庭觀被當作神聖的治理原則，工作和愛情的自主選擇權被消滅，人們依照「社會功能」被區分成統帥（Commanders）、愛妻（Wives）、姨婆（Aunts）、眼線（Eyes）和最底層的使女（Handmaids）。由於汙染和自然災害造成國家的生育率崩盤，女人的功能就是為了繁殖，而使女則被送進有小孩的菁英階級家庭，如果她們拒絕，就會被宣告為「惡女」（unwomen），被放逐到殖民地等死。簡單地說，使女被剝奪法律保障的權利，被貶低到只剩下生物的存在或「裸命」（bare life），成了物種繁衍的工具，任由國家機器宰制。

烏托邦（utopia）的希臘文字源表示「美好的地方」或「不存在的地方」，而反烏托邦（dystopia）則是「惡地」。烏托邦的經典有柏拉圖的《理想國》（*The Republic*）和摩爾的《烏托邦》（*Utopia*），但不只限於文學作品，社會主義、共產主義、無政府主義等政治哲學與實踐也常帶有烏托邦的色彩。這些不同類型的烏托邦都提出理想社會和政治經濟系統的藍圖或想像，規劃完善的教育、社會福利和財產制度。但個人的幸福必須依賴國家的保障，任何過度的個人自我主張都將被視為偏離常軌。簡言之，烏托邦是一種對於沒有疏離和匱乏的美好世界的希望，反烏托邦則代表希望的破滅，兩者並沒有絕對的界線，一直存在著拉扯。

一九四九年出版的《一九八四》的場景雖然設定在未來，但許多安排都看得出是對歷史現況的回應。小說背景設定在虛構的大洋國（Oceania），與其他兩個同樣是虛構的強權歐亞國（Eurasia）和東亞國（Eastasia）鼎足而立，三個國家施行類似的極權體制和社會階級區分，彼此間忽敵忽友，似乎透過永恆的戰爭，或套用阿岡本的術語——「例外狀態」的常態化——維持權力的恐怖平衡。這樣的世界局勢如同史達林、邱吉爾與羅斯福三巨頭各有盤算，經由雅爾達密約瓜分自己的勢力範圍。小說中，大洋國不斷透過政治宣傳虛構出敵人葛斯登，他所寫的《寡頭集產政治主義的理論與實踐》提到真實世界的地理形勢和核子大戰，討論了包括空想主義、社會主義和布爾什維克主義等政治理論，而書中分析的十九、二十世紀的過度生產、貧窮、階級矛盾等歷史也都頗符合歷史真實性。該書闡述的「雙重思考」（the double think）、「戰爭即和平，自由即奴役，無知即力量」，相當程度能解釋十九、二十世紀以來到史達林主義到達極端的歷史發展：也就是傳統階級體系式微，取而代之的是一種監控與統治更為森嚴的超穩定極權體制。

《一九八四》裡的極權主義世界混合了現實世界裡的墨索里尼法西斯主義義大利、納粹德國和史達林的蘇維埃政權，它的統治依賴「意識形態國家機器」無孔不入的運作。黨國透過無所不在的電子看板、廣播、電視節目、電影和「憎恨時間」進行洗腦，同時也進行生命政治管理，嚴格規範、監控人民的日常作息和生產活動，即便是執政的英社黨黨員也幾乎沒有獨處的時間。「老大哥在看你」，監控如同傅柯式的敞視監獄（panopticon）讓人們無所遁形。小說裡有一種叫作「電屏」（telescreen）的裝置，[1]結合了廣播聲音偵測器和監視錄影機的功能。主角溫斯頓察覺，只要發出比低聲耳語稍微大一點的聲音，就會被偵測到，在視線範圍內同時會被電屏聽到和看到，可怕的是，不管在室內或公共空間，你都無法確實知道什麼時候處在它的掌控範圍中。只要臉部出現一點點下意識的焦慮神情，或不自主地咕噥了幾句，就會被當成異常徵狀，是一種會招致懲罰的「臉部犯罪」。除了周而復始的政治宣傳和讓人無所遁形的監控機制，所有的空間都被嚴密規劃，製造「老大哥隨時都在看你」的恐怖氛圍，讓生命政治控管的效應極大化。所有密閉的政府部門建築物外觀一成不變，與鄰近地區隔離，讓人陷入「幽閉恐懼」（claustrophobia）。每個個體日常生活的工作和食衣住行也都被限制在狹小的空間。人們持續暴露於監控之中，卻無法看清權力運作的機制，內部黨員、外部黨員和無產階級之間的社會階級區分也因此得以維持超穩定狀態。

鄂蘭的《極權主義的起源》告訴我們，極權主義徹底改變、甚至毀壞了人類的存有。《一九八四》的極權主義統治並不僅止於外在行為和行動的嚴格管制和監控。除了國家生產計畫大成功、大洋國獲得戰爭勝利等政治宣傳，主角溫斯頓的工作單位「真相部」（Ministry of Truth）還必須依據老大哥的命令修改新聞報導和出版品，任何事實和真相都可以被改寫和扭曲，好像什麼事情都沒發生過。讓溫斯頓感到驚恐的是，過去的歷史和記憶不只被改變，甚至是不斷任意地改變，但老大哥永遠是對的。溫斯頓瞭解這一切如何發生，卻無法洞悉最終的動機到底是什麼。扭曲、操控思想和記憶的最重要方法是「雙重思考」，是一種任意翻轉意義和價值觀的詭辯。小說中「雙重思考」最典型的範例當屬無所不在的宣傳標語「戰爭即和平，自由即奴役，無知即力量」，或是「謊言永遠趕在事實前面一步」，人們知道真相已被改寫，但為了不擾亂現實感，還是選擇相信假造的真相或記憶；這是一種從認知層次上抹除認知的操作，毀滅了人的獨立性以及人與人之間的信賴和情感聯繫。

「生命如同一座集中營」——我們還可能、還有必要反抗嗎？在《一九八四》的極權主義世界裡，「反抗」似乎是違背事實、時空錯置的行動，但是主角溫斯頓卻未曾停止反抗，即便那看起來並沒有什麼英雄特性，甚至也沒有明顯的效用（當然，我們還得思考「反抗」的定義：反抗一定要是全面性的革命行動嗎？）。小說裡的大洋國施行嚴格的優生政策，婚姻和性行為都必須從屬於繁殖健康後代的目標，愛情、欲望和性歡愉的自主性受到禁制。也許茱莉亞和溫斯頓的性愛，如同她和其他英社黨成員的性愛，只是遊走於規範和禁令的縫隙間，是系統內的生存策略；組織性的反叛甚至革命對她而言並非明智之舉，並不具任何實質意義。但對於溫斯頓而言，與茱莉亞的性愛代表在極為有限的生活領域裡對國家統治的反抗、對於人性的一種堅持。事實上溫斯頓的日常生活隨時可見「微政治性的」（micro-political）反抗。小說經常描述他對於國家規定的作息感到不解和不滿，而他也經常以偽裝樂觀的表情面對電屏監視器。他所經歷的記憶衝突代表他對現實的質疑，持續到小說終了前被刑求的時刻都未曾停止過；在這個過程中，書寫對溫斯頓的意義格外重要。寫日記讓溫斯頓不斷試著和過去重新建立聯結，召喚對於家人和城市的記憶，即便那是一個充滿衝突、掙扎的過程。他的日記如同他的餘生證言，見證了他作為一個人活下來的事實，為了說故事而活，為了過去，也為了未來的人們。

一九四九年出版的《一九八四》離我們並不遙遠，它所描述（虛構？）的現實不會只發生在極權主義國家，或者說，我們應該重新思考極權體制與非極權（民主）體制之間的界線。阿岡本以集中營作為現代生命政治的範式，而且，集中營是一種跨越時空地理的統治結構，只要有相似的結構，集中營就在那裡，在《一九八四》虛構的小說世界裡，在納粹德國和史達林的古拉格，也在廣泛使用人臉辨識系統、手機資料讀取器，宣導「沒有共產黨就沒有如來佛」當下的中國，也在所謂的民主體制與全球資本主義市場的合體裡。兩次世界大戰已結束多年，人權似乎也已成為普世價值，但難民問題一波又一波的出現，見證了現代主權國家公民與非公民的區分、疆界的強化、人種的排除與清洗，簡而言之，極權主義的本質。本書在之後阿岡本與難民的篇章裡，將更細部地探討這些問題。

資本主義老大哥在看你！

——電影《楚門的世界》和《鬥陣俱樂部》[1]

雖然歐威爾《一九八四》裡的極權主義主要以義大利法西斯、德國納粹和史達林蘇聯為模型，小說裡那無所不在、無孔不入的「老大哥」似乎是極權主義全面監控與統治的原型。然而，如果我們把視野拉開到當代資本主義社會，而不受限於類似納粹德國、史達林蘇聯等傳統的極權主義政權，我們會發現媒體科技似乎提供了極權主義升級的基礎，那種傳統的老大哥形象和意志分散到大量甚至過量的訊息、影像和商品，因而表面上看來自主選擇的日常閱聽與消費、生活方式或生命世界，底層是一種更穩定、固著的社會結構。事實上，早在一九六〇年代，情境主義國際代表人物德波（Guy Debord）的《奇觀社會》（*The Society of the Spectacle*）對當代影像消費社會的極權主義特性就做了深刻分析。德波以「奇觀」為影像所構成的現象和經驗世界命名。無所不在的奇觀——如新聞報導、廣告、政治宣傳、螢幕等等——制約了人們的視野與社會關係，也讓經驗扁平化、抽象化，讓他們彼此和真實世界分離，成了「孤單的群眾」。對德波來說，奇觀合理化資本主義生產模式，執行意識形態洗腦和催眠；它所召喚的不是積極的批判性反應，而是沉睡的群眾。用德波自己的話來說，「當商品全面占領社會生活就是奇觀社會的到來」；個體被轉化成幻覺的消費者，被餵食著「永久的鴉片」，追求虛假的快感、滿足和存在。

若說彼得・威爾（Peter Weir）執導、金凱瑞（Jim Carrey）主演的《楚門的世界》（*The Truman Show*, 1998）是當代極權主義（或極權主義 2.0 版）生命政治的寓言，一點都不為過，因為它讓我們看到資本主義體系如何讓觀眾沉迷於影像和商品，讓他們成為失去個體性的群體，但我們必須用比上述德波的「奇觀社會」更細緻的方式來理解這樣的生命政治效應。電影世界裡上演的《楚門秀》（*The Truman Show*）以楚門每日二十四小時生活作息為題材，從他出生開始到成家立業，大大小小的人事物細節都是經過安排和錄製，但楚門剛開始並不知道他的人生是齣演了三十多年的實境秀。劇中《楚門秀》的導演克里斯多福從一開始就說，這部實境秀看準了觀眾不滿生活經驗的乏味、大眾媒體演員假掰的情緒表現和特效；劇中的任何東西——不只是那些「置入行銷」的產品——都是待價而沽的商品。人造技術設計和模擬的真實生活成了餵食、銷售給「文化呆瓜」的終極商品。順著這樣的思考，我們很有理由把整部《楚門的世界》看成是對於現代版本的全面統治極權社會或敞視監獄的批判，只不過現在是商品或擬像（simulation）成為到處都在看你的老大哥！問題是，這樣的批判有可能預設了真實和擬像——也就是假造的真實和意識——之間、掌權的科技菁英和被宰制的大眾之間存在著必然的對立關係。《楚門的世界》揭露了當代資本主義如何透過影像和商品遂行生命政治統治，其重點已不再是單純用「文化呆瓜」或意識形態的虛假意識所能說明，更不是由上而下的壓迫。那這究竟是什麼呢？

顯然我們不能只把《楚門秀》看成無關真實的造假擬像。鎮民們都知道那只是一場許多人共同參與演出的秀，但他們還是沉迷其中，用觀看的行動支撐「那是真實生活」的幻想。《楚門秀》的確是攝影棚和攝影機後面的「老大哥」導演克里斯多福製作出來的，但還是沒能夠成功壓制某些「更真實的」元素擾亂實境秀的真實：從攝影機範圍之外亂入的降落傘、楚門的太太蹦出極為突兀的廣告台詞，讓楚門起疑的雜音等。當然，最大的干擾還是楚門自己，一個讓實境秀情節失去控制，讓自己的人生脫離常軌的角色。楚門的人生原本對於觀眾而言是一個什麼欲望都可以滿足的世界，他是大眾偷窺的對象，是欲望的寄託，填補或掩飾他們生活的乏味和匱乏。一旦楚門決定走出攝影棚並中斷《楚門秀》，觀眾們的現實感也因此中斷，但他們並未就此斷念或「覺醒」，只是無趣地問著：「電視裡還有什麼可以看的？節目指南在哪裡？」

必須釐清的是，楚門雖然是觀眾凝視的對象或消費的影像商品，但他和觀眾之間並不存在截然對立的關係，並非站在意識形態的對立面。楚門的一生——他的「真實」人生和實境秀——是現代美國消費主義社會的縮影，是一個由商品所構成的世界，人們想像整個商品世界沒有任何阻礙，他們渴望的任何需求都能得到立即的滿足。於是「老大哥在看你」在這裡有了更詭譎的意涵，人們如同楚門一樣，懷疑整個世界都是假造的場景，是一場只為我演出的大戲，想要掌握全景，卻總是懷疑還有什麼、還少什麼……這也是一種想要「看」和「被看」更多的欲望，如同《楚門秀》所反映的實境秀文化，當人們在知覺或意識的層次上，清楚地知道攝影機（或老大哥的凝視）就在那裡，卻還是「如實」觀看和演出。正是這種矛盾的欲望（或焦慮）支撐著當代資本主義—極權主義社會，流動表面的底層有著更固著、僵化的狀態。楚門在結局即將離開《楚門秀》，走到攝影棚以外的世界，他一如往常地重複儀式性的動作和臺詞「早安、午安、晚安一起說，以免我不會再看到你！」這樣的結局是在宣告楚門即將展開一趟到未知的「真實」世界的英雄冒險，或者只是一種偽英雄的戲謔？他要去哪裡，他真的離開（實境秀）了嗎？《楚門秀》結束了嗎，還是新的一季即將開播？

《楚門的世界》的結局看似喜樂，不如說是悲喜劇式的，也就是說，happy ending沒有化解情節發展過程中的矛盾或緊張，沒有為現實帶來結構性的改變。如同在當代的消費主義社會裡，《楚門的世界》暴露出人們為生活做了很多安排、消費很多商品，營造出自主選擇和行動的感覺或幻想，前提是只要不碰觸，更別說試圖撼動現況的結構。

類似的問題以一種更戲劇性、更暴力的方式出現在大衛．芬奇（David Fincher）所執導的《鬥陣俱樂部》（*The Fight Club*, 1999）裡。這部片子主要的劇情是艾德華．諾頓（Edward Norton）飾演的傑克的獨白和妄想。傑克是個宜家傢俱控，他飽受習慣性失眠和憂鬱所苦，對於工作和日常生活失去興趣，被整個資本主義宰制的世界壓得喘不過氣。他的沉悶人生隨著他走入泰勒（布萊德．彼特飾演）主導的搏擊俱樂部而有了巨大的轉折，泰勒似乎成了傑克的救世主。當然，我們後來知道他只是傑克精神病發作時妄想的投射，即便如此，我們還是可以從中看到當代資本主義生命政治和消費主義社會的問題。傑克很清楚地知道，他和許多沉迷於肺結核、黑色素瘤、血友病、睪丸癌等互助團體的人一樣，都是出自一種自憐自艾的病態狂燥，都是為了在垂死掙扎的過程中得到關注。導演以誇大的鬧劇手法呈現互助團體活動的場景，包括在對方的臂彎裡哭泣卻差點被豪乳窒息、為了約炮或喝免費咖啡才參加活動，似乎有意嘲諷美國人對於心理治療或是新世紀靈修的瘋狂。這種瘋狂事實上反映出一種資本主義體系下的集體心理：「做自己」是一種行銷話語術和主流的生活態度，消費大眾想像自己是生活的主宰，創傷可以療癒，自我可以不斷重塑，死亡也可以預先準備……這些可塑性和可能性的前提，如同上面所討論的《楚門的世界》，是不去觸碰、改變根本的社會結構。那些經常參加互助團體的人除了耽溺在他人的憐憫，其實也在享受彼此的創傷，這和影片中的鬥陣俱樂部最後發展出來的民粹暴力，其實是一體兩面，都是資本主義商品和多元文化社會的症狀。

傑克／泰勒的鬥陣俱樂部發展成恐怖主義組織，似乎是為了反抗微軟、星巴克、宜家等企業所組成的資本主義市場，尋求生命的解放。泰勒在影片中不斷宣揚，「只有當你失去一切的時候，你才有為所欲為的自由。」鬥陣俱樂部成員透過搏擊的身體暴力自我毀滅，發展出縱火、暴力攻擊、散布假訊息等行動，企圖製造更大規模的災難，以根除、脫離文明的歷史發展軌跡。然而，我們不能忽視本片的一個細節：鬥陣俱樂部的轉型過程，幾乎完全呼應傑克精神病惡化的過程，也就是他那些偏執狂、自大狂的世界末日妄想。當我們注意到這個平行發展，那些乍看之下顛覆的行動就顯得沒那麼具有顛覆性。如同在鄂蘭和阿岡本分析的極權主義世界裡，「無法」或「例外狀態」已成常態，當前的資本主義社會已經將僭越和暴力常態化。從這個角度來看，鬥陣俱樂部的動亂計畫（the Mayhem Project）只是資本主義體系內鍵的暴力。說來有些反諷，這個計畫使用醫美診所抽取的脂肪——也就是資本主義市場的殘餘——製作炸藥。鬥陣俱樂部的暴力行動和互助團體的那些自憐自艾、自我受害者化的姿態，都只是無力的發洩，都只是系統運作的症狀。如果鬥陣俱樂部訴求的是反消費主義，這個反消費主義顯然是依附在消費主義之上，兩者並非截然的對立。

《楚門的世界》和《鬥陣俱樂部》以不同的方式顯現當前資本主義生命政治情境與政治行動的困境。不論是《楚門的世界》裡影像消費者的犬儒態度（他們都知道自己在看的是經過安排的實境秀，但這並不會改變他們的沉迷狀態），楚門在影片結束前的「行動」顯示某種逃離或「外部」的想像，或是《鬥陣俱樂部》裡無謂的恐怖主義暴力發洩，諸如此類都只是資本主義體系本身的症狀。我們所處的當代似乎瀰漫著政治冷感、憂鬱與悲觀的心理氛圍，不相信社會與政治結構性的變革，覺得「所有堅固的事物都在空氣中融化了」。這也是一個假新聞充斥的時代，新聞媒體被打臉之後製造更多的託辭和假造更多的新聞轉移焦點、逃避責任，於是我們感慨《一九八四》裡的「謊言永遠跑在真相之前」已成為日常……

《閱讀生命政治》這本書，討論各種理論觀點和文學作品，難道就只是要向讀者證明我們所處的世界是多麼黑暗，改變又是如何無關緊要或注定失敗嗎？本書探討極權主義、裸命、牲人、難民、精神病院等議題，目的並非只是描述陰暗殘酷的生命政治情境，更是為了和讀者共同承接政治與倫理思考和判斷的挑戰。我深信，承接這樣的挑戰也是跳脫犬儒主義式的政治無用論或虛無主義必要的起點。如果思考只是叫人屈從於現實，而不能指向某種尚未到來的可能，那就不是真正的思考。

裸命與見證

阿岡本的《牲人》

一七七六年七月四日英國殖民地大陸會議通過《美國獨立宣言》，向世人宣示上帝賦予人類生命、自由、追求幸福等不可剝奪之權利；一七八九年法蘭西國民會議發布《人權宣言》，將自由、財產、安全與反抗壓迫視為人類與生俱來的自然權利；一九四八年聯合國《世界人權宣言》開宗明義重申「人人生而自由，在尊嚴和權利上一律平等」……諸如此類的宣言，顯示現代國家主權和民主體制的發展歷程愈來愈重視人權。而包括臺灣的同性婚姻立法，世界各國在性別平權、健康照顧、環境保護、教育等基本人權範疇的進步，以及愈來愈多非官方人權組織的運作，似乎都顯示人權已成為普世價值。然而在現實世界中，二十和二十一世紀極權主義政權及許多國家在戰時或處理移民、難民時，還是建立了一座座的集中營，因為戰爭、貧窮及各種災害所引爆的難民潮，無法讓我們樂觀地看待人權的實踐或生命政治。另一方面，在當前新自由主義體系裡，資本與勞力的跨國「流動」似乎已司空見慣，但移工作為自然人應有的權利似乎並沒有跟著跨國流動。集中營囚犯、難民、「無國籍者」，以及（無國籍）跨國移工，無法享有上述人權宣言所應許的自然權利，被剝奪了合法的身分、法律的保護或「擁有權利的權利」（the right to have rights）。我們該如何理解這些現象？而這對於現代生命政治是偶發事件或是有什麼內在邏輯可循？

我們不妨從上述的脈絡理解阿岡本《牲人》的時代意義。《牲人》是阿岡本一系列考察西方主權和生命政治龐大的寫作計畫最為人熟知且廣泛討論的作品。該書穿梭於眾多法學、政治學和政治神學文獻，與亞里斯多德、施密特（Carl Schmitt）、班雅明、鄂蘭和傅柯等人進行對話。阿岡本在該書深入檢視西方政治的根基，包括 *zoē* 與 bios、人與公民、納入與排除、神聖與賤斥等區分。他以集中營作為西方現代政治的範式（paradigm），[1] 揭露民主與極權體制間隱藏的連結，對人權政治進行批判性反思。他讓我們看到裸命（bare life）——也就是既非純然是動物生命，亦非具有政治與法律權利的生命，或介於動物與人之間的生命——才是西方政治的根基，如果人有什麼法律上的身分和權利，也都是後來再添加上去的。《牲人》已然是生命政治研究不可迴避的思想座標，對於深化理解當前新自由體系下包括移工和難民等裸命形式有不少助益。

§

阿岡本（Giorgio Agamben）一九四二年四月二十二日出生於羅馬。一九六五年於羅馬大學就讀期間，撰寫過有關西蒙娜・薇依（Simone Weil）的政治思想。一九六六至一九六八年間曾參與海德格的勒托爾研討班（Le Thor seminars），研讀赫拉克利特與黑格爾，七〇年代專注於語言學和中古文化研究。影響他的重要思想家包括海德格、班雅明與傅柯。阿岡本長期以政治神學、極權主義和生命政治為研究重心，例外狀態、裸命、生命形式（form-of-life）、潛勢（impotentiality）等概念的闡述，都是他對於當代思想重要的貢獻。

阿岡本的著作向來以豐富的希臘文與拉丁文字源典故、龐雜的古今文獻和思想脈絡著稱，這當然也增加了閱讀上的困難度，《牲人》一書也不例外。全書一開始對亞里斯多德、傅柯、鄂蘭等人的政治思想進行簡要的評述和提問。他首先指出，古希臘人沒有單一詞彙表達現代人所說的「生命」（life），而是使用一組對照的詞彙表示不同層次的生命：*zoē* 和 bios。*zoē* 指的是物種存在的自然與生理事實，被排除在城邦（polis）治理之外，歸屬於私人居家領域；相對的，bios 則是「符合條件」的、合適的生命，本質上是公眾的、政治的。例如，亞里斯多德將「參與政治事務」界定為「良善的生命」。即便亞里斯多德提到「人是政治的動物」，也並非把政治當成 *zoē* 的特性，而是改變或決定 *zoē* 的門檻。這樣的區分當然是阿岡本整部《牲人》要深入探討的課題。他關注的「裸命」介於 *zoē* 和 bios 之間，暴露出兩者失去區分或無法區分，從這裡帶出許多傳統政治哲學沒有處理的問題。

除了亞里斯多德之外，阿岡本在《牲人》的導言還點出傅柯整個生命政治論述的局限。依據阿岡本的觀點，傅柯認為西方生命政治的歷史關鍵在於自然生命（*zoē*）被納入國家權力機制與計算；這對於國家發展都市計畫、醫療衛生體系建立、提升經濟生產效能都有重大意義。這樣的時代脈絡發展出一種新型態的權力：「生物權力」（bio-power），目的在於訓練和管理「有用的」身體。這樣的生命政治是「讓生」（lets live），而不是「給死」（makes die），是生命能力的累積，而不是否定。除此之外，傅柯的生命政治論述還區分了「政治技術」（political techniques）和「自我治術」（technologies of the self）：前者由警政科學、人口統計學、醫學等實證科學支撐，發揮全面性、統整性的權力效應；後者屬於個別化的權力運作，施加在個別的身體，例如基督教傳統的告解（confession）主要目的在於檢視個人信仰、良知和靈魂，是西方世界最重要的一種自我治術，隨著歷史的變遷擴散到精神醫學、學校和家庭。阿岡本並不像傅柯從現代性或自由主義這樣具有特定時空條件的範疇談治理的問題，他考察裸命的範圍幾乎涵蓋了整個西方歷史。他也不認為現代生命政治的關鍵如傅柯所說，*zoē* 被納入 polis，而是裸命逐漸和政治範疇失去區分（也就是政治範疇不斷製造裸命），這也是他為什麼會指出傅柯並沒有像鄂蘭那樣，認真看待二十世紀集中營和極權主義國家的統治結構，如何成為現代生命政治的典型。[2]

有了以上的討論作為基礎，我們不難理解阿岡本的《牲人》如何填補傅柯生命政治論述的空缺。阿岡本宣稱要揭示生命政治權力模式和（傅柯沒有處理的）法律體制權力模式之間的交會，以及乍看之下距離遙遠的意識形態——也就是極權主義和自由民主——間的祕密連結。他要考察政治權力與裸命如何從古代政權以來就密不可分；換言之，生命政治對阿岡本而言並非如傅柯所主張是現代產物。裸命之於西方政治並非單純用「排除」所能解釋，更精準來說，應該是「納入性排除」（inclusive exclusion）：

主權（sovereign power）將自然的、動物層次或任何形式的卑賤生命拋棄到常態社會之外，但那些生命並沒有因此就不受政治與法律權力的治理。正是這種納入性排除的弔詭邏輯支撐著西方政治。換個角度來看，阿岡本談的政治處在裸命和理體（logos，也就是形而上的政治理性）所形成的「邊界」（threshold），那也是納入與排除、內與外、*zoē* 和 bios 之間「無區分地帶」（zone of indistinction），也因此開展出和強調形式規則的傳統政治哲學大相逕庭的視野。裸命在阿岡本的生命政治論述裡不再是無法窺探的社會邊緣領域，而是政治舞臺的主角，製造裸命的例外狀態也成為政治治理的常態。阿岡本在意的是，現代民主體制的價值應該是從動物性的生命狀態中開展出一種值得活的、具有自由、幸福等道德價值的生活，但在朝這些目標發展的過程中，卻使得主體變成裸命，更強化了主體被奴役的狀態。我們總以為只有在極權體制中生命才變得可有可無（superfluous），如同我們從鄂蘭的《極權主義的起源》所看到的，但阿岡本讓我們看到「民主和極權體制之間內在的連帶（inner solidarity）」，只要哪裡有政治權力不斷製造裸命、不斷將生命拋除，哪裡就是集中營。整體來說，阿岡本的「牲人」寫作計畫期望能依著原始動物性的生命樣態，發展出生命自身的倫理規範與價值，而毋須通過生命政治的宰制和排除，即便在《牲人》一書中這樣的可能性尚未充分呈現。

例外狀態

《牲人》全書分為三部，前兩部以歷史考究和理論鋪陳為主，第三部聚焦集中營的運作模式，並分析包括難民、重度昏迷者、人體實驗者各種類型的牲人。更具體地說，接下來要討論的第一部處理了「主權的邏輯與拓樸（topological）結構」，[3]也就是與主權相關的空間或概念上的內外區隔。在現代民主體制，主權一部分的意義從君主轉移到主體，也就是說，主體被賦予與生俱來、不可剝奪的權利，如同本章一開始列舉的那些人權宣言，這就是「主權主體」的概念，[4]中文語境裡的「主權在民」也是同樣的意思。如果可以從歷史脈絡中看到主權的弔詭，就可以接著討論談現代民主體制脈絡裡的政治治理、人權政治的弔詭。

阿岡本在第一部引述施密特，指出主權的弔詭最直接顯示在君主既在法之內也在法之外的權力：君主的權力是法律所賦予的至高權力，其中包括懸置、廢止或創制法律。換言之，君主之於法律體系是一種「例外」（exception）。阿岡本解釋，例外在施密特的法哲學裡意謂著君主施加在法律規範之上的絕對性決斷；君主創法的主權決斷並不需要其他法律證成。這裡所牽涉到的狀態不是單純的否定關係：例外狀態並非是對常態直接的否定，應該是說，常態運作的核心是一種非常狀態，法的核心是「無法」（lawlessness）。[5] 阿岡本就在這樣的基礎上繼續複雜化「例外狀態」的含義。

根據阿岡本的說法，例外狀態是一種「排除」，而例外狀態所排除的仍然透過規則的懸置和規則維持關係，換言之，例外狀態並非完全切斷律法和被排除者間的關係。阿岡本說那是一種極端的關係，好比不具有公民身分、不受到法律保護的難民，甚至是被囚禁在集中營裡的囚犯，並沒有因此脫離政治權力的束縛而得到解放。阿岡本說那是一種極端的關係，可以理解為「邊界」。法律體系正是透過這種弔詭的結構才得以有效運作。邊界是一種行使主權的區域，在這裡內在與外在、生命與法律失去區分。

神聖與牲人

《牲人》第二部考究了自古羅馬以來西方傳統裡的「神聖」（*sacer*）與「牲人」（*homo sacer*），也是本章要討論的重點。阿岡本一開始引用了西元二世紀古羅馬時期文法學家腓斯特斯（Pompeius Festus）的作品《論文字之要義》（*On the Significance of Words*）。該書記載了「牲人」這樣的角色存在的歷史情境，這是歷史上首次有文獻將

「神聖」加在人類的生命之上。阿岡本特別凸顯文獻中牲人的矛盾特質：「殺而不罰，嚴禁獻祭」，也就是說，殺死牲人毋須受法律懲罰，但不能將牲人用來祭祀神明。這表示牲人及其所代表的「聖命」同時被排除在人類和神靈律法之外，同時是這兩個範疇的「例外」。我們如果要理解阿岡本談的牲人，必須掌握背後的政治哲學與神學主旨。阿岡本認為牲人的歷史圖像不僅暴露了「神聖」的歧義性，更揭顯了人類刑法與神靈律法各自的限度，以及「神聖」與「卑賤」、宗教與法律失去區分的狀態；整部《牲人》考究的各種類型的牲人，包括為國捐軀者（devotus）、難民、重度昏迷者等，也都存在於似人非人、既非人亦非動物、被法律拋除卻又未真的脫離法律治理的「無區分地帶」。除此之外，阿岡本也企圖通過牲人回溯、揭露主權的根基，以及生命政治原始的樣貌，也就是主權透過暴力與例外性的決斷，創制政體與律法；這充分顯示出人類社群與國家暴力的本質。阿岡本對此提出批判，當代把「生命的神聖性」當作毋庸置疑的真理和主權的對立面，實際上這恰好顯示了「生命臣服於決斷死亡的權力，以及生命因為被拋棄的關係而處在無可挽回的暴露狀態」。簡單地說，當代人權政治訴求的生命價值與主權治理的暴力實為一體兩面。

阿岡本在第二部第五章詳細分析了中古史學家坎托洛維茲（Ernst Kantorowicz）的

《國王的兩個身體》（*The King's Two Bodies*），從喪禮的歷史脈絡發掘牲人的各種形象，深化我們對於牲人及其弔詭的理解。有別於其他評論者認為《國王的兩個身體》對國家治術進行批判，阿岡本從中看到的是「主權永恆的本質」和「國家道德與政治體的延續」。國王的喪禮如同國家的緊急狀態，因為那攸關整個國家的道德與政治秩序是否能在國王的肉身死亡之後延續下去。該書提到，一般的做法是在國王肉身死亡後，打造國王的蠟像，把它當作活體一樣對待。蠟像的存在體現了「皇室尊貴的永恆」。然而，這樣的儀式隱藏著一個陰暗、詭奇（uncanny）的事實：國王的肉身與牲人的肉身進入不可分的狀態，可死（殺）但不得獻祭（進入宗教儀式）。

阿岡本考察的文獻還包含很多類似「國王的兩個身體」的範例，其中之一就是捐軀者。比如說，在兩軍對戰的危急形勢中，一人衝向敵軍，藉此乞求神明助陣。如果捐軀者確實死亡，就不會有什麼問題，如果沒死或者失蹤，就必須打造大約七呎長的人像當作屍體的替代物與捐軀者的分身（double）並加以埋葬，完成整個獻祭的儀式，安頓那名「活死人」——在法律上已死、在活人的社群裡已無容身之處但卻繼續存活著的生命——並避免其擾亂社群的秩序（生與死、神聖與賤斥區分）。未亡的捐軀者的生命既無法進入宗教生命，也不屬於死者的世界，那是一種生與死、人與動物、神聖與賤斥界限的殘餘，也是支撐著社群或政體的裸命。如果說我們從牲人身上看見人類社會與文化秩序的殘餘、原始生命的片段或狼人（或諸多恐怖文學作品裡的妖魔）體現的「人類與動物妖魔性的混雜」，顯然現代社會和政體的構成與運作都不是用「自然到文化的歷程」和「契約論」所能解釋的，裸命才是生命政治運作的核心要件。

《牲人》第三部更完整地討論「作為現代生命政治範式的集中營」，更加貼近現代生命政治的真實情境，同時也頗具爭論性。第一部和第二部的法學、政治神學和歷史典故考察，顯示了西方世界製造牲人的生命政治，是由來已久的結構，讀者在第三部將可看到現代民主和極權體制間「奇特的相鄰」。這種相鄰的關係自然也不是偶發或突然的轉變，這也正好是傅柯生命政治論述所沒有處理的問題。阿岡本指出，民主體制裡的生物權力是一種追求個體滿足的權力，它雖然肯定自然與動物生命的存在事實，但也印證了裸命更成為生命政治的重心，生命更受制於更全面也更細部的治理的技術，因此驗證了極權體制的治理模式。這也意謂著生命政治與死亡政治已然失去區分，而且這種無區分狀態已滲透醫學、宗教科學等同樣涉及生死決斷、製造裸命的範疇。當中的關鍵是「生物科學原則被納入政治秩序」，也可以說是「政治的生物化」，納粹的優生學和當代死亡標準的辯論都是範例，各種傳染病和食安危機的恐慌也是，都顯示生物科學和政治治理已無法區分。

阿岡本在《牲人》第三部還考究了包括一六七九年英格蘭王查理二世頒布的人身保護令（*habeas corpus*）、法國一七八九年《人權宣言》等歷史文獻，他發現這些文獻的條文在不同的語境裡都提到「肉身」（corpus，對應英文的 body）和相關的「人」（*l'homme*, man），而 corpus 長久以來都和裸命的概念有緊密的關聯，他因此推論裸命才是西方政治治理的原型，西方民主體制賦予人的抽象特質、人權或公民權，都是後來才添加上去，也就是說，裸命才是「主權主體」（sovereign subject）的真相。我們從法國一七八九年《人權宣言》也看到類似的「人」與「公民」（*citoyen*, citizen）間的差異：現代公民身分與人權的概念以民族國家為向度（區分誰是以及誰不是「法國人」），也就是具有排他性的特質，這些特質和權力的接受者卻是一種在西方政治史被排除在政治生命（bios）之外的動物生命（*zoē*）。當西方民主體制在民族國家的架構下宣稱賦予人民更多基本人權，裸命更直接成為國家機器統治的對象，如鄂蘭所看到的，那些所謂的不可剝奪的人權在國家的體系裡，似乎變得無比脆弱。更仔細一些來看，出生（nativity）的原則——也就是自然生命的事實——和主權的原則統合在主權主體的肉身，這表示在現代人權觀念中，人因為出生、有了動物的生命而具有不可剝奪的權利，於是「出生」的事實成了最重要的政治議題之一，自然生命從一開始就被納入生命政治中。然而，「人」的概念又無法完全等同於總是在特定界線中的社會與政治身分。傳統的治理大多依賴抽象的、不具體的、沒有實質化意義的「征服原則」（principle of subjugation），約莫到了十八世紀人權宣言時代，伴隨著現代民族國家的興起，這些抽象的原則轉為更具體的主權原則，更強調誰是、誰不是法國人或德國人的區分，主權更需要區分內與外，不斷藉由將某些生命拋除以強化其治理，不斷將眾多的牲人推向無區分地帶……

難民、死亡政治與集中營

我們可以順著以上的觀點，進一步討論難民的問題。阿岡本解釋，難民之所以構成現代民族國家的難題，主要原因在於「（他們）打破了人與公民、出生與國籍的連貫性，讓現代主權的原初虛構陷入危機」。當難民在二十世紀裡以難以想像的速度劇增，因而暴露了裸命作為現代生命政治運作的核心原則，也讓現代主權所依賴的原則——例如，人人與生具有不可剝奪的權利——失去效用：難民具有自然生命的事實，卻被排除在公民權的範疇之外。循此邏輯，阿岡本批判當代人權政治和人道主義的矛盾，一方面強調生命的神聖性，一方面想像著一種等待救援的被動的裸命，無形中和自己對抗的政治權力。他明白指出，「對於難民的思考不能偏離難民自身的真相：那是分毫不差的一種界限（limit）概念，激烈地撼動民族國家的一些根本範疇，從『出生—國家』、到『人—公民』的連結，打通一條道路通往遲遲未完成的範疇更新，打造一種政治使得裸命不管是在國家秩序或人權形象中不再被分離和拋除。」[6]

阿岡本在第三部第三章與第四章討論的一些二十世紀初期的文獻，有助於我們更深入理解生物科學主導的生命政治如何逆轉為死亡政治。賓丁（Karl Binding）和霍赫（Alfred Hoche）在他們的《授權清除不值得活的生命》（*Authorization for the Annihilation of Life Unworthy of Being Lived*）提出歐洲法學首見的「消除不值得活的生命」的訴求。賓丁和霍赫主張人對於自己的生命具有主權，因此自殺不該是國家法律處罰的行為。當人們因為重病或意外承受無法治癒的病痛或苦難時，或像無藥可救的智能障礙者，他們的生命都已是「不值得活」。這樣的生命可以授權給醫生、精神科醫生和法官組成的國家委員會決定採取「清除」的手段。兩人的觀點顯然對納粹的死亡政治有實質的影響。阿岡本進一步釐清，安樂死的出現凸顯了現代生命政治的根本結構：動物生命被孤立出來並剝奪所有權利，生命政治必然轉向死亡政治。

除了上述的《授權清除不值得活的生命》之外，阿岡本還引述了另一本頗值得一提的文獻：大戰期間由德國一群醫學與衛生專家合著的《論國家與健康》（*On State and Health*）。該書明明白白地將自然遺傳轉化成一種重要的政治任務，倡議優生學的重要，傾國家財力照料與強化國家整體健康和身體素質。關於這一點，阿岡本特別澄清，一般人以為納粹扭曲生物科學功能，但實際狀況卻複雜許多。我們不能說納粹把優生學當成官方意識形態來操控，而是基因學的許多概念本身——例如，圖繪和丈量染色體，辨識遺傳疾病的發展軌跡，驗證種族差異——就已經具有政治意涵。種族主義並不足以精確描述納粹的生命／死亡政治，我們還必須瞭解納粹政權將源自十八世紀警政科學的「生命照料」推向極端；《論國家與健康》甚至還指出該書的關懷不是個體或個別民族，而是整個歐洲文明的健康。只有從這樣的觀點，阿岡本強調，我們才能充分理解納粹屠殺猶太人的意義：「警察與政治、優生學與意識形態動機、健康照料與對抗敵人都變得絕對無法區分。」[7]

我們還可以從重度休克（overcoma）的狀況看到生物科技與生命／死亡政治失去區分的狀況。有了尖端的維生技術才可能界定何謂重度休克，這和器官移植技術約莫在同時間開始發展。病人一旦被判定腦死，即便可以透過維生器具保持呼吸，但已可依法宣告死亡，病人變成了器官移植最佳的人選。主張「腦死說」的人雖然認為大腦功能停止運作是界定死亡最精準的原則，但還是會使用其他指標作為判定死亡的參考。例如，心肺功能在宣告腦死後可能還會延續一段時間，如此一來，重度昏迷者等於陷入一種生命特質已然消失卻依舊存活的不死的牲人的狀態，死亡也變成器官移植技術的「周邊現象」（epiphenomenon），隨著器官移植技術的改變必須重新界定，因而變得更不確定。

本章最後要討論的主題是集中營。阿岡本把集中營當作現代生命政治的範式，而不是歷史事實，這在當代理論毫無疑問是爭議性頗大的做法。重點是，這樣的做法對於思考生命政治開展了何種視野或倫理價值，以及集中營和當前我們所處的生命政治情境有何關聯。阿岡本指出，「集中營是〔人類歷史〕實現過的最絕對的生命政治空間，在那裡權力遭遇的就只有純粹的生命，完全沒有任何中介。」[8] 阿岡本提醒我們在面對集中營時，不應只虛偽地驚嘆人類歷史中竟會發生如此罪行，而是應誠實地仔細探究：什麼樣的司法程序和權力運作可以完全剝奪人類的權利，（使得）對他們做的一切都不再是罪。阿岡本認為不應過度誇大集中營與戒嚴或例外狀態的關聯，對他而言，集中營比較是統治結構的問題，只要我們發現相似的結構，等於就又發現了一座集中營。從另一個角度來看，集中營的出現顯示現代民族國家的危機，國家機器藉由轉化成一部死亡機器，才得以繼續運作。這些現象都不是用社會契約、公共空間或其他主流的政治哲學概念所能解釋的。

延伸思考

阿岡本的《牲人》已成為理解生命／死亡政治不可迴避的思想座標。若說集中營是現代政治的範式，除了阿岡本所關注的法律與體制因素外，我們還需要更進一步探究生產、勞動、人力與物力移動的現實，才能讓我們對於集中營的理解不會只停留在形上學的概念，能夠更貼近歷史現實、正發生在我們生活世界的事件和現象。中國政府在新疆遂行的種族再教育與清洗，搭蓋了一座又一座的集中營，製造成千上萬的維吾爾牲人，然而在所謂的「民主國家」裡，新自由主義強迫性的跨國流動，不也為眾多的移工和難民打造出一座又一座的集中營？我們又該如何理解阿岡本所說的「我們都是牲人」，特別是那樣的生命情境讓一切我們習以為常的概念、情感、價值和認同都進入不可區分的狀態？如果阿岡本的著作不斷提到的「無區分狀態」並不意謂著一切價值都不存在或不可能的虛無主義，那它可以是什麼的起點呢？我們還能從那裡想望什麼樣的倫理可能或彌賽亞的靈光，不論有多微弱？

「我們都是難民」？——見證與書寫「另類生命」的可能[1]

從一張照片談起

土耳其記者迪米爾（Nilüfer Demir）於二〇一五年九月二日拍下三歲的敘利亞男童 Aylan Kurdit 陳屍於土耳其海灘上，照片迅速在世界各國媒體和網際網路流傳，成為受到廣泛注目的影像事件，也激發國際社會積極回應與關注在二〇一四、一五年到達高峰的難民危機，甚至衝擊了加拿大二〇一五年聯邦大選，難民居留權議題成了辯論的主軸。另一方面，新聞媒體在未經同意——怎麼同意？——的情況下大量複製與流通 Aylan 遺體的照片，或更根本地說，讓他者脆弱、苦難、傷亡的影像成為被凝視甚至消費的對象，也引發不少關於「視覺倫理」（visual ethics）的爭論。國際媒體對於敘利亞難民問題的敘述觀點或框架，似乎把它歸因於「阿拉伯之春」衝擊下發生的敘利亞內戰。然而，Aylan 的死亡所濃縮的敘利亞難民遭遇，事實上是現代歷史上無數的難民悲劇之一，如同邊界研究學者瓊斯（Reece Jones）在他的《暴力邊界：難民與移動的權利》（*Violent Borders: Refugees and the Right to Move*）一開始所提到的例子：二〇一四年十一月他前往摩洛哥進行參訪，幾個吊掛在小巴士底盤的難民小孩明知偷渡成功機率幾乎等於零，卻因別無選擇，還是這麼做了。只不過 Aylan 的影像被提昇到「意識形態崇高之物」，喚起了國際社會——特別是西方世界——的罪惡感，透過 Aylan 的影像，「難民」被化約成一張他者的臉孔，凍結成一種永恆的本質，為西方主流國家所主導的國際社會對區域衝突、資源獨占、貧窮等問題沒有承擔應有的責任，提供了意識形態上的不在場證明。

難民事實上是二十世紀普遍存在的問題。在二十世紀初期，隨著帝國崩解出現了許多新興民族國家，而主張國家主權也意謂著必須界定公民身分和區分公民與非公民，以及強化同質的族裔性和獵捕內部敵人的意識形態，這使得少數族群面臨重新入籍相同族群組成的國家或被解除國籍的困境。歐洲在第一次世界大戰後和整個動盪的一九四〇年代難民潮爆發的兩個高峰期，難民人數分別約為一千二百萬和一億七千五百多萬（二戰後光是中國和南亞難民數量就超過一億）。根據國際移民組織失蹤移民計畫（International Organization for Migration Missing Migrants Project）的統計，難民的年度死亡人數從一九九三年的一百人左右上升到二〇一五年的三千五百人，這還不包括那些在逃難過程中死亡而無法估算的人。

從初略的觀點來說，難民作為一道由來已久的政治難題，迫使我們反思國家、公民身分和邊界的本質。從整個難民逃離、漂流、尋求收容、集中安置或遣返的過程中可以看到，國家如何為了領土、經濟、資源和私有財產限制或禁止人事物的移動。公民身分對內對外都是一套辨識、區分和排除的機制。舉例而言，美國政府將境內人員的身分分成公民、綠卡持有者、合法難民、暫時簽證持有者（包含技術勞工、留學生、約聘移工等）和非法居留者，其中暴露的階級不平等、種族排除和歧視不言可喻。這樣的機制也顯示國家間的邊界從來都不是自然的，而是必須不斷劃分、防衛、進而強化的。九〇年代開始，似乎有一股拆除邊界的浪潮席捲了後冷戰的歐洲大陸，在申根地區的邊界限制顯著降低，但對「外」邊防卻持續強化。聯合國和歐盟國家傾向將大量湧入歐洲大陸的中東和非洲難民的問題歸咎於人蛇集團，認為只要加強武力打擊偷渡，包括摧毀船隻、攻擊難民營、增加移民限制和加強邊界安全檢查和防衛，就可以解決難民問題，甚至金援包括摩洛哥、土耳其等處在進入歐洲通道的國家，以阻止難民流入歐洲。在這樣的現實條件下，非政府組織的人道救援是難民問題唯一的解決之道嗎？他們對於難民的歷史無所知悉或缺乏興趣，會不會有意識或無意識地將難民持續形塑成被創傷化、被動等待救援的對象，強化了既有的意識形態二元對立？

以上的討論和提問都指向一個根本性的問題：難民是誰？這個問題牽動著本章的主題，也就是如何再現或見證難民的生命經驗。根據聯合國難民高等委員會（the United Nations High Commissioner for Refugees）一九五一年大會的定義，難民狀態指的是「對於因確切的種族和宗教理由被迫害的恐懼而離開國籍所在的國家，無法、或者因為此恐懼不願再受該國家之保護」。[2]這樣的定義充分反映一九四〇、五〇年代的政治局勢和歷史情境，暗指極權體制的迫害是造成難民問題的根源。到了一九六九年，非洲統一組織（the Organization of African Unity）對難民的定義做了擴充：「因為外來的侵犯、占領、外國統治或者嚴重擾亂血緣或國籍所在國家部分或整體公共秩序的事件而被迫離開固定住所以尋求庇護的人。」[3]這樣的定義涵蓋了更廣泛的政治暴力和受壓迫經驗。不論是哪一種難民的界定，總是伴隨著包括移民法、公民法、庇護法等相關法律規範、政府政策和政治經濟局勢，無法套入任何固定不變的公式。然而，不論是實際的政策或法條文字裡的「難民」，似乎都是無名的、無法區分的他者，如同封存在 Alyan 照片裡的永恆本質，是國家、國際介入以及人道主義救援和憐憫的被動客體。

針對難民問題，瓊斯從政治倫理的角度主張，當國家持續透過邊界限制人們移動，讓更多的難民持續在現代民主國家的邊緣死亡時，富裕國家的公民應該為那些發生在邊界的暴力和死亡承擔責任。蓋崔爾（Peter Gatrell）則採取歷史化的觀點看待難民問題的原因和結果，更嚴肅地審視難民經歷了什麼樣具體的流離失所。他指出，難民流離失所的軌跡很少全然是任意或隨機的，而是和實際遷徙前早就存在且歷經多年演化的歷史和離散過程有所牽連。即便如此，整個流離失所的過程仍然充滿不確定的因素。蓋崔爾從歷史的觀點探討難民問題，不僅還給難民生命歷程的歷史真實，也考察難民如何在（被迫）移動的過程中發展生存的技能，在難民之間或者與非難民形成同盟關係，也就是說，流離失所的真實經驗成為一種自我實現的方法。

難民、裸命與人權的弔詭：鄂蘭與阿岡本的跨時空對話

鄂蘭《極權主義的起源》的「民族國家的式微與人權的終結」章節，對於難民成為現代政治難題的歷史脈絡，提供了詳盡的考究，是當代政治哲學人權辯論的重要文獻。根據鄂蘭的說法，一次世界大戰後歐陸出現大規模的人口遷徙，其中主要包括被剝奪基本人權的無國籍者，他們成了「大地的殘渣」（scum of the earth）。歐洲各國在一次大戰後陷入亂局，難民的出現顯示「解除國籍」成為民族國家崩解的新元素。舊有的民族國家格局無法適用新局面，但我們卻看到許多不同族群和民族的人被強行納入同一個國家主權中，例如南斯拉夫的克羅埃西亞人和斯洛維尼亞人，而民族聯盟和少數民族條約似乎都無法阻止新成立的國家強行同化國內的少數民族。

「無國籍」（statelessness）表示喪失公民身分，這不僅意謂著不受國家法律的保護，也等於沒有可辨識與區隔的身分。鄂蘭強調「解除國籍」或「無國籍」並非極權國家專屬的統治手段，而是驗證了國家在移民、歸化、國籍和驅除的問題上所展現的絕對主權；「民主」國家如美國，也用剝奪公民權的手段對付具有共產黨身分的美國原住民。鄂蘭似乎認為，無國籍儼然和近代歷史密不可分，她指出二十世紀初期以來的每個重大

政治事件都增加了新的無國籍類型，無國籍如同一種近代史的傳染病持續擴散，帶來無法規範的衝擊，凸顯現代國家無能或不願面對的問題。在政治用語上，「無國籍者」被改成「流離失所者」（displaced people），這對鄂蘭而言，是對無國籍問題的不重視，即便各國都瞭解到不可能擺脫大量湧進的難民。傳統的庇護權涉及國家間跨越國界簽訂條約提供保護，沒有入憲，但現在也大多被廢除。歸化和遣送成了僅存的兩種對策，但都沒有真正發揮功效。如鄂蘭解釋，「國際會議要為無國籍者建立法律地位的每個企圖都還是失敗了，因為沒有任何協定能夠取代在既有的（國家）法律規範下的領土，接受被遣送的外人。」[4]即便是採取歸化政策，也沒有任何一個國家有能力處理在短期之內暴增、蜂擁而至的難民；即便那些外來的居民已經歸化，他們還是隨時都有可能失去國籍，生活條件也極為惡劣，和無國籍難民面臨的狀況並沒有明顯區分。一些國家採取遣送回原生國的手段，而原生國可能拒絕提供保護，甚至還嚴懲難民，認為他們背叛自己的國家和民族。在這些相互糾葛的條件下，有些人寧可繼續無國籍的狀態，以免被遣送回到故鄉成了陌生人。這種形勢發展下去會出現警察國家和集中營，似乎不令人意外。

鄂蘭在「民族國家的式微與人權的終結」章節裡分析難民的問題時，特別探討人權的「困惑」或「弔詭」。根據鄂蘭的研究，「人權」概念出現的歷史和宗教意義在於人獨立於特權外，新的世俗化和解放的社會宣告了人們亟需的保護，但人們並不因此覺得更安全。人權的宣告建構了人的尊嚴，但這種尊嚴卻是曖昧的，並沒有比現實歷史更貼近人的本質和歷史，對人而言都是一樣的疏離。鄂蘭指出，「弔詭的是，從一開始宣告不可剝奪的人權以來，似乎也架構出不存在的抽象的人。」[5]也就是說，法律條文界定的人和實際政治治理的人形成一種弔詭，這在難民的問題上格外顯著。從鄂蘭的觀點來看，在政治哲學和治理的傳統裡，人們因為歸屬於特定的政治共同體，才取得受法律保護、具有合法權利的公民身分。當自己的國家無法符合人權的要求，鄂蘭表示，人們在民主國家裡可以透過立法尋求改變，在獨裁體制裡則是訴諸革命。這樣的政治理念和行動對於難民而言是不可能的。難民被剝奪了「擁有權利的權利」。他們失去了家園和社會組織，沒有政府提供保護和給予合法身分；他們的話語不具任何分量，被切斷所有人類的關係。從本體的層次來說，這個世界上已無他們可立足之處，他們失去了人類生命最根本的特質，過著比奴隸還不如的生活，至少奴隸還隸屬於特定的政治共同體。鄂蘭甚至說，「他們的災難不是在法律之前不平等，而是沒有法律為他們而存在；不是他們受到壓迫，而是沒有人想要壓迫他們。」[6]這種失去權利的狀態在他們被剝奪存活的權利或在納粹大屠殺前就已被創造出來。

對鄂蘭而言，急速暴增的無國籍者、無權利者只剩下自然的生物存在（也就是阿岡本所說的「裸命」）可以依靠，造成現代政治空前的危機。從以上的討論我們可以明顯看到，鄂蘭把政治共同體看成是政治行動必要的條件，在這樣的架構裡探討無國籍和無權利者應有的權利，她期望那些先前被排除的人能夠進入公共領域，成為政治共同體的一分子。這顯示出鄂蘭不認為那些被排除在共同體之外、被剝奪了權利和自由的人們可能採取有效的政治行動，書寫自己的歷史；當難民或無國籍者被排除在共同體之外，他們將繼續受迫於自然生物存在的必然性，無法進入「人類」生命的範疇。鄂蘭的立場顯然延續自亞里斯多德以降的古典政治哲學傳統，視政治共同體或城邦（polis）為自由和行動的空間，相對於私人的家庭領域、受制於自然必然性的領域。

若要檢視的鄂蘭與阿岡本有關難民和生命政治的跨時空對話，顯然不能迴避重新思考何謂「人」及其與「非人」的區分。在鄂蘭的政治哲學裡，裸命屬於公共領域和政治共同體之前或之外的範疇，但阿岡本卻主張裸命已然是當代生命政治的中心，鄂蘭倚賴的公共與私人領域的區分也已失去效用。阿岡本在〈我們難民〉（We Refugees）裡直接回應鄂蘭有關難民的想法。他在一開始就指出，難民是當前唯一「可想像的人民形象」，讓我們理解政治共同體的形式與限度。換個角度說，我們必須丟棄傳統政治哲學概念和框架，才能真的理解難民形象如何衝擊當代政治哲學。「難民」對阿岡本而言，是一種邊界概念，打破了人與公民、出生與國籍的同一性，讓主權的虛構進入危機狀態。阿岡本認為，一次世界大戰期間開始出現的解除國籍法規標示了現代民族國家生命歷程的轉折點，掙脫了「人民」與「公民」的概念。有些國家和國際組織沒有能力處理劇增的難民問題，主因是出自民族國家的法律秩序裡規範著「生命」（nativity, life）的概念已無法運作，無法處理難民只剩純粹的存在事實。不論歸化或遣返，似乎都只是把難民當作暫時的狀態，「只剩自身存在」的永恆狀態對民族國家的法律是無法理解的。除此之外，阿岡本還主張不應把《人權宣言》視為人權立法永恆的準則。

我們從鄂蘭和阿岡本有關人權弔詭的跨時空對話可以導引出一些重點。對鄂蘭而言，無國籍者和難民在兩次世界大戰期間的苦難暴露出人權概念和政治的無能。無國籍者因為缺乏政治共同體給予保護，他們所能依靠的只剩下身為人類最純粹、赤裸裸的存在事實的內在權利，這種以裸命為基礎的權利反而更加凸顯其存在的脆弱和無助。事實上，並沒有任何體制或國家會真的將「基本人權」運用在不受任何政治共同體保護、不具合法公民身分的無國籍者身上：他們最欠缺的就是政治共同體所承認、給予的「擁有權利的權利」。阿岡本的權利批判不乏與鄂蘭的相通之處，卻也超越了鄂蘭的共同體框架，因為對阿岡本而言，在那樣的框架之下的權利都是生命政治權利，不僅無法將人從主權決斷解放出來，反而更將人們推入以裸命為治理基礎的生命政治機器。阿岡本和鄂蘭同樣認為當代的人權無力解決難民問題，只不過問題不是如鄂蘭所看到的難民被「排除」在政治共同體之外，而是被「納入排除」：「人權」將主體的裸命放進一個隨時有可能進入例外狀態的政治法律場域中，隨時可能中止憲政常態和法律保護。若是如此，訴諸現代人權處理難民問題的另一面，就是可以合法殺死的難民（牲人），如同我們從納粹集中營所看到的最極端的實踐。

見證非人或不可能的見證

當阿岡本主張挑戰「民族─國家─領土」三位一體，以及想像作為一種非領土的或治外法權的（extraterritorial）空間，他比較在意的應該不是他所批判的以人權之名設置特定的實體「收容所」，更不是「難民營」，而是層次比實務政治更深層的政治司法、地理疆界、甚至「歐洲」的重新建構與想像。鄂蘭與阿岡本間有關難民和生命政治的跨越時空對話，或是阿岡本比鄂蘭更跨出一步思考的，涉及重新思考何謂「人」及其與「非人」的區分。我們甚至可以延續阿岡本的理路，將思考這個區分看成是重構「共同體」、「平等」、「政治」、「正義」和「道德情感」必要的第一步，而見證人與非人則是對這些範疇提出質問。

阿岡本所描繪的眾多牲人形象當中，處在最遠邊界的莫過於《奧許維茲的殘餘者》（*Quel che resta di Auschwitz. L'archivio e il testimone*）的「穆斯林」（按：集中營猶太人當時流通的用語），[7]他們是納粹集中營侵犯人性罪行的終極見證者。根據阿岡本的描述，因長期處在非人的生活情境，包括營養不良、虐待和強迫勞動，身體水腫和長滿疥瘡，嚴重扭曲變形。他們似乎已失去意志力，只是帶著矇矓的眼神和漠然、機械而憂鬱的表情，漂浮在集中營的恐怖空間裡，其他囚犯沒人敢直視他們，和他們有任何關聯：他們還活者，但已失去可以辨識的人類標記，被排除在人類社群之外，算是活死人或行走的死屍，存活在絕對化的無區分地帶。阿岡本的描述顯然已超出特定的歷史現實，而讓穆斯林成了一種寓言形象，是政治範疇裡的殘餘生命，見證了無法再現的裸命與非人苦難。如果說穆斯林是大屠殺的「終極證人」，倖存者則是「偽見證者」（pseudo-witnesses），是穆斯林非人的、不可能的終極證言的添加和複本，其「不可能」的原因在於穆斯林已失去人類的話語，而倖存者見證穆斯林的見證如同撇見戈爾貢（Gorgon）

的頭，[8]無法捕捉、理解回教人無法辨識的「非語言」，感受其本體存在的錯置。這種不可能的見證標示著歷史、政治、道德、情感與本體的界限與殘餘，無法化約成歷史文件事實和論述，也無法產生情感回應和倫理認同。見證的不可能則關乎人之中的非人，或人與非人、存活者與說話者間的非同一性。這種情況下的見證主體見證了自身去主體化（desubjectification）的狀態。

不可能的見證，見證的不可能，將政治與道德思考和判斷推向界限或零的向度，生與死、悲劇與鬧劇、雄渾與荒誕的區分失去效用，道德價值和情感也陷入困境。對集中營囚犯和劊子手而言，清白和罪惡、行動與責任都已無法區分，也就是說，他們真正做了什麼和為了什麼感到罪惡間存在著鴻溝。加害者和受害者間的界線並不如我們想像的那樣清晰，雙方都無法主宰自己的行動，可能都會尋求「清白的罪惡」的庇護。如同艾希曼或那些曾是其他囚犯苦難和死亡的旁觀者甚至共犯的人，他們經常訴諸道德良知和責任感，掩飾罪惡感或逃避法律上的罪責。

《奧許維茲的殘餘者》論述的不可能的見證關乎各種不同層次的錯置或失根狀態，因此恥辱（shame）會成為另一個核心議題自然是可理解的。該書第三章討論包括法國作家安特姆（Robert Antelme）、義大利化學家與小說家李維（Primo Levi）和奧地利散文家阿莫瑞（Jean Améry）等人的大屠殺餘生證言，聚焦恥辱和「不可說」（unsayability，也就是見證的不可能）的緊密連結。從阿岡本的角度來說，恥辱是一種根本的感受，餘生者帶著存活下來的恥辱，不得不訴說，似乎是對記憶和生命痕跡的消逝有著強烈的焦慮。然而，阿岡本指出這些餘生證言大多混淆了法律和倫理概念，罪過、責任、清白、判斷和寬恕間都失去了區分。當餘生者無能採取行動抗拒或阻止發生在其他人的罪過，而自己卻存活下來，罪惡感和恥辱感也變得無法區分，恥辱在這種情況下被當成是道德上的不確定性或不安的避難所。然而，阿岡本進一步分析恥辱更深刻、在本體上更具撼動性的層面。他以法國作家安特姆大屠殺證言裡的那位來自波隆那的學生為例，他被納粹禁衛軍隨機選中受死，當下臉紅的反應所顯示的恥辱感已無關接受或拒絕，也沒有罪惡感和時間意識。恥辱在這樣的本體層次上並非是因為自己存活而他人受難，而是無法在自身死亡的當下找到任何意義。阿岡本如此解釋那名學生在人生最後時刻的臉紅：「可以確定的是，他並非為了存活下來而感到羞恥，似乎是為了必須受死、為了被隨機選中受死而羞愧。」[9]也就是說，當主體被法律拋棄，暴露在主權瘋狂的決斷中，卻又沒有真的脫離控制，無力承受與我們關係至為親近、卻又無法逃離的存在狀態——在波隆那的學生的例子中就是死亡——就是恥辱出現的時刻。阿岡本這樣的理解可以從列維納斯（Emmanuel Levinas）那裡得到印證。用列維納斯自己的話來說，「出現在恥辱之中的，正是被釘牢在自身的事實，徹底無法逃離、隱藏自己，無法改變『我』對自身的顯露。」[10]從阿岡本的角度來看，恥辱出現在主體化與去主體化、主動與被動、人與非人的邊界，那也是暴露在存有的最核心卻又無力承擔的時刻。

阿岡本的生命政治論述經常被批判以集中營作為現代性的範式，[11]如沃爾夫（Cary Wolfe）指出的，削平了各種政治倫理和體制態勢之間的差異，偏離了真實政治，甚至太過悲觀虛無，無法導向真正的政治行動。然而，如本章一開始的提問，敘利亞幼童Aylan遇難的相片所引發的國際關注，以及召喚的情感與行動反應，是否是在某種道德或意識形態幻想的防護之下，只以表面的主動性掩飾深層的被動性，讓主體自身的情感和認知結構、讓政治倫理判斷的概念和框架保持不變，進而逃避去面對難民問題的政治與經濟結構因素？齊克果說，「唯一的好鄰居是死掉的鄰居」——他者只有在符合我們的想像框架、在我們的意識形態防衛距離之內，才會是我們尊敬、愛或同情的對象，難民也是如此。當難民超出我們的想像框架和防衛距離而太靠近我們，就不再是值得人道主義救援的對象，他們瞬間變形為占用社會福利資源、危害國家安全、恐怖主義者偽裝的他者。

以上的討論已明白顯示，將政治共同體當作無可妥協和取代的原則是思考和處理人權問題的主要障礙，而「公民」與「權利」在概念和現實上都脫離不了主權決斷和民族國家疆界內與外、有權者與無權者、甚至人與非人的區分。難民作為一種界限的概念和本體存在的樣態，從根本上撼動了「民族國家」、「公民」、「權利」等現代政治哲學概念，逼使我們見證他們所經歷的真實的人與非人的本體存在。這樣的思考路徑意謂著我們不能只停留在（字面層次）見證的「不可能」，即使阿岡本也不是如此。我在《附魔、疾病、不死生命》第五章〈病痛敘述：醫學人類學〉最後，討論作為一種見證的病痛敘述的情感倫理難題，指出病痛敘述的倫理意義在於「共在」、「連結」與「交互作用」，挑戰著作者的語言和敘述，邀請讀者同時運用理智和情感，對於複雜的、即身的、具有社會性的病痛與苦難做出回應，但這並不代表一種均衡的、全然透明的溝通情境和倫理關係，更別說是將他者的病痛和苦難納入道德意識形態框架之中。我們還必須瞭解，這裡所談的見證的不可能，絕不等於已取代真實或不再指涉任何真實的布希亞式的擬像（simulation）或超度真實（hyperreality）：難民問題是真實的，其真實性溢出視覺認同，也不會因為媒體或政治人物操作難民的影像而消失。即便如此，我們是否應該更進一步從這不可能的見證中開展出什麼政治倫理可能性？這樣的難題勢必超出經濟資源的重新分配、國際政治組織與政策的調整、司法改革、或學科範疇與認識論的重整；這當然並不表示這些訴求都不重要或沒意義，只是沒有觸及問題的核心。這裡所談的「從不可能到可能」意謂著打破自以為是的人道主義道德情感與幻想，以及主動和被動、主體化和去主體化的區分，如同以上有關恥辱的討論顯示；在一切概念框架或預設歸零後，重新思考與想像難民／他者對於「我們」提出的政治與倫理要求，以及「我們」該做出什麼回應。

我們如何確定是「我們」？桑塔格在《旁觀他人之痛苦》（*Regarding the Pain of Others*）中引述吳爾芙有關戰爭圖像的思考，指出當我們透過照片觀看他人的痛苦時，我們不應將「我們」這樣的觀看位置視為理所當然，而應該反思觀看的種種（歷史、社會、文化、心理等）條件，追問還有哪些照片、誰的殘酷和誰的死亡沒有被顯示。桑塔格觀察到，愈是不經修飾的戰爭照愈被認為純正，愈受到歡迎；她認為這源自基督教文化和藝術系譜裡的「苦難圖像學」（iconography of suffering），對於受苦的身體圖像有著強烈的渴望。然而，媒體所拍攝和傳播的照片不論是否經過布置或編造，都是要傳遞特定訊息，都是為了給他者觀看；許多越戰的照片即便沒有經過刻意安排，也都被賦予道德權威。桑塔格說，「只有照相機能夠捕捉到正在發生的死亡並讓它永垂不朽，攝影師在死亡的時刻（或者死亡即將發生之前）拍攝的戰場照片，是最受到歌頌、最常被複製的照片。」[12]這個說法和以上我對 Aylan 遇難的相片引發國際關注的提問頗為相近，桑塔格也批判戰爭照片特權——當然也是意識形態——的觀看位置：「只要我們感到同情，我們就覺得不是造成苦難的共犯。我們的同情宣告了我們的無辜和無能。」[13]這種同情的意識形態效應不言可喻，造就了感情的死亡、道德冷感與被動。

當我們試著擺脫「特權的觀看位置」或意識形態防護，面對和理解難民真實的生命歷程，那到底意謂著什麼，這對我們而言是一種什麼樣的倫理要求？作為一位離散的越裔美籍學者和創作者，鄭明河（Trinth T. Minh-ha）透過擁抱遷居和放逐的生命，想像和時空都因此得以擴展，即便過程中遭遇的錯置和轉變並非完全沒有負面效應。她認為遷居和放逐讓人們得以質問日常，到達「此處的他方」（elsewhere within here）。「從一個類別到另一個類別，從一個標籤到另一個標籤；想存活下去，唯一的辦法就是拒絕。拒絕成為積分表格內的某一項元素……拒絕把命名過程視為理所當然……充分發揮庇護（refuge）和廢物（refuse）的間距，拒斥（refused）和廢物的間距，或者更重要的是，廢物跟廢物本身的間距。」[14]這種（被迫）流動的、抗拒命名的、不被接納的身分認同與生命歷程，解構了主動與被動的區分。必須注意的是，鄭明河雖然以個人經驗為本、以詩意的書寫風格企圖打開我們對於遷居、流浪與逃難的生命狀態的理解和感受，她同時還是提醒我們不應該歌頌或美學化作為一種集體現象的難民：難民被拒絕和丟棄，意謂著別無選擇地回到海上，他們失去各種根源，他們的生命糾葛著真實的政治與歷史，他們的故事揭露主權國家的貪婪、偏見暴力和恥辱……我們如何「看見」、理解與感受難民的生命經驗？貝哈（Ruth Behar）在《傷心人類學：易受傷的觀察者》（*The Vulnerable Observer: Anthropology That Breaks Your Heart*）將自己的人類學工作界定為一種不斷穿越隧道到達他方的歷程，帶著失落感、哀悼、對記憶的渴望、對怯弱的憤怒、總是延遲的洞見，自覺無用，繼續書寫的激情又如此強烈。貝哈不僅不否認或排除脆弱性，反而當作人類學必須的見證的形式。貝哈擁抱脆弱的主觀性或自我反身性，認為那是社會知識的根本；觀察者不僅要認識所觀察之物的本質，也要瞭解自己發生了什麼事情。脆弱性表示觀察者／見證者自我的暴露，被帶往過去所不能及、未曾到過的境地。貝哈展望新的人類學和民族誌書寫（嚴格來說是「自我民族誌」〔self-ethnography〕），融入私人的生命歷史和故事，結合證言，以易感的方式書寫，讀者也能夠以易感的方式回應。

即便茱蒂絲・巴特勒（Judith Butler）的《危命：哀悼的力量與暴力》（*The

Precarious Life: The Powers of Mourning and Violence）並非以見證和人類學紀事為研究重心，她所談的「危命」的倫理問題和本文以上有關「旁觀他人痛苦」和「易受傷的觀察者」的討論，頗有相通之處。巴特勒引述列維納斯的他者倫理學，將「臉」歸屬於倫理範疇：他者的臉——不是特異性已被化約、被冰凍成某種永恆本質或被套入意識形態想像框架的那個他者，如同被大量複製和轉傳的Aylan——使生命出現斷裂，打破「壞良知」的自戀迴圈。道德約束力的基礎並非主體的自律，不是如康德那種出自主體依著先驗理性，基於對法律的尊敬的「定言律令」（categorical imperative），而總是來自他方，不請自來，無法期待和規劃。他者的臉龐如同意義被鑿空的聲音，訴說著無法完全付諸言語的道德要求，無法立即轉換條理分明、可被遵守的規則。巴特勒說，「回應臉龐，理解它的意義，表示被另一個危命或身命本身的危急喚醒。」[15]人們因為害怕死亡或害怕面對生命受到威脅，落入一種自體免疫的本能反應，透過抹煞甚至毀滅他者的存在來遺忘或壓抑自身的恐懼。回應臉龐，或是體認生命危急的本質而建立倫理關係，表示不停協商害怕經歷暴力和害怕施加暴力在他者身上之間的緊張。

阿岡本的「見證不可能」，如同他對於牲人的考察，解構了諸多政治哲學和道德概念與區分。我們能夠從桑塔格、鄭明河和巴特勒各自的寫作領域，進一步思索和描繪如何回應他者的苦難，並建立真正的倫理關係，使得他者／難民不再只是被動等待救援的受害者，而是為更值得活的生命遷移、掙扎的行動主體。這樣的取徑並沒有否定即刻救援和安置難民的必要性，重點是我們是否深刻理解政治行動和道德判斷的真實條件，或僅是將他者的苦難轉化成扁平抽象的影像或意識形態不在場證明，而那樣的意識形態運作似乎和製造難民裸命的統治結構沒有多大的差別。

精神病院

傅柯的《精神醫學權力》

傅柯一九二六年十月十五日出生於法國普瓦捷（Poitiers）的一個中產階級家庭。在高等師範學校就讀期間（一九四六—一九五一）受到依波利特（Jean Hyppolite）、梅洛龐蒂（Maurice Merleau-Ponty）、康居廉（George Canguilhem）等人啟發，對尼采和德國現象學傳統產生濃厚興趣。在歷經一番波折完成博士論文出版後，於一九六一年五月取得巴黎大學心理學博士學位。一九六〇年代，傅柯陸續以《古典時代瘋狂史》[1]（*Histoire de la folie à l'âge classique*）、《臨床醫學的誕生》（*Naissance de la clinique: une archéologie du regard médical*）、《事物的秩序》（*Les mots et les choses: Une archéologie des sciences humaines*）等考掘學著作奠定在當代法國結構主義思潮的地位。傅柯於一九七〇年獲選法蘭西學院成員，隨後開始一系列主體、治理、自由主義、生命政治等思想史講座，也陸續發表包括《知識的考掘》（*L'Archéologie du savoir*）、《規訓與懲罰》（*Surveiller et punir: naissance de la prison*）、《性史》（*Histoire de la sexualité*）等代表作。期間也積極參與反種族主義、反人權迫害、獄政改革等運動。傅柯後來長期在美國講學並活躍於舊金山同志社群，一九八四年因愛滋併發症於巴黎過世。

為何需要重讀傅柯《精神醫學權力》？

我在本書一開始提到的搖搖哥個案顯示社會大眾對待精神病患的負面眼光和態度，以及精神醫療、警察和司法的「三元共同體」所施展的權力，不論稱之為生命政治權力或精神醫學權力。社會大眾似乎理所當然地認為，精神病患就該待在精神病院，而不是在外面「賴賴趖」，否則就是不定時炸彈，會造成社會恐慌。說來有些反諷，《精神疾病診斷與統計手冊》（*The Diagnostic and Statistics Manuel*，簡稱ＤＳＭ）在過去數十年來持續改版，提供更詳盡的分類，卻也使得精神疾病的範圍持續擴張，已涵蓋約三百多種類型。新的病名不斷增加，例如「廣泛性焦慮障礙」（generalised anxiety disorder），日常生活中間歇性的不安和痛苦也被納入精神疾病；類似「輕度神經認知障礙」（minor neurocognitive disorder）則可能將正常老化的健忘定義為精神疾病；「侵擾性情緒失調障礙」（disruptive mood dysregulation disorder）則將兒童耍脾氣視為障礙症狀。簡單來說，DSM的這些改變擴大了精神疾病的定義，讓更多人成為病人，更容易受制於不見得有用、甚至可能具副作用和風險的精神藥物。面對這些情境，我們是否該回到根本的問題：我們真的瞭解精神醫學體系怎麼運作嗎？這是本章透過傅柯的《精神醫學權力》（*Le Pouvoir psychiatrique : Cours au Collège de France, 1973-1974*）所要探討的。

整個來說，傅柯在他影響深遠的法蘭西學院系列講座第四講《精神醫學權力》延續了他長期以來對於微觀層次的權力介入身體、知識與真理的關注。《精神醫學權力》與之前的《古典時代瘋狂史》最大的差別在於對精神醫療體系的權力運作進行更細緻的考究和分析。對傅柯而言，精神病院是十足的權力機構，目的在於規訓病人，而非治療疾苦。精神醫學權力透過凝視、質問、催眠等技術施加在病人的身體，矯治與控制其行為、意志和欲望。精神病院裡面的人員、身體、物件、時間與空間都必須經過策略性的配置和綿密的監視，目的都是為了防範或壓制瘋狂帶來的威脅。

現代醫學與生命政治的重大歷史轉折

根據傅柯的考究，十八世紀末是現代醫學和生命政治的重大轉折點。簡單來說，醫院和醫療設施的建置有助於更全面地監控整體人口和個人的健康狀況。然而，「人口」並不是一開始就存在的政治和醫學概念，它的出現在相當程度上伴隨著統計學和病理解剖學的成形；病理解剖學甚至主宰了整個十九世紀的一般醫學和精神醫學。拜解剖病理學之賜，醫生更不需要關心病人說了什麼，因為他自認可以透過解剖學瞭解瘋狂的真相。醫生運用精神醫學知識在瘋狂和非瘋狂、真實和偽裝之間做出決斷，以便規訓、壓制瘋人。換言之，精神醫學權力既賦予瘋狂真實性，又壓制瘋狂的症狀。

傅柯在《精神醫學權力》提到的一八三八年《精神病患強制就醫法》有助於我們定位精神醫學和生命政治的歷史轉折，畢竟精神醫學和生命政治的發展都與法律規範緊密相關。依據一八三八年的新法條，精神病患可由家庭成員通報，經地方政府與醫療機構共同認定為瘋狂，採取監禁措施，毋須經由司法程序處理包括財產的法定權利如何轉移的問題。這種形同正式逮捕的監禁措施遠比冗長繁瑣的司法程序有效率，也顯示出瘋癲者對社會和家庭的安全、權利和財富所構成的威脅被視為社會公敵。國家權力——如傅柯指出，嚴格來說是「技術性國家權力」（technical-state power）——有了新的運作型態，它介入了家庭結構，吸收了傳統大家庭的權力，或將家庭分化成較小的單位，強化了自身的結構。當然，傅柯在這裡談的精神權力與家庭權力結構的分離，也就是監禁，少不了醫學作為其合理化的基礎。監禁措施表示病人與外在世界的隔絕。在治療過程中，病人和家庭成員的接觸被認為對療效有害，家庭的成長經驗甚至被視為病因之一。

根據上面的敘述，我們或許會以為精神醫學體系已將家庭完全排除在外，但傅柯透過傅內（Jules Fournet）一八五四年的《醫學心理學年鑑》（*Annals médico-psychologique*），說明精神醫學在一八五〇、六〇年代發生的轉變：精神病院裡的瘋人被當成小孩，需要家庭環境發揮道德和心理的療效。傅柯甚至認為這種轉變和殖民主義從武力征服和壓迫轉變為深度的心理殖民相呼應，於是仿照家庭運作模式的精神醫學權力可同時施加在瘋人、無業遊民和被殖民者身上，他們分別被當成人類、社會和歷史的殘渣，需要接受治療。如何將傅柯對精神醫學的批判與歐洲在世界各地實行的殖民主義扣連，是值得進一步研究的課題。[2] 傅柯比較關注的是精神病院模式出現的社會、經濟與歷史脈絡。傅柯指出，「異常性、非法性或不規律性利益的整合、組織和剝削」，顯示一個強調秩序管理的社會或統治型態需要不斷辨識、制伏，同時又製造更多的異常或異端。他甚至直指整個精神病院作為一個規訓權力機構，從瘋人的異常與不規則中獲得利益，符合自由主義的社會與經濟價值，至於他的推論是否具有足夠的實務證據或是否過於武斷，需要進一步研究。

傅柯在第七講以勒赫（François Leuret）一八四〇年的《瘋癲道德療法》為考察對象，主要原因在於勒赫主持比塞特病院（Bicêtre）期間對精神治療技術的建置發揮了決定性影響。傅柯的考察重點是精神醫學治療需要什麼樣的規畫、程序和策略。勒赫提到一位名為都普雷（M. Dupré）的病人縱慾過度，得了重病，他妄想自己是包括拿破崙在內的好幾個名人，輾轉被送到好幾家精神病院，最後到了比塞特；病院為了他還得特別調整周遭的擺設，讓他以為自己沒有離家很遠。勒赫在治療這位病人的過程中並沒有特別依賴專業的精神醫學知識，反倒是各種操作（maneuvers）發揮了根本作用。首先是他透過凝視、責罵或任何威脅利誘的策略，創造出不均等的權力，讓病人受制於「外來意志的原則」（the principle of the foreign will），目的當然是要塑造出歸順的身體，化解瘋狂癡幻的力量。勒赫的另一個操作是語言的重建。透過語言操練、閱讀、朗讀等命令規訓病人，矯正他們在妄想狀態中錯亂的語言，也將他們固定在整個精神病院的權力結構的正確位置。

再者，勒赫也透過操作「匱乏」（deprivation）來組織和管理病人的需求。都普雷覺得工作沒意義，賺來的錢都是假的，而且他自稱是拿破崙，有權力鑄造金幣。有一次他被強迫工作，但拒絕接受酬勞和進食，在院方威脅利誘之下，他才勉強讓步，拿了錢交換食物。換言之，院方操作都普雷的匱乏感，將工作、金錢和食物的需求強加在他身上。這樣的操作也等於透過剝奪病人的自由，進行更有效的管理和規訓，讓病人接受加諸在他身上的現實，體認自身權利的喪失和生病的事實，也瞭解到天下沒有免費的照料和治療，匱乏就是病人必須付出的代價，也是精神病院累積資本的策略，加深病人對病院的依賴。傅柯提到勒赫的另一種操作是「真理的陳述」：勒赫有時甚至用潑冷水的方式逼迫病人承認「事實」。值得深思的是，如果瘋人可以被迫說出關於自身瘋狂的真相，那他到底是瘋狂還是理性，似乎就變得不太確定。傅柯在這個環節進一步說到，約莫在一八二五至一八四〇年間精神醫學診療和犯罪學開始採用自述，目的是為了強化個人的自我監控和管理。姑且不論傅柯針對這個議題的舉證是否充分，評斷是否失之偏頗，我們依然可以理解他所強調的「真理的陳述」較不涉及話語本身的實質意義，無關乎形而上的抽象概念，也不是客觀的科學真理，而是在治療的情境中的語言行為，也就等於是說：瘋狂的真理是透過精神醫師引導病人進行的身分交叉檢驗（cross-examination of identity）——宛如法庭上的交叉詰問——所建構出來，具有十足的權力效應。

毫無疑問，瘋狂是精神醫學權力主要的威脅，因此必須被制伏，但精神醫學權力再施展的過程中也在定義或建構瘋狂。傅柯在這個環節上提到發生在十八、十九世紀交替之際的瘋狂形式——或他在《古典時代瘋狂史》反覆使用的「瘋狂的感受」——的轉變。簡單來說，瘋狂在十八世紀末之前被視為一種身心狀態的「錯誤」，從十九世紀初開始（約莫也是現代精神醫學建置的時機），轉變為無法控制的力量，包括狂吼、暴衝和激情、狂躁（mania）與憂鬱，這也使得治療的方式有所改變。從更寬廣的歷史角度來說，精神醫學權力並不只關乎醫學體制，現代（精神）醫學體制是整個西方理性和知識體系的產物，它也關乎西方社會對於疾病、異常和瘋狂的「感受」或想像。我在下一章將從這個角度討論瘋狂的問題。

從療養院的運作理解權力的本質

綜觀傅柯的整體學術著作，一直環繞著知識與權力的運作。對傅柯而言，權力不是可以被任何個人或群體掌控的固定實體或機構，而是複雜的力量與技術網絡。傅柯在《精神醫學權力》講座一開始就將療養院界定為一種「權力秩序」。療養院透過這樣的權力秩序規範收容人的身體運作，收容人的身體因此被權力滲透、團團包圍。問題是，為什麼療養院需要秩序、規範和規訓呢？這是因為秩序才能建構醫學知識；對傅柯來說，知識總是在特定的體制情境中被建構。醫學知識的建構則有賴「醫學凝視」（medical gaze）掌握知識客體，也就是病人。醫學知識總是標榜著中立性和客觀性，提供醫學權力合理化和運作的基礎，以便精準有效地分配和管理療養院裡的時間、空間和人員，特別是病人的行動和作息。療養院進行的治療——即便從傅柯的角度來看並非療養院的首要功能，壓制和建構瘋狂以及規訓「有用的身體」才是——也必須透過醫學知識和精準的觀察才能辨識病人的症狀。

約莫在精神醫學權力講座的階段，傅柯特別專注規訓權力（disciplinary power）的問題，那正是眾所周知的《規訓與懲罰》的核心議題。對於療養院的權力運作，我們必須先釐清一個概念：即便我們透過傅柯的視角理解規訓權力，並不表示療養院只以訓練和矯治身體為唯一目的。事實上傅柯談的權力不能化約成單一策略和目的，他所關照的權力總是多重、擴散、去中心的，療養院裡也不例外。醫師在療養院裡具有毋庸置疑的權威，他直接施加權力在病人身上，毋須和他們進行任何互動，但傅柯並不認為醫師一人獨占了療養院的權力。他說，「權力不屬於任何人甚至任何團體。有權力就一定會有擴散、傳接、網絡、相互支援、潛能差異、不一致。只有在這樣的差異系統之中……權力才能夠運作。」[3]

在療養院實際的權力運作過程中，督導和僕人都發揮了各自的效用。督導不是像精神科醫師那樣的專業人士，但他負責管理療養院大大小小的業務，其中包括監視病人；他把有關病人行為的資料呈報給醫師，對於醫師所代表的權威和醫學知識的建構都有不可或缺的作用。僕人是療養院的另一個權力傳接點。雖然他們幾乎是療養院權力位階的底層，但他們負責料理病人的日常生活，對於病人的意圖和欲望都可進行鉅細靡遺的監視，再把監視得來的紀錄層層上報，有助於醫師採取預防措施或抓住正確的時機以採取必要行動。整個來說，療養院裡的人員、身體、物件、行動、凝視、意圖、欲望……都必須經過策略性的配置，透過綿密的監視，及時防範或壓制威脅的爆發。從傅柯的觀點來看，當這些無法控制的瘋狂力量成為精神醫學權力施展的目標，所謂的「治療」就不是為了病人的福祉，而是制約和馴服的策略：瘋狂被視為精神和道德上的退化，被貼上罪過的標籤。

傅柯參考了有「現代精神醫學之父」稱號的皮內爾（Phillippe Pinel, 1745-1826）的《醫學哲學論文》（*Traité medico-philosophique*），對於治療過程的「對抗場景」（scene of confrontation）做了詳盡的描述。「對抗」指的是病人和督導與醫師間力量的衝突。醫師和督導威脅利誘嘗試各種狡詐和暴力手段，讓病人無所適從、無計可施，因而更能發揮監控和制約的作用。在這種情況下，醫師並不見得透過醫學知識瞭解病人的病因和病情。如果治療過程生產了任何真理，那也是病人在受逼迫之下的告解，而不是任何客觀知識。在此必須強調的是，「真理」在傅柯的著作裡不是指形而上的抽象概念，而是在特殊的情境透過各種權力技術建構出來的。傅柯似乎透過皮內爾的文獻研究，質疑現代精神醫學從歷史開端就不純粹是醫學性的。現代精神醫學的出現某種程度上標示著醫學、生理學、生物學等學科的重整，但傅柯刻意凸顯精神醫學和醫療的分裂，強調精神醫學體系的規訓權力，以及精神醫療過程的意圖、欲望和力量的衝突。這樣的取捨就歷史學客觀性與精神醫學實務的角度來看是否失之偏頗，還有待討論。即便如此，傅柯這樣的角度還是讓我們更細緻地理解何謂暴力。對傅柯而言，權力的使用沒有所謂的好（非身體的）與壞（身體的）的區別，所有的權力都必然以身體為對象，但精神醫學權力的運作已不單純是加諸在身體粗糙的暴力，而牽涉到精密計算和實施的力量，他甚至創造出身體和權力的「微物理學」（micro-physics）來描述這種更細微、更不規則、更擴散的權力運作。

傅柯以艾斯基侯爾（Jean-Étienne Dominique Esquirol, 1772-1840）主持期間的薩佩提耶醫院（Salpêtrière）為例——雖然他大多時候沒有確切的指涉對象——更細部地呈現精神醫學權力在病院裡的運作，關鍵在於空間與建築的安排如何規範病人的行為與行動。傅柯明白指出，醫院能發揮治療效用的原因在於它是一座「敞視機器」（panoptic machine）；他在《規訓與懲罰》已提示過，敞視機器可以運用在監獄、學校、工廠等各種不同的情境，當然也包括醫院。「恆常的可見性」是首要的運作原則：大帳篷的建築沿著三邊排列，第四邊面對鄉間景觀，確保病人隨時在管理與監控之中，也讓他們知道自己被凝視的網絡團團包圍而不敢踰矩，因此製造出自我監控的效果。大帳篷建築後來改成室內病房，但敞視的原則絲毫不變，病人依舊被置放在醫師、管理員和護士形成的匿名性監視網絡中：也就是說，監視無所不在，但沒有確切對應到任何一個主體。這樣的配置也強化了病人間的孤立狀態，防止群體模仿效應和集體行動的產生，讓病人瞭解他們都已被判定為瘋狂。如同《規訓與懲罰》所描繪的規訓權力總是不離懲罰，在精神病院裡亦然。從傅柯的角度來看，這對於十九世紀初號稱「解放瘋人」的皮內爾和突克（Samuel Tuke）的現代精神醫學顯得有些反諷。懲罰的施行毫無節制，使用的器具種類繁多，包括刑罰椅、緊身衣、手銬、禁閉桶、尖頸環等等，隨時可施加在病人身上，發揮矯治和馴服身體的效用。

真理的問題成了傅柯《精神醫學權力》講座後半部的核心議題，而他所關注的真理總是不離權力技術和效應。他在第十講宣告接下來的講次將從質問與告解、催眠術、藥物等三個權力技術繼續探討真理的問題。一旦談到真理的問題，我們面對的是主流的「哲學科學觀點」：任何地方所有事物都有真理等著被探索、發現、驗證和瞭解。然而，這不是傅柯的真理觀。對他——如同對尼采——來說，真理不是一種普遍客觀的存在，而是不連續與偶發的「事件」，無法脫離人事物的特定條件、權力策略和力量間的關係，這也是他為何會使用類似「衝擊」（shock）、「碰撞」（clash）、「統治與勝利」等譬喻來談精神醫學裡的真理問題。傅柯指出，雖然從十九世紀開始，不論在法學或精神醫學領域，強調觀察、檢驗的真理技術逐漸成為主流，但舊有的「真理事件」或「真理試驗」並未消失，依然環繞著「危機」的概念持續存在於醫學實作。從醫學的角度來看，「危機」表示身體和有害物質或自然和邪惡之間的戰鬥。疾病像是個會演化的有機體，具有獨特的運作節奏，醫生的功能就是抓住疾病的節奏，以便像法官一樣，找到恰當的時機介入和化解衝突，求取自然與疾病間的平衡。自然對抗疾病的力量如果太強烈甚至暴力，就會對病人造成致命的傷害，如同我們現在所熟悉的「自體免疫」（auto-immunitary）暴力，也就是過度或失序的免疫力或自我防護對身體造成的反噬作用，醫師的角色因此就變得像是風險和危機管理者。

精神醫療的權力技術

我們可以進一步瞭解傅柯探討的質問與告解、藥物和催眠術等三個精神醫療權力技術。質問和告解的主要的目的是尋找家族醫學史。根據傅柯的研究，一八二〇年代還沒有出現病理遺傳的概念，透過質問和告解重建的家族病史可以彌補解剖學找不到生理病因的不足。病人被要求訴說童年記憶，藉此建立個人病史。就精神醫學的範疇來說，這樣的權力技術預設瘋狂的根源存在於個人和家族的過往，會留下足以辨識的異常跡象，因此延長了瘋狂的歷程，瘋狂在實際症狀發作前早已存在。在這樣的權力配置下，病人被迫毫無保留地展演出症狀，經由醫師確認瘋狂者的身分屬性，並且承擔面對自身瘋狂的責任。

傅柯接著以狄圖赫（Moreau de Tours）一八四五年發表的《大麻精與精神疾病》（*Du haschisch et de l'aliénation mentale*）為範例，說明用藥如何成為一種精神醫學權力技術。根據傅柯的研究，大麻精藥效發揮包含幾個階段：幸福感、興奮感和觀念的解離、時空錯亂、視覺和聽覺的敏感、固著的念頭和癡妄的信念、難以克制的衝動等等。整個過程等於刻意複製了精神疾病發作的症狀，模糊了自然和人為瘋狂的界線。透過這樣的複製或模擬，醫師能近距離觀察、感受和瞭解各種症狀。如果這個過程形成了什麼精神醫學知識，也都脫離不了醫師的主觀經驗和病人的經驗形成的連結，以及彼此的互動和依存。如果可以透過大麻精讓病人在「清醒的」狀態下進入睡夢般的出神狀態，展演出瘋狂的症狀，使得瘋狂可以被正常人感受和理解，而夢又是不論正常和異常者身心運作的共通法則，何謂理性與瘋狂、常態與病態的界線似乎就變得模糊，即便精神醫學權力必須在兩者間做出決斷。

傅柯所談的另一種精神醫學權力技術催眠術有著悠遠的歷史。他以將催眠術導入現代醫學最重要的推手布萊德（James Braid）為例，指出催眠術彰顯醫師獨大的權力，甚至模糊了科學、魔術或巫術的界線。醫師透過施行催眠術控制病人的身心狀態，病人透過醫師的引導和質問說出身體和病痛的祕密與真相。從催眠術施行我們可以看到精神醫學權力的展演不僅在身體表層行為，甚至已經介入肌肉、神經和基本的生理功能，效力遠大過病理解剖學所能到達的程度。

神經醫學身體的誕生

截至目前的討論已不只一次強調，傅柯整個《精神醫學權力》講座專注在精神醫學的權力效應，也就是精神醫學如何透過各種權力技術介入、制約和塑造病人的身體（包括肉身和精神狀態），以達到規訓的目標。第十二講也是在這樣的理路下以「神經醫學的身體」（the neurological body）為題，討論歇斯底里病人身上的權力配置。雖然病理解剖是十九世紀醫學的主流模式，但傅柯所談的「神經醫學的身體」已經超出「病理解剖定位的身體」（the body of the pathological-anatomical localization），牽涉更複雜的權力技術。

在沙可（Jean-Martin Charcot）主持期間的薩佩提耶病院以歇斯底里研究和治療著名，被傅柯當作討論「神經醫學的身體」的主要範例。沙可相信，只要能透過人工的方式引發歇斯底里症狀——這也是他在他的星期二講座對著包括佛洛伊德等各地慕名而來的學者所做的展演——就能找到治療的方法。病人在他的刺激、誘導和命令下展現出不同的症狀，例如左右眼和兩邊的額頭皮膚反應失衡，或更嚴重的全身僵直症，成為沙可精神醫學權力凝視的客體，或者說，病人的身體被沙可的神經醫學權力編碼，標示著器官受損或病變的狀況。沙可使用的「刺激反應」模式事實上出自布隆（Duchene de Boulogne）。舉例而言，布隆的「定位導電法」（localized fradization）是在病人的皮膚上導電，讓它產生肌肉反應，藉此觀察和區分各種不同程度的反射、自動或自主性的肌肉運動。神經醫學的刺激反應模式透過引導、指令和質問的方式，檢視和掌握病人的意識活動；換個角度來說，病人透過身體做出回應，使得意識活動、意志力或意圖成為精神醫學規訓權力檢視和介入的對象。這種權力技術的目的也是為了區分自主與不自主、偽裝與真實的症狀。

不同歷史階段的醫學發展都無法擺脫身體與心靈間的緊張關係，傅柯所談的現代神經醫學也不例外，他從中看到了理解和分類疾病的不同方式。傅柯提到，十九世紀精神醫學區分了好與壞的疾病。「好病」指的是類似全身麻痺的症狀，不僅較為規律，可以透過病理解剖學找到特別是大腦器質性的病因，也沒有負面的道德意涵。「壞病」專指精神官能症（neuroses），包括歇斯底里、憂鬱、抽搐、癲癇等症狀，具有感官動能的成分，卻找不到解剖學上的對應。這些症狀較不規律，混淆了精神醫學的認知和分類系統，而且被認定具有性的成分，因此被貼上負面的道德標記。

《精神醫學權力》最後聚焦沙可在薩佩提耶的「歇斯底里大調度」（the great maneuvers of hysteria），這樣命名意謂著權力技術的配置和效應。沙可一直將歇斯底里定位成器質性疾病，[4]他所採取的所有策略——包括大量的攝影和圖畫檔案——都是為了詳細分類、進而確認斯底里症狀。沙可把病院裡的一些歇斯底里病人催眠，把他們當作醫學研究和展示用的人形道具，讓他們顯示出類似關節痛的症狀，來證明一些受傷的鐵路工人的關節痛症狀是歇斯底里性的。他展現精神醫學權力，命令病人展演出症狀，但這也表示精神醫師對於病人的依賴，甚至歇斯底里發作的症狀並非全都是沙可所能控制和理解。傅柯就從這個面向賦予歇斯底里某些反抗精神醫學體制的能動性。然而，精神醫學體制發展出「創傷」的概念，為歇斯底里尋求確切的病因。傅柯這樣的詮釋顯然是要凸顯創傷或精神疾病症狀並非是自然的事實，而是被建構出來的，如同他在《事物的秩序》一書中檢視經濟學、語言學和精神分析等現代人文科學如何從勞動、說話、欲望等面向發明「人」這個概念。

延伸思考

傅柯長期以來考察包括監獄、精神病院、教養院等體制裡的權力配置，關注被排除在「正常」、「健全」與「理性」界限之外眾多「他者」的生命。他把精神醫學體系的出現，界定為十八世紀末期以降的生命政治管控的一部分。雖然傅柯沒有用類似「國家暴力」或「例外狀態」的概念，但我們從他那裡所看到的精神醫學權力，就是國家機器或主權的區分和排除機制，瘋人被送進精神病院形同被逮捕。說瘋人儼然是阿岡本談的「牲人」似乎並不為過。然而，傅柯的精神醫學考察無疑受到不少研究者的批評。修特（Edward Shorter）在他的《精神醫學史：從療養院到百憂解世代》（*A History of Psychiatry: From the Era of the Asylum to the Age of Prozac*）和瓦丁頓在他的《歐洲醫療五百年》（*An Introduction to the Social History of Medicine: Europe since 1500*）都曾批判傅柯受限於「監禁的大敘述」，沒有提出精神病院如何強化社會控制和自由主義經濟邏輯的有效實證，他也忽略精神病院的社會功能。這些批判開啟了進一步對話的可能。不論如何，我們都必須瞭解傅柯的精神醫學考察以啟蒙思潮的樂觀和進步史觀為主要批判對象，這樣的批判對於我們所處的醫療化社會具有重要的時代意義，我們可以從傅柯的批判反思精神醫學帶給現代社會的是什麼樣的療癒或自由，監禁與隔離是否是對待精神病患者最好的措施，以及強調器質性病理和用藥的（精神）醫學體系是否窄化、制約、甚至扭曲我們對於身體、病痛和生命的感受。

在閱讀了傅柯的《精神醫學權力》之後，我們有可能想像精神醫學的未來嗎？我們也許必須重新思考，精神病患需要什麼樣的復原條件，可不可能有精神病院以外的環境重建他們的身心健康？一種更重視病體感受的談話與傾聽的精神醫學如何可能？我們是否也該重新理解腦神經科學，關注它晚近的突破與創新？舉例來說，根據對腦神經科學涉入頗深的當代法國哲學家凱薩琳．馬拉布（Catherine Malabou）的研究，人類的大腦並不是像一座固定的機器或不同的區位和配件的控制中心那樣運作。馬拉布從「可塑性」（plasticity）的角度描述大腦具有塑造、修正和切斷神經細胞連結的功能，是一種多重的組織。可塑性也就是一種調節和修補的能力，跳脫基因決定論。創新的腦神經科學如何反饋精神醫學、精神病院乃至於整個社會組織和治理模式的改造，都可以是我們通過傅柯的反精神醫學之後，嘗試繼續往前走的方向。

關於瘋狂與精神醫學（史）的哲學漫談

我在前一章的延伸思考中提到修特和瓦丁頓對於傅柯的批判，其中的論爭留待有興趣的讀者做更深入的文獻考察和閱讀。從傅柯的角度來說，精神醫學或精神病院的問題並非只牽涉到體制權力，而是關係到整個現代西方理性、知識體系，對於疾病、異常與瘋狂的感受的歷程。隨著經濟效益至上的治理模式和獨尊大腦結構、器質性病因的實證醫學取得支配權，精神疾病或涵蓋範圍更廣的「瘋狂」是成為更能清晰辨識的客觀知識，還是面貌更加模糊，更落入無聲的深淵，更不為人所傾聽、理解與感受？

傅柯在《古典時代瘋狂史》開宗明義指出，他整個「瘋狂史」計畫的主要目的在於考察在什麼樣的事件或權力運作之下，瘋癲者被大規模囚禁，並且被排除在「正常」社會外，理性也因此和非理性分開，透過「偏差」、「疾病」等概念建構瘋狂的真相。一邊是代表理性權威的醫生，一邊是瘋癲者，彼此沒有共同語言。非理性重新被納入理性的範疇，瘋狂不再代表一個深不可測的未知、黑暗的領域，而是理性不斷探究、證明自身的本質與存在理由的對象，精神醫學成了一種「理性的獨白」。

從十七世紀開始，歐洲的瘋癲者接替痲瘋病人成為社會舞臺的要角。這是一個新的恐怖統治時代，瘋狂被當成帶有道德敗壞和邪惡的傳染病，引發集體恐慌，許多以前監禁痲瘋病人的地方改建成療養院，藉此防止感染擴散。即便有衛生調查報告也無法平息恐慌，這反映出瘋狂的世界並非全然由醫學知識所建構，而是糾葛了恐懼的幻影，似乎關於疾病與瘋狂的古老陰暗想像並未遠離歐洲的理性時代。到了十七世紀晚期，出現愈來愈多專為瘋癲者設置的病院、私人住家和膳宿公寓，除非病患身體有突發狀況必須送醫，否則這些新成立的機構並不會特別針對精神狀況進行醫學治療，換句話說，這些地方還沒有醫學可以占有的位置。傅柯認為瘋狂因此脫離作為理性對立面的非理性，成為一個獨立運作的領域，這樣的分離、獨立並非出自理性反思或知識，而是充分反映人們對於瘋狂的恐懼。

然而，傅柯更在意的是到了十八世紀出現對於瘋狂的新感受（sensibility）。瘋狂自此具有更多重的形式，包括較為籠統的「精神錯亂」（alienation）、經常透過暴力表現的「狂躁」（frenzy）和心智能力耗弱或失能的「癡呆」。精神錯亂者（the alienated）也和喪失理智者（the insane）被區隔開來：精神錯亂者活在偏差和幻影之中，成了「最狂亂的瘋狂力量的獵物」，喪失理智者代表著偏差、扭曲的理性，但他們仍可以運用理性，間歇地表達正確清楚的意義。當瘋癲者被細分成不同類型，他們的世界不再被視為同質單調的世界，不再被看成蘊含神祕的非理性。這些眾多且迥異的瘋狂面貌，形成一個理性得以介入的領域，在那裡進行客觀分類與分析，因而確認自身的存在。這些分類和區分並沒有確切的醫學知識基礎，有些只是方便新成立的機構辨識收容人。換個角度來說，醫學在十八世紀都還處在整個收容體系的邊緣、甚至外部的位置，這也反映理論建構有關瘋狂的知識與實際的監禁場所的瘋狂體驗、科學與文化、抽象與日常之間的鴻溝。如同傅柯《事物的秩序》裡的人類學考掘所顯示的，十八世紀興起的包括生物學、經濟學、語言學、精神醫學等企圖賦予「人類」實證科學的知識基礎，也將「人類」推向更難以捉摸、更不可知的境地。「人類」是一個近代的產物，也就是在十八世紀前尚未被賦予充分的知識基礎，但是人類被經濟學、語言學、心理學等科學「發明」不久之後，就消失在那些學科知識中，像是精神醫學和後來的精神分析裡的「無意識」、「創傷」等概念，反而讓人類的心靈、意識和欲望運作變得更加神祕、更不可知。所以傅柯才會在《事物的秩序》說出那句被廣泛引用的話：「人類被發明不久之後就消失」。十八世紀區分了瘋狂的不同面貌，不是出自近距離的檢視，而是拉開和它們的距離，讓瘋狂更落入沉默之中。傅柯因此將他的瘋狂史界定為一種「沉默的考掘學」（archaeology of silence）。

十八世紀末到十九世紀是革命解放和人權宣言的年代，但對於瘋癲者而言不見得如此。一部分的瘋癲者被送到皮內爾施行「道德療法」的比塞特病院，但整體來說，如何處置瘋癲者還處在不太確定的狀態：一方面精神病院數量不符需求，另一方面它還沒完全和監獄的功能清楚區隔。可以確定的是，一種對於瘋狂的新感受已然成形，而我們必須跳脫進步史觀才能看清這種新感受。

傅柯考察的突克和皮內爾等人主持的精神病院伴隨著「治療」的概念而誕生，充分反映啟蒙思潮或科學理性的樂觀主義，也讓「解放的瘋人」成為現代精神醫學史的新形象。然而，突克和皮內爾解放一直以來遭受不人道對待的瘋人所彰顯的「自由」，卻是傅柯要解構的對象。傅柯認為「瘋狂」的概念早已隱含某種「自由」，不論是狂躁或失神，瘋狂都透過瘋人自由地訴說著自身的語言，因此突克和皮內爾「解放」的自由原本就在瘋人之中；醫生介入瘋人危險的自由的世界中，等於帶著理性進入飽受威脅的狀態。傅柯說，那是一種「執拗而危急的自由」，一旦想要將那自由的瘋狂（或瘋狂的自由）固定，只有變得更無可辨識、不被理解。

我們從這裡的討論可以看到，如果瘋狂代表一種自由，這種自由的本質是弔詭的：解放瘋人真正解放出來的是瘋狂的真相更無法被理解。這是歷史的反諷嗎？難道「解放」卻只換來瘋人甚至人性更高程度的囚禁和異化嗎？從傅柯的觀點來說，十八世紀末後發生的，與其說是瘋人的解放，不如說是「自由」概念的物化，這帶來三個結果。首先，自由成為十九世紀瘋狂論述最重要的議題，在有關瘋狂的思考和醫學分析中，重要的不再是瘋狂的錯誤和空無，而是從欲望、意志、自發性等因素理解的自由。再者，十八世紀以降的哲學把「決定論」（determinism）當作自由的對立面，也把追求過度的、僭越的自由當成一種罪過。十九世紀的精神醫學一方面要尋求瘋狂（也就是使人不自由）的決定因素，一方面要確認人追求過度自由的罪惡感因何而起，犯罪學和精神分析都是這種發展脈絡下的產物。最後，自突克與皮內爾之後，瘋狂不再具有超自然神祕的意涵或指涉空無的狀態，而是指人的存有的內容。

傅柯的整部《古典時代瘋狂史》當然不是上述如此片段的闡述所能涵蓋。史考爾

（Andrew Scull）的《瘋癲文明史：從瘋人到精神醫學》[1]也頗具雄偉企圖，開展出西方世界兩千年以來人們如何面對、理解瘋狂的歷史。根本問題是，當我們說「瘋狂史」的時候，到底所指為何？瘋狂如何能有歷史，又要如何書寫？以及我們為什麼要讀瘋狂史，不管是傅柯、史考爾或任何人所著的瘋狂史？我從拙作《附魔、疾病、不死生命》到本書的〈「我們都是難民」？見證與書寫「另類生命」的可能〉，主要的倫理關懷都在於見證那些另類生命如何挑戰了常態的政治道德框架，鬆動模糊了理性與非理性、正常與異常的界線。傅柯讓我們看到醫療體系如何從話語、知識、真理和權力的網絡中出現，如何進行身體和主體的部署：醫學未曾脫離與醫學以外的領域之間的連結。從醫學人類學的角度來說，我們需要在社會、象徵、心理的脈絡中理解瘋狂，或者範圍更廣的病痛。除了機構的規訓、藥物和治療的邏輯外，我們更應該關照瘋狂如何被訴說、傾聽、感受與理解。

當醫學不再只是醫學，瘋狂也不再只是精神醫學體制和精神用藥企圖解決的問題，我們談的瘋狂將不再只是疾病（disease），而是涵蓋社會、語言、文化、心理脈絡主體的身心經驗和生命世界的病痛（illness）。醫學人類學學者凱博文（Arthur Kleinmann）有關疾病和病痛的區分對於後來的醫學人類學和精神醫學體系的內造有深遠的影響。

根據凱博文的界定，疾病指的是從醫學從業人員的角度，依據「病變」的理論看待病痛，比較牽涉到包括檢查、診斷、分類、命名等技術層次的問題，更重要的是，經常有「生物化約論」（biological reductionism）的問題，也就是只從生理或器質的（organic）病因解釋疾病。反觀病痛則是更全面的體驗，病人對於不適、疼痛、失序、苦難的回應、判斷和體察，經常引發埋怨、恐懼、抑鬱甚至恥感，特別是某些疾病（例如梅毒、AIDS、精神疾病等等）經常被投以道德責難。在不同社會文化與社會脈絡下的人們，對於疾病的感受與回應方式也有所不同；換言之，病痛既是極端個人的體驗（沒有任何人可以代替人生病），同時也具有集體的特性。

當我們企圖賦予病痛意義，我們將不再只是在意疾病的生理事實，我們會從病人和家人、朋友、照料者甚至和自己的關係理解病痛的意義，而這些意義長期以來被強調控制和治療的生物醫學忽視。凱博文認為，如果我們能瞭解病痛的意義，我們就能降低它的破壞和傷害，提供更有效的照料。生病的人最常直接透過姿勢、臉部表情、聲響和話語對疼痛做出回應，這些表達和回應總是具有族群、社會和文化特殊性，經常糾結著各種和身體有關的傳統習俗、宗教信仰或迷信。生病的人覺得自身的病痛讓他們產生（和他人與自己的）疏離感，病痛中的身體似乎既是自己的又不屬於自己；他們希望他人能理解和感受他們經歷的痛苦和苦難，但身體和病痛的意義總不離個人和群體之間的協商，並非總是不證自明的。

暫時拋開什麼樣的病痛和苦難的不可言說，我們該如何回應如無法溝通的苦難與病痛體驗這般巨大而艱難的存有與倫理問題？凱博文指出，主流醫學從治療的觀點操控疾病的問題，而沒有從人的存在情境的角度協助病人面對病痛，這個缺失成了醫學體系自我改造和醫療人文發展的重要起點。我們也許可以從上述的角度定位像《不正常的人？台灣精神醫學與現代性的治理》這樣的出版與思想事件。這是中研院與陽明大學自二〇一四年開始合作的人文講座延伸出的專書出版計畫成果之一，聚焦臺灣在地的精神醫療體系建置的歷史，探究精神醫學和社會學、人類學、民族學等學科整合的可能性，將精神醫學知識和治療鑲嵌在社會、文化和歷史脈絡中。如同蔡有月與陳嘉新在導論中指出：「精神醫學作為一種判斷標準，重點不在醫學知識本身與真理性的建立，而是醫學知識所宣稱的真理如何在醫病實際互動，乃至於牽涉診斷過程中的不同行動者、科技、制度與機構連結的網絡中，彼此互動、理解，甚至是衝突之中被清楚地實現。」[2] 整個「不正常的人」出版計畫和本文最相關的部分在於強調病人的主體經驗，採用「臨床民族誌」的研究與書寫方法，特別關照精神病患自述「失序的詮釋」，也就是說，關照他們如何透過跳躍而不連貫的敘述、變異的感官經驗建構自我。臨床民族誌的取徑將「症狀」和「疾病」脫鉤，從那些症狀理解病人的生命世界和家人，宗教信仰和社會習俗的關聯。已故清華大學人類學林淑蓉教授的〈身體、意象與變異的自我感——精神分裂症患者的主體經驗〉長期記錄和傾聽三位思覺失調患者「失序的詮釋」文本，她的民族誌研究指出，精神分裂患者（作者原文）透過幻聽和幻覺來建構對於自我生命經歷的理解，賦予社會現實的象徵性意義。李舒中在他的〈妄想、主體性與精神病房——思覺失調（精神分裂）的臨床民族誌研究〉則主張放棄研究者為中心自我耽溺的批判，改採取同理心、移情等途徑和非治療與非判定方法，從那些怪異難解或毫無意義的症狀展演，理解病患主體身體和生命世界內在的複雜經驗。

任教於倫敦瑪麗王后大學的芭芭拉・泰勒（Barbara Taylor）以她歷史學的專長和精神病患者的身分所寫成的《精神病院裡的歷史學家》（*The Last Asylum: A Memoir of Madness in Our Times*），是對於現代精神病院和精神醫療體系歷史的考究，包括揭露精神病患遭受不人道的對待，但是泰勒並未全盤否定精神醫療體系的功能。這本書同時也是泰勒個人的病痛敘述，對於瘋狂體驗的思考，如她在〈前言〉所說，她經歷了瘋狂的變異並未痊癒，該書的目的是要進入瘋狂，探究瘋狂的根源。泰勒在一九七七年撰寫博士論文期間持續出現倦怠和焦慮的症狀，在一九八〇年找到第一份教職後，開始酗酒濫用藥物，從此接受長達二十多年漫長折磨的精神分析治療，直到二〇〇三年。泰勒清楚地感受到，精神分析談話診療不斷挖掘引發下意識幻覺和恐懼的發病機制，她的雙親對於成功的期待，父親的背叛，她對於母親的敵意，她和分析師間的愛恨情仇糾葛：簡單地說，她愈進入分析情境，愈赤裸裸地面對妖魔般的自我，愈覺得孤單。然而，泰勒並未因為精神分析治療以及後來進入精神病院而放棄寫作，她為長期的精神分析治療過程留下十三本筆記，成為《精神病院裡的歷史學家》的重要素材。除此之外，泰勒在這期間還以博士論文為基礎，擴充成一本探討英國歐文（Robert Owen）社會主義運動的專書，以及童書《偷夢人》（*The Man Who Stole Dreams*）。

《精神病院裡的歷史學家》作為泰勒的生命書寫或證言，毫無保留地記錄她長達二十多年和體制、家庭關係以及自我的掙扎過程。她逐漸學會掙脫那銳利、自信但虛假的自我形象，坦然面對怯弱可悲的真實自我；不論在芙萊恩（Friern）病院或後來因病院關閉而移居的中途宿舍裡，她都見證了其他病人的苦難掙扎、他們的改變與重生，也與他們建立友誼。泰勒的《精神病院裡的歷史學家》見證了瘋狂破碎但真實的面貌，她期待有更多的精神病患者的生命史書寫與保存，讓他們不再只是精神醫學體系施加規訓權力的對象，不再只是「正常人」或「常態社會」外那些面貌模糊、沒有個別區分的他者。

我在上一章結束時提出「從精神病患的復原條件想像精神醫學的未來」的可能，本章透過瘋狂的哲學漫談、醫學人類學和精神醫學民族誌的路徑，進一步探索這樣的可能。這不僅關乎精神醫療體制改造，更是一道理解、感受精神病患病痛與受苦經驗的倫理課題。面對精神疾病，我們不應該把它當成感冒或任何單純生理上的疾病那樣治療。我們除了習慣性依賴「隔離治療」或「強制就醫」外，更應該反思過於強調「治療」甚至「治癒」的邏輯，是否忽略了照護、訴說、傾聽、感受等作為一個人的真實生命經驗，是否讓正常與異常的分界更為僵化，是否是「我們」在不斷製造瘋狂？也許並沒有也不必要有「完全復原」的可能，至少（或者已經是「最多」了？）我們可以學習以某種倫理態度與那些無法復原、無法完全理解的身心狀態共處。

經濟與治理

傅柯的《生命政治的誕生》

不知道從什麼時候開始，我們總是透過自由主義的框架，主張政府對經濟活動的干預愈少愈好，施政重點就是讓經濟活動與金融交易能自由進行，我們似乎總期待一種「小而美」的高效能政府。這種想像到底是在什麼樣的歷史與政治情境中出現的？我們似乎也總是把經濟當作政府運作的核心要務，經濟彷彿構成了政治的本質或者國家存在的理由。「拚經濟」永遠都是各政黨強調的競選訴求，貿易出口和GDP則是衡量政府施政成效和國力的重要指標。然而，經濟的重要不僅在於常態性的治理，在緊急狀態甚至戰爭中都更為迫切。在防疫期間，所有防疫物資的生產與調度都是十足的經濟治理問題，但同時我們也看到經濟治理的另一種面貌，人員移動、交通運輸、物流、空間使用等，都受「例外狀態」所管制。此外，新自由主義與自由市場似乎成了日常語彙，我們習慣把市場看成自由的表徵，甚至是衡量與創造價值的準則。政府官員、財經專家和媒體上的評論者常常使用這些詞語或流露出這種思考慣性，甚至大學治理者也常把「回歸市場機制」、「市場決定價格」掛在嘴邊，以此回應反對高學費或其他教育改革的訴求。但是，這種慣性真的如此理所當然嗎？「價格」必然等於「價值」嗎？

以上的提問大多可以從四十多年前的傅柯《生命政治的誕生》（*Naissance de la biopolitique*）系列講座裡找到解答線索。傅柯於一九七〇年獲選法蘭西學院成員，並獲聘為思想史講座教授，他的講座主題涵蓋治理、新自由主義、醫學史、主體、真理等。傅柯的《生命政治的誕生》講座是在一九七八至一九七九年進行的，是他的生命政治系列講座的一部分。這系列除了本講座外還包括《必須保衛社會》（*Il faut défendre la société*）、《安全、領土與人口》（*Sécurité, territoire, population*）和《對活人的治理》（*Du gouvernement des vivants*）。從傅柯的立場來看，傳統左翼的政治批判習慣將資本家與勞動階級、統治者與被統治者對立，或將資本主義簡化成資本家和自由主義，將古典自由主義等同於新自由主義，從「否定」、「剝削」、「減損」等面向理解權力。傅柯的生命政治論述拋棄了左翼慣有的否定性修辭，挖掘新自由主義治理具有生產力和創造力的面向，如何以最小的成本對生命（包括出生、疾病、死亡率、健康、人口等）進行最有效率的調節和管理，以獲得最大的政治和經濟效益。

《生命政治的誕生》考究了十八世紀中葉後的新治理技術，為政治研究提供新語彙和方法。講座的三個核心概念「國家理性」（*raison d'État*）、「經濟人」（*homo oeconomicus*）和「公民社會」（civil society），讓我們看到傳統政治神學和政治哲學以外的視野。雖然新自由主義全球霸權最強悍的代表人物美國總統雷根和英國首相柴契爾在傅柯這個講座之後上臺，好像傅柯對新自由主義霸權做了非常精準的預言，但實際上，傅柯所關心的不單單是他們崛起的背景。他的講座透過深入的歷史和哲學脈絡，探討（新）自由主義治理如何牽動法律範疇和政府的權力，形塑新的國家角色、治理者與被治理者的新關係、新的國際政治，以及事物、資源、地理等的重新配置。整個來說，《生命政治的誕生》有助於我們思考新自由主義治理下的「自由」真相為何。

國家理性

傅柯在《生命政治的誕生》系列講座一開始就宣告接下來一整年的主題是「治理的

藝術」（the art of government）。更精準來說，他要探討政治主權如何透過理性化的規則和目標達到最佳效能。他聲明自己不會依循一般社會學和歷史學的方法把「主權者」、「人民」、「國家」等概念抽象化或賦予它們本質性的定義，以避免哲學預設，他比較關心什麼樣具體的治理能夠形塑出「國家理性」：換言之，這種理性不是抽象的、超越的理性，而是在實際的情境中所做的部署與決斷。傅柯解釋，「國家理性就是一種實踐，或者是實踐的理性化，介於既存的國家和必須被建構和打造的國家之間。治理的藝術把形塑國家應有之樣態當作客觀目標，固定規則，並且將做事情的方法理性化。」[1]從這裡我們可以看出具有自由主義與功效主義色彩的治理。所謂「國家理性」是規則和客觀性導向，而最佳運作效能反映出政體「自我保存」的本質，如同我們從亞里斯多德和霍布斯政治哲學所看到的。然而，強調效能和理性的治理是否會或如何會走向極端，就是值得探究的問題。在本書出版之際，全球的新冠肺炎疫情尚未趨緩，政府的當務之急當然是強化防疫效能，以防止病毒的擴散，這樣的「防疫經濟理性」是否會走向「生物民族主義」，以及不同的「防疫共同體」之間的衝突，值得我們謹慎以對。[2]

傅柯在講解了年度講座主題之後，以前一年度《安全、領土、人口》講座的結論作為基礎，更細部地界定「國家」及其理性。現代國家是自成一體的現實，不再像中古世紀的王權政體代表上帝，將其子民統一在一個更高層次的共同體；同時，現代國家也不必被納入或屈服於某種帝國結構，畢竟就歷史發展過程和政治理念而言，現代民族國家都是接替帝國成為政治主體，或成為掌控權力、領土和人口主要的政治組織。國家只為自身而存在，不需要任何超越性的原則，但同時它也是多樣性的存在。傅柯解釋，重商主義（mercantilism）就是一種治理模式，而不純粹是一種經濟教條或廣義的經濟，因為作為治理模式的重商主義牽涉生產、商業通道、貨幣累積、人口的組織等。國家理性的另一個特質是透過警察體系和都市規畫進行內部管理，國家對外則是一種「永久的軍事外交機器」，為國力求得強弱之間的平衡，足以和其他國家競爭。相形之下，國家對內的治理就不像對外關係設下那麼多限制。內部治理目標就是一種不受限制的「警察國家」體制，滲入到極細微的個別層次：所謂「警察」的功能不僅是拘捕罪犯，更是普遍性的生命管理。傳統的統治大多依賴神學、法學理論、自然法理論和契約論，這些較高層次的思想或理論框架等於是統治的「外在」界限，但約從十八世紀中期以後，限制或合理化治理的條件從外部轉移到內部，也就是說，國家理性的治理原則更加強調內在的自我證成和規範。傅柯指出，如果一個國家忽略這種內在限制或規範，不必然會失去正當性，但它的治理必然變得笨拙，無法在對的時間做對的事。這顯示現代國家治理依據自由主義最小開銷、最高效益的原則，針對特殊狀況做出恰當的回應，而不是順從任何超越性的不變法理。這裡所說的「內在限制」如同內建的運作機制，適用於所有時機和情境，不是只針對特定的情境，也不是為了彰顯任何超出自身範圍的價值或所謂的外部因素。這種治理模式重視的是該做什麼、不該做什麼的區分，也不太透過刑罰運作，避免過度介入。

上述歷史轉變有賴「政治經濟學」作為知識工具。政治經濟學原本的作用是帶動人口成長和厚實國家發展所需，以維持和其他國家競爭的實力，形同無限制地追求國家經濟利益的權力。政治經濟學後來轉變為對治理效益的分析，限制警察國家原本無限度的權力，依照特殊情境下的權力效應來界定事物的本質。這點和傅柯的精神權力研究所顯示的有共通之處，瘋狂不再是先驗的本體存在，而是精神醫學權力在病院的情境「內」建構的真理。如傅柯所說，「成功取代正當性」，治理能否成功完全取決於是否切中治理對象在特定情境中的本質，而不是實現任何超越性的理念。作為一種新型態治理技術的政治經濟學，雖然依循著類似「最小政府」或「簡約政府」的原則，限制國家機器無限度擴張權力，卻也讓「國家理性」原則更細緻，等於從內部鞏固了國家治理的效能。

在這樣的脈絡下，市場成為政府「最少干預」的對象，市場活動也成為現代經濟學真理的依據。在此必須強調，傅柯所談的「真理」不屬於超越的或形而上的層次，而是產生於特定的話語和權力關係中。根據傅柯的考究，十八世紀之前的市場——至少就商品交易和價格而言——是一種分配式正義（distributive justice）的場域，必須接受司法管轄，受制於外部的、超越的干預。從十八世紀開始，市場不再被視為司法管轄的範疇，而是被理解成依循著「自然」機制，現代經濟學因此出現「正常價格」這樣的概念，對應到生產費用和需求，經濟活動被看成自然運作的過程。自然化的市場成為「說真理」（veridiction）的場域，儼然是治理對錯與好壞的真理判準，也是調整司法機制的依據，真理和治理技術，或真理與法律於是形成一種耦合。在傅柯的研究裡，不論是在精神醫學或懲戒體制，我們都可以看到這種真理和法律的耦合：精神醫學是監禁機制和告解真理場域的結合，懲戒體制則是犯罪學和心理學的合體。總之，傅柯的系譜學考察的重點，就是特定的機構如何透過整套規則決定陳述和話語的真或假。

進入自由市場的新治理模式

傅柯不認為能夠追本溯源市場如何成為說真理的場域，只能談它如何展開、自我分析與修正的歷程。進入自由主義市場時代後，治理重點從主權正當性轉移到如何透過立法與司法權威限制政治權力的運作。傅柯分析了處理這個問題的兩種方法：公理法學演繹法（the axiomatic, juridico-deductive approach）和經驗功效主義法（the empirical, utilitarian approach），它們的差異如下表。

這兩種方法或體系間的連結從未間斷，但經驗功效主義法逐漸取得優勢，「功效」成為限制權力運作的準則，呼應市場機制的「交換」原則。

傅柯在第三講描繪了十八世紀中葉出現的「新歐洲」：以自由市場、

公理法學演繹法	經驗功效主義法
訴諸自然權利，在抽象的普遍的層次上改變法律的原則，再以此為基礎限制或者改變現實的政治治理或者制定新的國家最高的法律，革新社會、國家與政府。	重視治理實踐的分析，在實務的層次上設限，持續探問治理的功效。
視法律為集體意志的表現。	視法律為公共權威和個人之間的交易（重點在於兩者之間的對價關係，權宜考量所做的調整）。
法學上與生俱來的自由。	被統治者不受干預的自由。

自然價格與自然競爭為原則發展出來的新治理模式，建立新的國際關係。首先是透過競爭達到相互獲利與集體富裕，取代了先前的零和競爭，如同商業交易裡的「賣方最大獲利，買方最小開銷」。「集體富裕」意謂著作為集合主體的歐洲經由國家之間的競爭，走向經濟進步的榮景；我們由此也可以看到自由主義與進步史觀是一體兩面。雖然全球化的進程由來已久，但在自由主義經濟理性帶動下，出現了以歐洲為主體的全球布局，連帶改變了經濟事務的國際法和國際政治。舉例而言，隨著市場全球化趨勢發展出的「海洋法」，成為理解世界的新方式：海洋作為自由競爭、自由海運和全球市場的一部分，被納入法律管轄和治理的範圍。同樣的經濟理性和政治算計也帶動國際和平和組織的倡議。十八世紀中期開始出現的和平計畫和盟約是市場擴張之下的效應，反映市場不受限制的本質（或想像？）：長久的和平才能讓外部的市場不斷跨越邊界擴張範圍。傅柯認為，即使是康德的永久和平計畫也體現了經濟理性，因為它也牽涉事物、生產和交換活動、地理、氣候等因素合乎自然運作的安排和規範，形成財產法、國際法和貿易法的基礎，讓經濟活動得以自然地進行，促進國際和平。即使十九世紀的歐洲是保護主義和國族主義的世紀，永久和平或國際和平還未實現，傅柯澄清，以自由主義經濟理性為原則的新型態政治分析和計算模式，依舊有助於維持歐洲局勢的平衡，壓制帝國主義的復活。

傅柯認為當我們更細部地看自由主義經濟理性的內涵，我們會瞭解對於政治權力的限制並非出自於對個人自由的尊重，而是為了更精準分析和掌握市場與社會的現況，形成可靠的知識。這樣的觀點也顯示傅柯並不樂觀地認為歐洲會因為自由主義而走向更自由的時代。傅柯解釋，自由不是一種可隨著時間被實現的普遍化價值，也很難做量化的比較。傅柯所理解的自由不離特定的權力情境與關係，被治理者要求的自由和治理者給的自由總是無法維持均衡狀態。自由主義的治理使得自由成了一種被製造、流通和消費的客體。這種精密的政治計算同時施行控管甚至壓迫，以免集體利益受到威脅，「自由」與「安全」總是和「危險」維持著緊張關係，甚至形成「恐懼的政治文化」。日常生活持續充斥對於犯罪、疾病、性、退化……的恐懼，因此增強了控制、限制和恫嚇的理由。傅柯甚至直言「敞視監獄就是自由主義治理的公式」。

不少評論者認為傅柯沒有提出一套國家理論或不重視國家的作用，對此，傅柯在第四講一開始就做出回應。他強調國家一直在他的著作占相當重要的地位，只是他不把國家當成一種自成一體的、普遍化的概念，而是關注一些細微的治理機制，如同瘋狂的問題糾集了規訓機制、懲治系統、臨床醫學等，形成一個複雜的權力技術網絡。傅柯提出

「沒有本質的國家」的概念，強調國家不是一個普遍概念和自成一體的權力機構，而是持續「國家化」（statification）的動態形體和效應，不斷修正和轉移財源、投資模式、決策中心、控制形式、在地權力關係等等。傅柯的國家（化）和整體的權力論述提供給讀者注重制度、主權、人民意志等概念的傳統政治哲學之外的視野，他更關注傳統政治哲學不重視的毛細管式、擴散式、更細緻的權力運作。在此要提醒讀者，有關國家和權力理論不是非黑即白二選一的問題，更具能動性的、更微觀的治理並不表示國家由上而下的權力運作或大規模的壓迫就不存在，集中營和難民營的存在就是最明顯（也最令人感到悲傷）的證明。就方法論而言，不同理論視角的對話與裝配應該比單一理論更具有說服力。

傅柯在做了上述的釐清之後，宣告講座接下來要從三個面向談自由主義的治理模式：法律和秩序的問題、國家和公民社會的對立，以及生命政治的問題。傅柯花比較多篇幅談新自由主義在二戰後德國的發展脈絡。歷經兩次世界大戰之後的德國——如同戰後大部分的歐洲國家——的經濟治理有三大任務：

1. 重建：將戰爭經濟體轉化為和平時期的經濟體，重建被戰爭摧毀的經濟發展潛力，整合戰爭時期出現的技術、人口統計和地緣政治的新資訊。
2. 計畫：針對內需和整體歐洲重建計畫不同層面之間的統合。
3. 預防法西斯主義和納粹主義再起的社會目標。[3]

這三種要求導致了資源分配、價格、儲蓄和投資選擇各方面的干預政策。然而，為戰後德國未來與歐洲重建於一九四八年四月在德國舉行的科學會議（Scientific Council）訂定新經濟方針，脫離戰後初期的干預主義，確保市場的自由競爭。委員會和市場經濟重要推手、後來擔任總理的愛哈德（Ludwig Wilhelm Erhard）深信，減少對市場的干預，把經濟從國家的約束中解放出來，重新調節國家與個人的關係，等於是創造開放的社會，有助於戰後德國的重建。這對於當時被占領和瓜分的德國來說，在欠缺機構、共識和集體意志的情況下，似乎是個巧妙的計畫。這樣的自由開放路線對包括比利時、義大利等其他歐洲國家都起了示範作用。戰後德國以經濟自由主義作為政治主權的合理化基礎，也就是說，國家統治的正當性在於確保個人經濟範疇的自由。傅柯提醒，這樣的自由經濟並不是為了全民的富足或什麼崇高的道德理想，而是為了建立國家主權和政治制度。經濟治理影響法律的制定，決定政治主權的行使，不斷地反饋到國家機制本身，讓國家做出必要的調整。自由的經濟遊戲成了不言可喻的政治共識，有著經濟成長和人民福祉的加持，讓戰後德國得以克服歷史的破敗和災難，進而「遺忘歷史」或「走出過去」（Vergangenheitsbewältigung）。

對於經濟人的關照

本章在接下來的篇幅裡將簡要地討論傅柯在《生命政治的誕生》系列講座第十一和十二講對於「經濟人」的闡述，特別關照十八世紀以來相關的哲學、法學和經濟理論。十八世紀中葉之後對傅柯而言，不論是經濟學、語言學、精神醫學、權力與治理模式，甚至整個西方社會與文明，都代表重大的轉折或典範的轉移。傅柯的歷史考究讓我們看到我們所處的時代裡的新自由主義自十八世紀中葉以來和政治學、法學、神學與歷史事件的牽連，但他並非沒有給我們一套前後連貫的（新）自由主義歷史敘述。傅柯在一九七〇年代一系列的新自由主義生命政治講座，宛如對雷根和柴契爾崛起的預言，然而他在一九八四年驟逝，他的論述是否或如何適用於分析我們所處的這個時代的新自由主義，則是一個學術論戰的議題。

傅柯在第十講提到美國新自由主義將經濟分析應用到婚姻、幼兒教育、犯罪學等經濟以外的領域，衍生出環繞著「經濟人」的方法論和研究議題。根據一般的說法，傅柯解釋，經濟分析的對象是使用有限方法達到理性目標的行為，理性的經濟行為則表示配置匱乏的資源，達到具體目的和最大效益。這種定義下的經濟人同時是「放任主義」（laissez-faire）的主體和客體：經濟人作為利益的主體追逐自己的利益且不干預他人利益，但也是政府治理的客體。但包括貝克（Gary Becker）等新自由主義經濟學者不贊同經濟人的概念只適用於理性行為，他們認為回應環境變數修正的行為才是重點。用傅柯自己的話來說，「經濟人是一個接受現實的人。理性行為指的是任何對環境變數修正敏感、以一種非隨機或系統的方式做出回應的行為。經濟學因此可以界定為研究回應環境變數的系統性質的學科。」[4]從這個角度來看，經濟學牽涉到系統性的「刺激—反應」行為技術，與心理學和精神醫學自然有相通之處。

經濟人是一個矛盾的集合體，傅柯接著從經驗主義的主體論深化這個問題的討論。他引述蘇格蘭經驗主義哲學家休謨（David Hume）的範例，主體不需要任何深思熟慮，單純訴諸直覺就可以在痛苦與無痛，或者切斷自己的一根手指和殺人間做出選擇：在不受迫的情況下，主體必然選擇無痛和殺人。這樣的主體毫無疑問的是利益主體。傅柯認為，這樣的主體觀在十八世紀經驗主義哲學前是不存在的。傅柯雖然認為經濟人和傳統法學與政治哲學談的權利主體不同，但是他以十七世紀末期就開始出現的社會契約論（social contract）為例，說明經濟人與法律間的微妙關係。傅柯認為，社會契約代表一套超越個人層次的權利和義務法律，主體「同意」放棄他所擁有的部分「自然權利」。經濟人的核心是利益主體，是一種以利益極大化為目的的自我中心機制，和法學層次上的權利主體屬於不同的運作邏輯，雖然我們不可能直接斷定社會契約論為自由主義治理提供法學上的基礎，這需要更多的學術論證，但是從傅柯的考察來說，我們似乎很難否定政治經濟和法律、經濟利益與社會契約間的關聯。

然而，即便經濟人不屬於超越律法的範疇，也不表示它全然是一個可計算的實體。所謂的「利益」總是指向主體在所擁有之外，許多無法確定、控制和估算的事物，但是這並不妨礙主體去計算、追逐和極大化利益。傅柯說，「經濟人的計算如果有任何實證的特質，都是因為所有超出他的估算的事物。」[5]他把這種「計算不可計算」的弔詭邏輯連結到亞當斯密的「看不見的手」。對傅柯而言，「看不見的手」並非假定某種可以看清經濟運作全貌的全知觀點；如果有所謂的集體利益，也是因為每個經濟主體都看不見「整體」，經濟體運作的必要條件正是這種盲目。順此邏輯，傅柯質疑政治和經濟行動者的存在和分析效用，如果還有所謂的「主權者」，也是一個以無知的狀態運作的主權者。從經濟人的概念我們也看到，經濟治理的並非都只是實證性的、可掌握的估算，經濟治理的核心甚至是一種不可知、無法控制的狀態，如同順著理性邏輯就會滑動到非理性。傅柯甚至認為後來的自由主義經濟理論都企圖回應和解決這個問題。

作為治理技術的公民社會

如上討論，經濟人這個概念處在利益主體和權利主體的微妙關係之中，它也指向某種無法估算的、不可知的經濟運作法則和整體，這勢必也會暴露傳統的君主或主權者的無知與無能。在中世紀到十七世紀，君主雖然是人世絕對的統治者，在他之上存在著難以透視的上帝的意圖。但是現代君主或主權者面對的不是無法透視的上帝的旨意或律法，而是經濟場域。對傅柯而言，顯然經濟人造成的是更根本的治理技術的重組，是一種新領域，也是一種新的治理技術，能夠處理利益主體和權利主體緊張關係。傅柯在整個《生命政治的誕生》最後一講告訴我們，隨著經濟人出現的是一種全新的「公民社會」。

首先，傅柯並沒有像主流的政治哲學特別重視公民社會正面甚至帶有解放意味的民主意義。他所理解的公民社會是一種治理技術，讓經濟生產和交換活動得以進行，也讓治理能夠具有普及性，這和一般認為公民社會是政治活動、言論表達與辯論進行的場域有所不同。傅柯界定的公民社會不違背權利原則，亦不違背經濟規律，也不是政府和國家的外部或對立面。公民社會是權力關係的交互作用，離不開自由主義治理技術，傅柯稱之為「協議性實在」（transactional reality），是一種暫時性而非實體的、本質性的存在。傅柯指出這樣的公民社會是十八世紀中葉後的歷史轉折。這對傅柯的歷史研究有著不可取代的特殊地位，不論是人類科學的知識型態、治理技術、政治權力模式，還有這裡的公民社會的重大轉折，都發生在這個階段。在那之前——例如，在十七世紀英國哲學家洛克（John Locke）的觀點——尚未有清楚定義的「社會」較屬於法律政治結構，代表個人之間透過共同的法律和政治規範連結成一個更大的集合體，幾乎和「政治社會」沒有什麼區別。從十八世紀下半葉開始，政治經濟學和治理技術成形後，孕育出與傳統社會截然不同的「公民社會」。為了釐清這個歷史轉折，傅柯花了不少篇幅評述蘇格蘭啟蒙思潮哲學家福格森（Adam Ferguson）一七六七年的《論公民社會史》（*Essay on the History of Civil Society*，法文版於一七八三年發行）；這本書的歷史意義在於挑戰了「歷史從自然進展到文化」的傳統二元論思維。書中談到的公民社會具有以下幾個特質。首先，公民社會是一種「歷史—自然常數」（historical-natural constant），它沒有史前史，在那之前和之外別無他物，如果有什麼，也不是人類所能理解的。人類的本性是社會的和歷史的產物，因此公民社會之前的「自然狀態」是一種無用的想像情境或者「方法論的空想」（methodological utopia）。傅柯的這種說法直接挑戰了包括霍布斯、盧梭等眾多政治哲學家，因為他們的政治哲學都假定從自然狀態發展到共同體或公民社會的歷程，那樣的假設或想像也無法解釋治理技術的發展。其次，在公民社會裡，個體的自發性連結毋須經由臣服合理化主權。整體與個體間維持互動性，個人的價值或滿足取決於扮演的社會角色，而群體的價值在於實現個人的幸福。我們從這一點可以看出公民社會的運作如同經濟機制，脫離不了利益的增長，只不過是利益的內涵不同。公民社會的利益是社群的、「無私的利益」，不是不斷擴張範圍的全球市場的利益。這樣的公民社會運作原則和經濟體系似乎有著曖昧的關聯：經濟體系不能沒有公民社會，但公民社會太強大又會影響經濟體系和利益的擴張。第三，如上所述，自發性是公民社會的特性之一，政治權力也以自發的方式在公民社會之中運作，包括自發性的社會角色和勞動力區分的權力，以及同意把做決定的權力託付給部分個人或群體，但權力運作也並非總是公開透明。這樣的權力運作加上追逐經濟利益的私慾，都可能讓公民社會失衡或解離。

傅柯認為，傳統的政治神學和政治哲學關注的是社會起源和權力正當性的問題，比較屬於超越性的範疇，但是公民社會的理念把焦點轉移到現今的社會內部的權力運作的區分和限制。這樣的轉移和整個自由主義和治理技術有著平行發展的軌跡。「公民社會」自然有別於「國家」的理念，如何釐清彼此間的關聯一直都是政治研究的一道難題，因為這牽涉到如何理解國家型態和治理技術的轉變。傅柯談的公民社會並不從屬於國家，而國家的存在也不是為了彰顯最高層次的集體意志或主權者的位置。拋開各家不同的說法，可以確定的是，國家與公民社會的運作在傅柯的研究裡，都離不開利益主體。

延伸思考

傅柯在此講座考察的對象都在一九七〇年代與更早的歷史年代，都在柴契爾和雷根尚未主政的年代，也就是說，是早期的新自由主義。這樣的歷史特殊性是我們在爭論傅柯與新自由主義的關係時必須謹記的，避免將我們在此時對新自由主義的理解時空錯置地強加在一九七〇年代的傅柯，如同我們不應該輕易地將傅柯在晚期著作所談的「自我照料」簡化成新自由主義治理的工具，畢竟「自我照料」是傅柯晚期考察柯古代希臘羅馬文明的發現，他並且企圖從中探究另類的自由的可能。但不可否認的是傅柯有關治理的著作對於新自由主義的立場，是否提供任何反抗的思考，甚至連他所使用的 *gouvernmentalité* 一詞（英文 governmentality，也就是本文使用的「治理」），到底確切意義為何都有爭議。拋開有關定位傅柯的學術爭議，有別於先前對於規訓權力關注，《生命政治的誕生》提供了深入的脈絡和框架讓我們理解（新）自由主義治理技術。傅柯在講座裡的確沒有明白表示對新自由主義治理的態度，畢竟傅柯的著作從來都沒有可以清楚區隔的屈服與反抗。但我們還是可以從中思考，以經濟治理技術為核心的（新）自由主義如何創造了自由的條件，但也限縮了其他範疇的自由：被製造、流通和消費的「自由」成了自由主義治理和壓迫體系的工具。在我們所處的「經濟掛帥」的臺灣，公部門、企業、學校與學術界似乎早已把「績效管理」這樣的新自由主義價值奉為圭臬。在市場邏輯之下，我們談的到底是「價值」或者「價格」？我們到底更自由，或落入無所不在的網羅？此外。我們必須更細緻地閱讀傅柯的生命政治或權力論述，更細緻地瞭解治理與權力的本質，拋開權力結構內與外、壓迫與自由之間過度簡化的二分法。

阿岡本的《王國與榮耀》

在很長的歷史過程裡，基督教教會不僅主導《聖經》的詮釋，同時也制定誦經和儀式規範——最著名的當然是《聖事禮典》(*The Roman Ritual*)——和神職人員與一般信徒的生活守則。宗教會議成了教會體制的權力中心，當然，也曾引爆教派之間的鬥爭傾軋。曾經流傳過一個笑話，宗教會議上討論起天堂的聖者與天使進食的問題，爭論他們吃什麼，是否會排泄，又或是排泄物如何處理等等。諸如此類都牽涉人、身體、儀態、器具、事物的管理與配置，是道道地地的經濟問題。笑話歸笑話，我們可以從中看到基督教神學權力的本質就是經濟性的。事實上，如果我們拉開歷史的視角，我們更能看到宗教與神學的經濟本質。舉例來說，初民社會裡各種形式的「犧牲」就是宗教與道德經濟的一環，主要都是為了償還神靈或先祖的恩賜與庇佑。後來基督教體系裡發展出來的「罪責」，也可以從經濟的角度理解為「債務」。但是這種債務的經濟關係的特別之處，在於基督教的上帝施與恩惠，債務不只不可能真的償還或贖清，更是投資和管理的對象，以此規範基督徒的行為與生活，神明與俗世生活的律法得以合而為一。

《王國與榮耀：經濟與治理的神學系譜》（*Il Rengo e la Gloria: Per una genealogica theological dell'economia e del governo*）[1]是阿岡本整個「牲人計畫」其中一部，計畫還包括本書已經討論過的《牲人》、《奧許維茲的殘餘者》、《例外狀態》、《語言的聖禮》（*Il sacramento del linguaggio:Archeologia del giuramento*）、《最高貧窮》（*Altissima povertà: Regole monastiche e forme di vita*）以及《主業》（*Opus Dei. Archeologia dell'ufficio*）。《王國與榮耀》主要目的在於探究西方權力如何透過經濟模式運作。如果權力本質上就是治理，為什麼還需要眾多繁複儀式的「榮耀」加持？在早期基督教教會的發展歷程中，三位一體的教律不外乎以神學經濟的方式運作，也就是著重天國與人世事務的管理。阿岡本要做的就是考察整部神學經濟機器如何延續到現代，並運用在民主體制的權力運作原則和區分。我們甚至還可以在包括政治、體育競賽和大眾媒體等範疇，看到現代權力仍依賴各種儀式性的、象徵性的榮耀，包括各種造勢手勢、口號和叫喊。讀者們不妨回想一些大型選舉造勢活動的畫面，重頭戲總是放在候選人的「大進場」，透過媒體傳播，一段短短的路程走了二十分鐘、半小時，過程中有群眾如雷的掌聲和口號、激動的表情，人們爭相與候選人握手，這些儀式都是為了塑造候選人的魅力與榮光。諸如此類的範例顯示民主體制的權力與社會仍然需要神學榮耀的加持，治理才得以延續。然而，《王國與榮耀》承接整個牲人計畫的任務，思考如何讓治理機器中止運作，讓生命如何跳脫既有的政治區分而展開更多可能性。

神學與政治的糾葛

施密特與傅柯一直都是阿岡本著作對話的對象。整個來說，《王國與榮耀》統整與延展施密特的政治神學和傅柯的治理系譜學，探究西方治理機器的深層結構。《王國與榮耀》最根本的提問是：為什麼西方世界的權力——如果「權力」代表力量和行動與治理的能力——會以「經濟」（源自希臘文 *oikonomia*）的形式運作，需要禮拜（liturgy）機器的神學「榮耀」加持，即便那包含了許多繁複甚至僵化的儀式、讚嘆和器具？這樣的思考任務需要探究三位一體經濟如何能形成一部治理機器，以及強調有效管理的權力和儀式性的君主權位之間有何關係。阿岡本甚至認為從禮拜儀式、頌辭與其他相關事務分析西方的權力運作，比從哲學理論的角度談統治權的效用更大。現代的大眾民主與媒體不也一樣需要操作「榮耀」才能控制輿論？若說《王國與榮耀》設定了什麼目標，那將是「褻玩」（profane）那虛空的權力榮耀，將生命從法律與生命政治的控管解放出來，讓生命依著自身的規律與形式展開，使更多的可能性得以實現。

阿岡本把漁人王（the Fisher King）傳奇看成一則政治神話故事，提出他獨特的詮釋。漁人王是亞瑟王傳奇故事裡的一個角色，是傳聞中最後一位聖杯守護者。他因為腿傷喪失行動力與性能力，也無法治國，終日坐在城堡附近的河邊釣魚，無力挽救荒蕪的國政。阿岡本從這樣的傳說讀出分裂與無能的王權。漁人王「在位但不治理」（reign but does not govern），他的君王身分具有神聖性與合法性，但在實際的治理層次上已經不具任何效力。這個概念是阿岡本在《王國與榮耀》要探討的重點，他認為這樣的君王預示了現代的主權者，和現代治理有著緊密的關聯，他也帶著「在位但不治理」這個核心概念穿梭全書裡的各種文獻。

阿岡本接著透過德國神學家皮特森（Erik Peterson）以及德國法學與政治神學家施密特不同立場的對話，繼續處理神學與政治、王國與治理（政府）之間的糾葛。皮特森在他的〈作為一種政治問題的一神教〉（Monotheism as a Political Problem）提到一篇佚名論文〈論世界〉（On the World），該文將上帝比喻為隱藏在幕後的木偶師，表示上帝是權力的前提，不是權力自身，這樣的形象自然不同於亞里斯多德哲學裡作為「每一個運動的超越原則」的上帝。皮特森分離上帝的存有與權力，上帝如同古波斯帝王隱身深宮，不需要實際現身，透過綿密而有效的官僚網絡執行治理，也就是「在位但不治理」，如同自由主義分權的治理模式。阿岡本透過皮特森的研究指出，這「在位但不治理」或「無為的」上帝形象，可回溯到早期基督教神學家與歷史學家優西比烏（Eusebius of Caesarea, 260-339）區分的上帝的兩個形象：超越的、無為的、隱身的天主與能動的、教牧人世的上帝。上帝的兩個形象，以及環繞在上帝是否參與治理祂創造的世界，成為諾斯提（Gnostic）神學的核心議題。[2]從阿岡本的角度來看，兩個上帝形象的區分也是天堂王國與世俗權力之間的區分；王國與治理的區分等於是諾斯提思想在現代政治的遺產。基督教的世俗化進程逐漸發展出神學經濟模式，企圖讓兩個上帝形象和解，讓神的權力涉入世界的運作。經濟實際上成了治理或整個統治機器的核心要件，但是阿岡本認為皮特森沒有深入探討這個問題。對阿岡本來說，我們必須緊扣著神學經濟範式，才能理解王國與治理，也就是*auctoritas*（國家的主權決斷）和*potestas*（官僚與人民的權力）之間的糾葛。

反觀施密特的政治神學反對區隔王國與治理，也就是反對自由民主體制的分權，他和傅柯類似之處在於以羅馬天主教教會的教牧（pastoral）作為現代政府的模式。頗值得玩味的是，施密特談到德國憲法中的總統權限時，就是引述「在位但不治理」這個概念。施密特使用 Führung 一詞描述希特勒掌控的政治權力，統合王國與治理，如同牧羊人領導羊群，同時具有神學榮光與實質的治理效力。他認為 Führung 本質上就是「德國的」。他努力要打造的國家社會主義德國和治理模式，具有強烈的凝聚力與排他性，一如他一直以來強調的「朋友」與「敵人」的區分（敵我之分）。但阿岡本不認同施密特把 Führung 看成德國傳統的本質，因而忽略 Führung 在更廣的歷史和字源脈絡裡具有經濟治理的含義，於是阿岡本努力挖掘施密特的政治神學裡經濟治理的面向。阿岡本從字源學的角度指出，德文的 Führung 就有管理和引導的意義，和被用來稱呼希特勒的 Führer 具有相同的字根；但它還涉及更寬廣的語義場域，泛指活人、器具與物體流動的管理，也就是具有經濟的面向。實際上施密特極力要界定的德國國家社會主義治理模式已是傳統教牧的變形，不再具有任何超越性或救贖：領袖已完全等同於人民和國家意志，行使生與死的主權決斷和敵我的區分。簡單來說，納粹的生命政治就是國家種族主義。

神學經濟的考察

阿岡本在建構王國與治理的哲學模式的過程裡，從亞里斯多德的《形上學》（特別是第十二卷）發現了一些思想基礎。根據阿岡本的詮釋，亞里斯多德所架構的存有秩序如同一部「宇宙與政治（或經濟政治）機器」，沒有超越範疇凌駕在內在範疇之上，只有一體的本體秩序。

亞里斯多德的形上學裡的善彰顯在整體與個別事物形成的和諧秩序之中。在亞里斯多德的思想體系裡，「秩序」（*taxis*）自身即有善的目的，表現在個別事物的安排、關係與組合。如同我們在本書第一章所討論的，亞里斯多德把這樣的自然運作模式運用到他的《政治學》；對他而言，良善的城邦必須讓各種元素——氣候、住宅、公職、財富、權力等——維持合理比例，城邦才能以最佳的樣態運作，這當然具有經濟治理的意義。也就是說，亞里斯多德連結自然（*physis*）與主權（*archē*）原則，把自然萬物的配置與管理和家居與公共事務管理相類比，統整了物理學、形上學、政治學、經濟學與倫理學。雖然亞里斯多德沒有明白地提出神學理論，但他的形上學思想為西方政治奠定了神學經濟基礎，統合了王國與治理。

以上透過阿岡本重新詮釋亞里斯多德《形上學》部分的思想環繞在秩序的本質，以及自然與政治、超越與內在範疇的關聯；這些議題的本質對阿岡本來說都是神學經濟的。繼亞里斯多德，奧古斯丁與阿奎那斯也都思考過類似的議題。舉例而言，從本章的脈絡來看，奧古斯丁主要面對的問題是上帝與祂創造的秩序間的關係，那也是一道十足的經濟問題。上帝本身即是秩序，既在所造物之內也在之外，我們必須從上帝的行動——也就是從祂持續治理世界的行動——而不是從本質理解祂。這「永不休止的經濟」（perpetual *oikonomia*）代表超越和內在、存有與實踐之間的裂縫，以及癒合那裂縫的企圖。後來的阿奎那斯也同樣面對這些問題，極力避免落入諾斯提（絕對的超越，上帝完全離開所造的世界）與全然內在的泛靈論（pantheism）兩種極端。阿奎那斯的解決之道是架構出一套各種成因（causes）各得其所的階序。天堂王國與世俗政府的關係就等同於第一因與第二因的關係。上帝如同第一因給予所造之物當有的本質與形式，啟動第二因的運作，使得個別事物的治理能有效進行，使生命與事物各得其所，各自按照內在的本性完成各自的目的。整個來說，奧古斯丁和阿奎那斯都企圖調和全能的上帝與一個井然有序的世界的治理、絕對的權力與有效管理、形式上的君權與實際的執行，兩個範疇之間的拉扯似乎成了西方法則學與政治理論的基本結構。

第五章〈神意機器〉（The Providential Machine）大致延續前一章的討論，進一步考究「神意機器」的系譜，關照神學經濟如何從中古發展到現代政治。阿岡本如同在其他著作與篇章，再次以傅柯作為論證的參照對象，這次是傅柯一九七七至一九七八年法蘭西學院《安全、領土與人口》講座有關治理的探討。根據阿岡本的解釋，傅柯區分了三種權力模式：「法律體系」（規範何者合法與非法，以及相關的懲罰機制）、「規訓裝置」（以訓練和矯治主體身體和行為為目的的技術）與「安全機器」（負責人口管理或人的治理）。三者共存，互有消長，傅柯認為注重人口管理的國家與安全機器的抬頭顯示以壓制生命為主要功能的傳統政治權力的式微。但是阿岡本不認同這樣的觀點。他提醒我們，傅柯在討論這些相關問題的時候，使用的是「治理」（governmentality）而非「統治權」（sovereignty），藉此凸顯更多的「技術」，而不只是單純的「統治」。根據阿岡本的詮釋，傅柯以基督教的教牧作為西方現代治理技術的根源，那同時具有個別化和整體化的權力效應，以家庭模式為本安排與管理個體、事物和財富，本質上就是經濟的。但是阿岡本認為傅柯輕忽這樣的經濟特性的神學意涵，也就是沒有處理天堂王國到世俗治理的延續。阿岡本對於傅柯的解讀是否客觀也許值得爭論，但傅柯顯然並沒有像阿岡本那樣深入爬梳西方神學思想脈絡。[3]阿岡本主張從神義論理解古典時代重視存有的世界觀鬆動，重心轉移到實踐（也就是上帝在世界的活動），從這個角度談治理的問題。

長久以來，有關神義論的論述總是環繞在普遍與特殊兩個層次——分別對應到王國和治理——或是兩個不同的上帝形象之間的爭辯：上帝對世界的影響僅止於一些超越性的抽象法則，或者深深介入到世界的特殊事務。這樣的論爭也涉及上帝的意志與人的自由的關聯。但阿岡本反對這些二元區分。他強調，如果王國與治理間存在這截然可分的對立，世界的治理就不可能進行，只剩下一種無能的統治權或者一連串無止境的、混亂的、暴力的神意的特殊行為；治理的神學基礎同時是普遍與特殊神意。這是《王國與榮耀》的主旨之一，也是阿岡本接下來透過更多文獻考察要論證的。

亞芙洛第的亞力山大（Alexander of Aphrodisias，古希臘哲學家亞里斯多德最重要的詮釋者之一，活躍於西元二世紀）可作為一個企圖調和王國與治理、普遍神意與特殊神意的範例。他所設想的神無時不刻不在關注祂所造的萬物，但是如同家族經營者，神並不需要事必躬親。對亞力山大至為關鍵的是，找到一種中介模式淡化王國與治理這兩個範疇的對立，也就是「神靈行動範式」（paradigm of divine action）。神的行動並非無微不至的安排，若是那樣，神就不比祂所造之物高等，因而落入一種邏輯謬誤；但是神的行動亦非完全放任一切成了亂無章法的偶發事件。亞力山大主張「自然」如「神靈技術」所打造的一部自動裝置，事物各循其韻律運作，因而避開上帝介入太少與太多的兩難。治理是神意的「周邊現象」（epiphnomenon），事物的運作雖然是經由神意計算的結果，但尚未完全被決定，如同智慧型機器必須有程式設計才能運轉，但並非所有可能事先都已被內建。阿岡本這樣闡釋亞力山大的思想：

> 不論神意只彰顯於普遍原則或降臨世界照顧最低等的個別事物，都必須經由事物的本性，並且依循它們的內在「經濟」。世界的治理憑藉的既非以暴政的方式強加某種外來的意志，亦非純然意外，而是經由對事物的周邊效應一目瞭然的預期；這些效應源自事物本性，同時也因其獨特性而絕對偶然。因此，看起來像是邊緣的現象或次級的效應，其實正是治理行為的範式。[4]

羅馬帝國時代希臘作家普魯塔克（Plutarchus, 46-120）的《論命運》（*On the Fate*）也表現出類似上述亞力山大的神學經濟思想。普魯塔克將命運分為「本質」（substance，涵蓋天體運作）和「活動」（決定事物發生與運作規則，以及個別事物之間的連結），這也是普遍與特殊層次的命運的區別，同時也延伸到神意的思考。從阿岡本的角度來看，當人們說「一切聽天由命」，指的不是先驗的命令主宰一切，而是一連串相近相連的效應與結果形成的秩序，也就是關乎世界的治理。他認為在普魯塔克設想的二元的神意命運機器裡，第一因與第二因、手段與目的、普遍與特殊都已進入無區分狀態。值得一提的是，我們習慣把科學和神意命運模式看成對立、水火不容，但阿岡本指出，奠基於永恆定律的普遍神意其實和科學探究的宇宙運作法則頗為相似，只是現代科學不再探究最終的原因，取而代之的是一連串內在因果形成的序列。如阿岡本解釋，「世界的秩序不回溯到原初的計畫，而是源自相近成因形成的連續序列……世界的治理並非強加一種普遍且無可匹敵的法則，而是普遍法則與第二因的偶發性階層之間的關聯。」[5]

神學榮耀的權力

阿岡本在本書的後半部引述極為龐雜的文獻，考察「神學的榮耀」——也就是眾多禮拜與頌歌儀式——的權力效應。阿岡本再次討論皮特森的〈作為一種政治問題的一神教〉，指出教會體制如何被賦予政治形象。例如，在神面前的集會（*ekklēsia*）被形容成聖城公民大會舉行崇拜儀式，透過頌歌與眾天使們形成一體，成為天堂王國的一分子。事實上天使的設置本身就具有十足的政治性。天使大致區分成「高天使」與「低天使」。高天使能夠理解神靈本質的神祕，負責行政管理；低天使則扮演助理的角色。諸多文獻記載關於天使的位階和角色的嚴格規範，縝密的階級區分表現上帝透過理性的創造與安排，毋須事必躬親，也對世俗化的治理權力至為重要。

阿岡本在第七章繼續從眾多的文獻探討各種儀式如何支撐他所要闡述的神學經濟模式。舉例而言，根據皮特森的《一神：銘文、體裁與宗教史研究》（*Heis Theos*），*Heis theos*（one God），唯一的主的歡呼彰顯的不是信仰本身，而是頌揚、勝利、生命、力量、救贖等，更重要的是，經常在交付職位和議員做決定的時候進行這樣的歡呼，顯示其法律與政治的性格。現代語境裡的 liturgy（聖儀）——包含禮讚、禱告、讀經、領受聖餐與聖酒——的拉丁文 *leitourgia* 和 *laos*（人民）同源，表示團結人民的公開儀式。包括君主的穿著、行列、紋章等都有綿密的規範。對此，阿岡本再次提出貫穿全書的根本問題：為什麼權力——如果權力代表力量和行動——需要神學榮耀？那些繁文縟節對君主來說都是繁瑣的負擔，難道只為了威嚇和制伏臣民而沒有其他的意義？

對於神學榮耀的權力效應，阿岡本主張回到榮耀的原始聖經與神學典章脈絡進行考察。古希伯來文 *kabhod* 一詞同時表示榮耀本身（glory）與榮耀的行動（glorification），也等於區分成客觀與主觀、本體存有與多樣的人員和實作的配置（也就是「經濟」）。這些所涉及的也是《王國與榮耀》反覆從不同角度處理的王國與治理、超越性與內在性秩序間的緊張關係與調和的問題。如阿岡本引用的莫特曼（Jürgen Moltmann）的著作《三位一體與上帝王國》[6]所言：

> 真正的神學——作為上帝知識的神學——表現於感謝、讚美與崇拜。沒有感謝、讚美與喜樂的表現，就無法得有救贖的體驗。任何經驗沒有這樣的表現都不會帶來解放，上帝被敬愛、被膜拜、被體會並不只是因為被體驗的救贖，而是因著上帝自身的緣故。換言之，讚美超越感恩。上帝被認識不僅是因著他的神聖功績，而是祂的善自身。[7]

阿岡本顯然要進一步闡述儀式和神的本質之間更細緻的關聯。他最後指出，包括祭祀和禱告等儀式都以一種有效的方式對神產生作用。沒有儀式，神的榮光將失去力量、開始腐敗，我們甚至可以說，讚歌與頌詞即是神所需的養分。換個角度來說，儀式讓神的榮耀以剩餘的狀態存在著。回到第六章〈天使學與官僚體制〉末了，阿岡本在那裡提出了一些有關於天使體系的問題，頗值得深思，同樣賦予神學榮耀不同的詮釋。整個天使階級制度與權力區分在審判日後還繼續運作嗎？那是否也意謂著治理的結束與完成？我們如何思考「不作為」（inoperative）的天使和不作為的上帝？這些問題到了第八章〈榮耀考古學〉才有較為清楚的解答：

> 榮耀和所有活動與工作的停止相符。當神靈經濟機器完成運作，天使職務的階級體系完全不作為之後，所剩餘的就是榮耀。當某種刑罰管理體系還在地獄裡運作，天堂不僅不再有治理，也沒有書寫、閱讀、神學，甚至禮讚儀式也沒有，除了榮耀聖歌之外。榮耀占有後法律不作為（postjuridical inoperativity）的位置，那是無盡的阿門（amen），所有工作、所有神靈和人類話語都告完結。[8]

這是阿岡本對於榮耀與神聖的重新解釋，那指的不是創造而是工作的終止，如同門徒保羅在他的書信裡也將末世情境、安息與不作為連結，它們都標示著基督教王國的概念。

從我們自己（後）現代的觀點來看，我們或許會認為神學榮耀的政治功能已不復存在，但阿岡本並不這麼認為。他指出神學榮耀在許多層面上充其量只是被（極）簡化，但它並未消失，更擴散到各種公共與私人領域。舉例而言，象徵君主權位的皇冠、寶座、權杖等經常被放在玻璃櫃展示，包括大眾輿論仍保留了歡呼的功能，關於這一點我們從大眾媒體各種個人崇拜和「造神」就可看出。後現代理論大師德波（Guy Debord）分析的「奇觀社會」（the society of the spectacle）和所謂的「共識治理」，都顯示神學榮耀透過媒體傳播滲透公私領域，大眾媒體產生的效應無異於出神或催眠，影像、儀式和景觀似乎發揮了更全面、更無所不在的政治或意識形態效應。

延伸思考

阿岡本在《王國與榮耀》透過極為龐大的著作和思想脈絡，深入探討神學與經濟的密切關聯，這也是西方政治哲學傳統忽略的問題。這樣的論述在當代生命政治理論獨樹一幟，讓我們看到神學的影響並沒有從世俗化的民主政治和社會中消失，也讓我們從不同的角度理解政治和經濟治理。從阿岡本的思考角度來說，當我們面對生命政治或各種治理機器，包括《王國與榮耀》裡的神學機器，至關緊要的根本問題是怎麼讓這些機器停止運作或「不作為」，讓不同的生命形式不需要被排除而可以用自身的方式運作，這也是阿岡本整個牲人寫作計畫最核心的思想任務。我在本書的最後一章會對這些問題有更深入的探討。

「故鄉的異鄉人」

——家務移工：理論觀點，在地情境[1]

伴隨著全球化資本主義不斷的擴張，各種層次的「跨界」、「游離」、「流動」或者如德勒茲（Gilles Deleuze）與瓜達里（Félix Guattari）所說的「解疆域」（deterritorialization）似乎是必然的產物：商品、資訊、影像、資本、人口、身體、勞力等等，都以前所未見的程度跨越了傳統的地理、文化、族群與國家界線。在此「全球」與「在地」不斷協商交疊的過程，身分屬性與認同、生活領域、生命經驗與「世界觀」也持續受到衝擊。擁抱全球化的人大加讚賞前所未有的利益、便利、滿足與自由，批判者則控訴在地的農漁工傳統產業受到破壞、既有的區域與種族差異、資源分配不均、統治與剝削結構更被強化。

據聯合國統計，二十一世紀前十年全球約有兩億人居住在非出生國；他們絕大多數來自較為貧窮或政經局勢較不穩定的國家，他們前往美國、歐洲富裕國家、中東石油輸出國、日本與其他諸如新加坡、韓國與臺灣等東亞新興工業國家從事勞動工作，成了所謂的「移工」(migrant workers)。此一國際「遷徙」或「移居」的人口有四分之一左右集中在亞洲，當中約有三分之一為女性，從事諸如表演、幫傭與護理照顧等服務。[2]截至二〇二〇年底，臺灣移工人數約七十萬五千多人，來源比例由高而低依序為印尼、菲律賓、越南、泰國；其中約二十五萬三千多人擔看護與社福相關工作。[3]

面對移工的問題，我們必須探就勞力市場供需與運作結構，我們也必須瞭解臺灣引進與管理移工相關的政策，如何反映了全球化市場經濟與勞力剝削；或者諸如女性移工為什麼要來臺灣工作？由移工進行家務工作或者所謂的「情緒勞動」(emotional labor)對家庭結構、家庭成員關係、母職等有何影響？又或是外籍幫傭被納入什麼樣的生命政治管控？這些毫無疑問都是經濟治理的問題，牽涉到資本、勞力與情感的配置與管理，以及空間、階級、身分屬性甚至生命經驗的劃界區分。這裡同時要追問的是，是怎樣的論述與意識形態在建構或想像「移工」、劃分「我們」與「他們」的界線。

市場經濟與勞力剝削

目前在臺灣外籍幫傭與看護之月薪受《勞動基準法》基本薪資兩萬四千元（自二〇二一年一月一日起）之規範，但實際薪資依雇主與受雇者透過仲介所簽訂的契約給付。如同我們對於任何一種工作的報酬的論斷，我們必須對家務勞動實質的工作內容、心理因素、整體薪資體系、市場機制、甚至歷史因素等等有更通盤的考量。

首先是跨國勞力仲介公司在勞力輸出國招募與訓練移工，都要收取高達十多萬的高額仲介費，大多數移工必須從實際工作期間的每月薪資中扣款，以支付此項費用；於是他們有很長一段工作時間都處在償還負債的狀態。剩下的薪資大部分也都匯回母國，供應家庭日用、教育等各方面開銷，自己所能支配的所剩無幾。甚至有部分雇主以現已違法的「強迫儲蓄」為名，行控制與壓榨勞工之實。在「政府─仲介─雇主」所形成的結構中，移工完全依附在所謂的「工作契約」下，由雇主擔任監護人，禁止中途更換工作，否則必須遣送回國；這在相當程度上複製與延續了傳統的主僕關係，更鞏固了既有的剝削和壓迫結構。除此之外，家務移工大多沒有特定工作時數（特別是重症或癱瘓照顧者），週日經常不被允許休假，工作內容與職務範圍也沒有清楚的界定。這樣的契約體現的是一種「告知性的脅迫」（informed coercion）。如同傳統的無償家務工作一樣，「工作」與「生活」間失去界線，這對職業婦女僱請家務工以解決兩者間的衝突顯得有些反諷。

從馬克思的角度來說，「剝削」（exploitation）指的是勞動者無法擁有自身勞動的果實，其勞動力的價值完全由工資系統（wage system）所決定。而各種勞動在此一系統內的「價位」並非取決於物質實作的時間與具體成果，而是由（生產的）「社會關係」決定，也有其歷史文化成因。長期以來，家務勞動在許多國家都與父權封建體系、奴隸制度與殖民經驗有著很深的淵源。而在現代勞動價值體系裡，家務勞動也被定位在最底層，被認為充其量不過只是一種人類基本生命能力的實作，毋須透過專業認證的「簡單勞動」（simple labor）。在家務勞動的情境中，移工的「簡單勞動」的成果被雇主獨占，沒有進入交換體系衍生出剩餘價值。在這樣的社會認知下，家務工作被貶抑為欠缺生產效力，自然也不被認為對於整體社會運作有什麼貢獻。[4]

種族化的居家勞動

承續以上而問：印尼、越南、菲律賓等國家的女性移工為什麼到臺灣擔任在勞動價值體系底層的家務工作，除了因為層層剝削後的工作所得可能還是比在母國高出許多之外，和臺灣乃至於全球性的哪些政治經濟與社會現實及歷史脈絡有關？就體制面而言，臺灣家庭對於來自東南亞國家的家務工需求，反應出普遍的「廉價」勞工的短缺、家庭型態轉變、社會福利與公共照料體系的不健全。然而，除了這些「客觀性」的因素之外，我們也必須瞭解到，「女性家務移工」並非一種固定的、就在那裡的（always already there）身分，而是在特定的歷史與政治發展軌跡、社會文化脈絡中被建構出來的。

跨國移工的議題牽涉到國家界線、共同體和族群的區分。從政治理論的角度來看，現代民族國家（nation-state）主要是透過共同的生命政治語言、習俗、文化、生活方式等等建造的具有完整領土與主權（sovereignty）的政治實體，或者如安德森（Benedict Anderson）所說的「想像的共同體」（imagined communities）。共同體的想像彰顯了國家主權，更包含不斷劃定「我們」與「他者」（the Other）、「內」與「外」的界線。

「劃界」甚至是現代主權國家生命政治最重要的課題。即便是在以「流動」或「去疆域化」為主流價值的全球化時代，這種透過想像認同所畫定的國家與族群的界線仍繼續存在著。眾多有形無形的界線，讓生活在我們周遭的跨國移工成為我們「故鄉的異鄉人」。

在「臺灣」作為一個想像共同體或「臺灣人」的身分認同場域裡，來自印尼、越南、菲律賓這幾個國家的移工賦予了「他者」具體的內容；一般臺灣不管是官方或民間所使用的「外勞」一詞也因此指涉了多層次的他者性（otherness），包括空間、語言、膚色、飲食、習俗、文化、歷史等等。「臺灣人」或「臺灣性」（Taiwanness）在不同的歷史階段裡被賦予不同的意涵。長久以來都是將在這塊土地生存數千年之久的「原住民」視為一個集體性的他者，但隨著民主化、原住民正名的運動與多元文化意識的發展，各個原住民族群也被納入「臺灣人」，遺留下來的「種族的他者」的空缺則逐漸由晚近移入臺灣的「外勞」填補。[5]在這樣的族群區分系統（當然也是種族化的生命政治）裡，由跨國移工來承擔在勞力價值體系底層的家務工作，似乎具備某種「理所當然」的適切性。透過將居家勞動轉嫁到移工身上，不僅解決了一些女性雇主生活與職業的衝突，也得以在家庭的場域裡複製生產活動所需的社會關係。

從以上的討論我們清楚地看到，「家庭」實踐了種族化的移工市場經濟與複製生產實作所需的社會關係，也因此銜接了私人領域與公共領域。僱用移工的單位如一般家庭是國家生命政治管控的對象，但同時也是代理機構。根據傅柯在一九七〇年代末期一系列的生命政治講座，始於十八世紀中期的現代的治理，不再倚賴單一化的、由上而下的壓迫性的權力，而是透過多面向的、更細緻的、更深入特殊情境的思維與實作。不僅個體的行為、身體、健康性意識都是規訓、監控或矯正的對象，在集體的層次上，透過諸如人口學、統計學、醫學、警政學等專業知識與體制的程序，「人口」也成了生命政治管控的對象。現代生命政治的主要目的在於強化、而非壓制生命力，要建造健康的、馴服的（docile），更重要的是有用的、符合經濟效益的身體與勞力。

事實上從移工們在她們的母國進入人力仲介公司的訓練中心那一刻開始，就成了嚴密的生命政治監控與管理的對象，說她們自此宛若置身於傅柯所說的「敞視監獄」一點都不為過。移工「學員」們在訓練中心二到六個月不等的時間裡，失去行動與生活作息的自主權，居住與伙食條件都極為惡劣；包含家務、照料、烹調、語言、禮儀等項目嚴格的訓練，將她們馴服、建構成具有經濟效益的勞動者與生產者，或是合用的商品。[6] 除此之外，臺灣如同絕大部分國家一樣，相較於白領的移工，對於從事幫傭看護的「簡單勞動」的移工有更為嚴苛的限制，包括每年核准入境的移工量、定期健康檢查、完全依附在與雇主所簽訂的契約下而沒有更換工作的自主權、三年的工作期結束後必須返國等等。換言之，臺灣的移工政策是生命政治的一環，對於移工的身心狀態、行動、居留、社會福利、權利義務等等進行嚴密的監控與限制。在這樣的生命政治情境中，雇主們也發揮了關鍵性輔助的功能。他們透過不同的方式對於所僱用的移工們進行監控。此外，不少雇主限制移工們的行動，包括不允許休假、不得在家中接待朋友等等，一方面不加區分地將他們界定或想像成「種族化的他者」，另一方面也擔心、企圖防止他們的互動、社群與集體屬性、甚至是產生集體行動。透過雇主家庭施行的生命政治管控甚至涵蓋語言、姿態、衛生、食物、作息等日常生活極其細微的面向。移工們被排除在法律保障的公民權（citizenship）之外，但卻又被納入嚴密的生命政治管控網絡之中，如同當代義大利思想家阿岡本所說的「納入性的排除」（inclusive exclusion）。

情緒勞動

哈達特（Michael Hardt）與奈格里（Antonio Negri）在其《帝國》（*Empire*）一書中指出，晚近的資本主義體系勞動生產過程有了轉變，發展出涵蓋資訊、傳播、服務業等領域的新形態的「非物質勞動」（immaterial labor）。諸如八〇年代的社會學者霍荷曲爾德（Arlie Hochschild）、當代的蓋依（Mary E. Guy）、紐曼（Meredith A. Newman）與雪倫・麥斯特拉奇（Sharon H. Mastracci）等學者也都關照了以人際互動、情感表現與管理為要務的「情緒勞動」，諸如服務、醫療與家務工均在此列。

在居家勞動的情境中，我們或許會認為微笑、體貼、溫柔等情感表現是稱職的要件，有助於讓勞雇關係處於比較人性良善的狀態。然而，大多數的研究都提醒我們要在不均等的社會或階級關係中審視情緒勞動。必須注意，情緒在這樣的脈絡裡是一種流通的商品，是雇主從移工身上索取的身體勞動外的剩餘價值。雇主永遠是具有情感的支配權的一方；他們依著各自的界定，對傭用的幫傭與看護要求不同的「順從感」、「溫柔」、「感激」、「親近」等等。即便有些雇主以「較為平等」的情感表達方式對待移工，也都是為了穩定勞動關係所發展出來的「工具性」或「策略性」情感，而移工的情感投注也是如此。

事實上，情緒勞動所涉及的不對等的權力關係，也反應出一些長久以來的迷思，如「甜蜜的家庭」與「神聖的母職」。家務工除了替女性雇主承擔或化解家庭生活與職業間的衝突，她們被要求的情緒勞動在相當大的程度上，也轉移了普遍社會加諸在女性的心理與道德壓力。除了這樣的勞動剝削，已婚的女性移工們因為遠離自己的孩子，很容易在「代理母職」的工作中陷入某種情感困境，亦即情感投入與補償作用、關愛與嫉妒糾葛的狀態。而移工陷入婆媳之間複雜的家庭關係與情感應對有都時有所聞，這些在在都增加了她們的負擔。簡而言之，勞動關係中的情感不是不對等的權力關係與剝削結構的解藥，反而是生命政治的工具。

以上是從西方理論的視角，勾勒出臺灣的家務勞動的一些結構性因素。必須釐清的是，在此無意不加區分地將雇主妖魔化，或認為移工們必然是受害者。移工如何改變回鄉後的生活、如何上移更高的社會地位、如何實現自我理想等等，這些都需要更進一步的田野調查。在此要特別強調，我們不應該天真地以為全球化的流動與遷徙已將國家主權與疆界、剝削結構化於無形。

「故鄉的異鄉人」在家庭、學校、病房、公園、市場、餐廳、大眾運輸工具，他們早已是「我們」臺灣文化地景與日常生活的一部分，也逐漸發展出屬於「他們」自己的族群文化。然而，「多元文化」的成形不代表移工的「問題」已獲得解決，多元文化的身分政治甚至有可能是「去政治」或「後政治」的，移轉了根本性的矛盾，讓我們忽視或無視更根本性的生命政治控管或壓迫結構，以及深藏在日常生活中的刻板印象與歧視。在實際的政策面，包括居留權與公民身分認定修法、居家照顧納入社會福利體系、將移工納入勞動相關法規之適用範圍等等仍需要努力。在改變／善我們對待「故鄉的異鄉人」的方式上，我們到底做了什麼、做了多少？

免疫

艾斯波西多的《免疫：生命的防護與否定》[1]

如果要票選二〇二一年的臺灣關鍵字，「疫」肯定會名列前茅。「防疫」指揮中心每日公布的「疫情」都是全國注目焦點。拋開肺炎疫情不說，在當前的日常生活情境裡，不管是實質或譬喻性的「防疫」似乎已無所不在，處理「非法」移民、防護電腦病毒等等，都常使用防疫邏輯。除此之外，「免疫」在古典政治與法學傳統裡，表示免除特定主體的義務或責任。簡單來說，防疫或免疫指的是不論在法律、政治、道德、生物或資訊科技的範疇裡，「面對風險所做出的保護性反應」，[2]進而重建受到衝擊或破壞的平衡。「防護界線」或「重建秩序」看來順理成章，事實上則不然，我們必須理解當中複雜的轉變。如同一個人防衛心太強容易造成他人的傷害，過強的免疫力有可能轉變成傷害生理運作的自體免疫，生命政治的免疫邏輯也是如此。

艾斯波西多（Roberto Esposito）的《免疫：生命的防護與否定》（*Immunitas. Protezione e negazione della vita*）提供了豐富的語言、法律、政治與醫學發展脈絡幫助我們理解免疫，畢竟免疫一詞經歷了漫長且複雜的變遷歷程，才進入生物醫學的範疇。艾斯波西多在該書一開始就指出免疫化的基本邏輯：當生命愈面臨四處流竄的危險，愈有可能依賴單一的機制做出更加密集的免疫防護。不論在政治、法律或生物醫學的範疇，免疫模式都牽涉到將某些對象排除，沒有這樣的排除或否定，生物體或共同體就無法運作，如同人的心靈機制的運作前提是一些被排除在意識之外的感覺或記憶。在這層意義下的生命——不論就身體或精神層次——的開展或保存，都需要屈服某種外來的力量或人造秩序，彷彿生命會自我偏離，會創造自己的傷口。免疫性有如一種內在界線，以否定的方式建構共同體，整合救贖與規範、開放與閉鎖、發展與約制。一個社會愈是強調健康和安全，防護機制似乎也愈容易過度膨脹，反過來壓制生命。《免疫》一書最根本的任務，正是思考生命和共同體除了透過免疫邏輯進行的排除和否定，甚至因此走向自體免疫毀滅之外，還有哪些可能性。這樣的方向對於我們反思難民問題和當前的緊急防疫措施都有重大意義。

生命與共同體的免疫邏輯

艾斯波西多一九五〇年生於義大利拿坡里，於拿坡里費德里克二世大學（the University of Naples Federico II）完成學位，目前於比薩大學系統的高等師範學校（Scuola Normale Superiore）教授理論哲學，也參與一些歐陸政治學研究機構的創立。艾斯波西多有關生命政治方面的著述在當代歐陸思想已樹立指標性地位，包括《變音符號》（*Diacritics*）和《安吉拉基》（*Angelaki*）等理論研究的重要期刊都分別於二〇〇六、二〇〇九與二〇一三年發行專刊探討其思想。

從拉丁字源來看，*immunitas*（免疫）就是個否定性的詞語，同一詞組的形容詞 *immunis* 包含了否定的對象 *munus*。*munus* 原意為某種職位、任務或職責，*immunis* 用來形容那些豁免擔任公職或公民義務的人。這是一種特權，而非指現行法律裡的「褫奪公權」。然而，隨著論證的開展，我們將會瞭解免疫牽涉的否定性比單純的對立（opposition）或匱乏（privation）來得更複雜。免疫總是不離特定共同體的脈絡，但卻體現某種專有的、獨占的「不共」或「非共」（也就是無法共享或無法成為共同的）的特殊位置，像是一種存於共同體內部的外部（outside）。除了原始的法律與政治含義，從生物醫學角度來說，免疫表示「生物體對於感染疾病的抵抗」，疫苗發明後，生物體藉由微量的感染以抵擋更可怕的感染，這代表生物醫學從「自然免疫力」發展到「後天免疫力」的歷程。

艾斯波西多的《免疫》第一章〈專用〉（Appropriation）從免疫的角度切入，闡述包括薇依（Simone Weil）、班雅明、吉哈爾（René Girard）和魯曼（Niklas Luhmann）等人的著作，處理法律、生物、社會與政治間的糾葛。艾斯波西多混用了法學和生醫的語彙，提出「法律是一種免疫系統」的說法，表示法律／免疫系統保護生命和共同體免於受到危險的威脅，而且如以上提到的拉丁文字源所顯示，生命和共同體內部包含一種否定性的元素。共同體裡「專有的」人與物享有特權或占有特殊位置，他們／它們無法成為共同所有，如同共同體的內部有個地方被鑿空，因此無法完整。這種「專有」與「公共」之間無法化解的辯證同樣也存在於所有權法律（*ius proprium*）：簡單來說，之所以需要在公共範疇訂定和施行所有權法，正是為了保存某些專有的、不可交換的擁有。

艾斯波西多緊接著透過薇依的著作《根源的需求》（*L'Enracinement*）進一步論證上述「專有」與「公共」之間的辯證。從艾斯波西多的角度來說，薇依談的義務（obligation）是一種「徵收」（expropriation），本質上就是免疫性的。所謂義務的條件在於有些我們所專有的被徵收，我們盡義務，放棄自身權利，藉此保有我們與他人的共同權利；主體透過盡義務才能確保自己的權利。換言之，放棄權利的目的是為了保有自身專有的權利。法律的精神具有普遍性或共同性，但從薇依的角度來看，本質上還是無法脫離以個人（person）作為主體。從詞源的角度來看，person、proper（專有的）和property（財產）屬於同一個詞組。艾斯波西多解釋，法定權利的認定必然涉及專有的區分，也就是誰擁有和誰沒有權利的區分。弔詭的是，這「屬於個人專有，其他人不得使用」卻是一條普遍法則。我們似乎也從這裡討論的免疫邏輯看到霍布斯的政體論的概念，也就是法律為了確保共同體免於受到衝突的威脅——用霍布斯的語言來說是「自然狀態」的衝突——必須劃分出個人的範圍，不容許其他人侵犯。這也意謂著權利的維護總是依賴武力作為後盾。換個角度來說，當個人愈需要免疫、愈需要保護專屬於自己的權利，就需要犧牲更多的權利，讓自己成了被法律或主權徵收的「人身財產」（human property）。

循此邏輯，在薇依之後，艾斯波西多會繼續詮釋班雅明的暴力批判似乎是順理成章的事。對班雅明而言，法律屬於武力的範疇；他不偏向自然法或實證法學傳統，而從各種神話的根源去考究律法與暴力如何糾葛在一起、相互支撐。簡單來說，班雅明認為法律的創建必須透過暴力，之後由國家或政體獨占暴力使用權以維持既有的權力體系，於是「創法暴力」（law-instituting violence）和「護法暴力」（law-preserving violence）間形成一種惡性循環。我們從這裡也可以看到法律的免疫模式：法律使用暴力免除暴力的威脅，等於法律內化了某種否定狀態，或者一種外於法律的狀態——也就是暴力——被注入到法律之內，被法制化、合理化，藉此控制暴力。重點是這樣的法律／暴力將生命限制在某種「常態」，排斥常態以外的存在或入侵者，這當然會走向一種自我否定或自體免疫的狀態。但是艾斯波西多指出，「生命就定義而言，是傾向逃脫自身束縛的事件或情境，傾向打破自身的界線，把自己弄得天翻地覆。生命具有一種無法克制超越自身、讓自身不只是生命、超越生物生命的自然邊界的本能，法律的要務就是讓生命脫離這種本能……使生命能夠展現『正確的生命』或『共同生命』的形式。」[3]這表示艾斯波西多所理解的生命具有未完成、尚在進行中、不斷超出界線的潛力。問題是，法律是否會或如何介入與宰制這樣的生命，並啟動免疫防護？法律除了決斷生死之外，還會透過一種「總是已經」（always-already-ness）的狀態，讓主體在「法律之前」早就已經被宣判有罪，早就已經是罪惡之身，如同卡夫卡的《審判》裡的情境，不管自我怎麼努力都無法滿足超我的要求，永遠都覺得做得不夠好，都覺得愧疚。從這裡我們可以看到罪（guilt）的先驗（*a priori*）狀態，或者一種「預防性的譴責」。班雅明談的「法律的神話核心」、卡夫卡的法律迷宮或精神分析的超我（superego）都體現這種「總是已經（有罪）」的運作邏輯。

關於第一章〈專用〉，我們還需要討論艾斯波西多如何從免疫邏輯重讀吉哈爾的《暴力與神聖》（*La Violence et le Sacré*）。根據艾斯波西多的詮釋，吉哈爾反覆以感染和血液描述共同體暴力。暴力如同流過共同體血管的血液，濃稠、四處氾濫、無所不在，維繫了共同體的同一性和延續性。艾斯波西多認為吉哈爾談的早期社會的犧牲儀式就是暴力性的免疫防護。共同體透過犧牲儀式將暴力施加在受害者（代罪羔羊）身上，使共同體免於受到暴力的破壞，因而穩固社會區分。雖然司法體系在後來的歷史階段取代了犧牲儀式，卻依然延續了免疫系統的運作。司法體系內化了暴力，自己成了「報復主體」，但和犧牲儀式不同的是，執行報復的是一種抽象的匿名性的機制，而不是具像的個體。

免疫與政治神學

艾斯波西多在第二章〈攔阻者〉（Katechon）中，先引述了班維文斯特（Emile

Benveniste）的字源學考究，指出包括古希臘、古伊朗、拉丁等文明裡的「神聖」都具有雙重語意；各種對立的詞彙雖有各自的文化背景，但大致可以統整為正面與負面的意義。在正面、肯定性的層次上，神聖表示一種完滿和生命力的恩賜，一種源自神靈的力量、富裕和繁殖，免於各種疾病的危害。艾斯波西多進一步解釋，我們從這個層次看到宗教現象的免疫性：宗教的功能不外是確保我們在面對致命危害時能保持安康。另一方面，包括希臘文裡的 *hagios*、拉丁文的 *santus* 和古伊朗文的 *yaoždāta*，都代表嚴禁人類接觸的禁忌，觸犯者將接受嚴厲懲罰。綜合來說，宗教的免疫化效應顯示生物醫學和司法範疇的交會，生命的延續需要設下界線，阻斷威脅、疾病或罪惡的侵犯，在這種脈絡下的神聖，透過不斷製造死亡才得以保存。如同我們從巴迪烏重讀保羅時看到的，艾斯波西多也指出保羅書信裡蘊含了免疫性的教義：法律的禁制挑動僭越的欲望，因而將死亡注入生命，讓死亡成為生命內在的否定狀態。他也同樣用免疫邏輯詮釋包括保羅的信中的〈帖撒羅尼迦後書〉（2 Thessaloians）和奧古斯丁《上帝之城》（*De Civitate Dei*）提到攔阻者的篇章，從中演繹出基督教神學和西方法律政治的運作基礎：「攔阻者抑制邪惡的方法是將邪惡包含、保持、緊抓在自身之中。攔阻者對抗邪惡，也讓自身無法脫離邪惡的存在。它限制、延遲邪惡，但無法將之根除，如果能夠，它也將毀滅自身。」[4]

以上討論延伸出來的問題是：誰是攔阻者？他又以什麼樣的化身出現在我們所處的時代？這些問題都緊扣著政治神學的論爭，也就是宗教與政權，或者——用阿岡本的說法——王國與治理間的緊張關係。艾斯波西多將論爭的核心放在「政治主權的宗教根基」，[5]類似阿岡本以「為何治理需要天堂的榮耀」作為《王國與榮耀》的核心議題。艾斯波西多介入這些論爭的策略是從免疫的觀點重新詮釋「神祕肉身」（*the corpus mysticum*）。簡單來說，國王的肉身和基督一樣都具有雙重的特性：國王需要另一個肉身以統一政體，避免政體分裂和崩解。基督教在經歷漫長的演變過程後，基督的肉身和教會的集體肉身——這當然是一種比喻性的說法——合而為一，將基督教共同體的成員納入其中。國家也是建立在相同的「兼併」（incorporation）模式，更精準地說，是「相互鑲嵌」（mutual embedding）：人民隨著君主被併入政體，君主貫穿所有的人民，如同被他們吞入。國家統治的正當性必須建立在神聖性的基礎上，才能夠超越肉身有限的生命，超越歷史特殊性繼續延長。

阿岡本在《牲人》中引述坎托洛維茲（Ernst Kantorowicz）的《國王的兩個身體》，從國王的喪禮演繹國王的身體和牲人間離奇的分身關係；艾斯波西多則側重「國王的兩個身體」的免疫邏輯：「一個身體是有形的，受制於錯誤、疾病和死亡；另一個身體則具有神靈的根源，是不朽的，也因此被當作足以超越第一種身體的死亡，伴隨著朝代的延續而長存。」[6]根據這樣的免疫邏輯，國王的兩個身體除了有形的與不朽的對比，也是個人的和無我的、自然的與政治的對比。國王的第二種身體不僅代表以基督的肉身為中心的有機共同體，也是生物與法律兩個範疇的重疊。國王被「納入」並穿透整個社會構造，建構且統一整個聯合的身體，如同我們從鄂蘭的《極權主義的起源》看到的「領袖的意志」滲透整個社會組織，深入到庶民日常生活的細節中。兩個身體交互運作：個別的身體讓神祕的身體有了一致性，而神祕的身體賦予自然的身體延續性，即便君主死亡，統治權也得以透過血緣關係傳承下去；這種交互運作等於是政治神學的免疫化，使有限生命成為不朽。鳳凰的象徵和「國王駕崩了！國王萬歲！」（*dignitas non moritur*）這樣的口號都體現了免疫邏輯，讓死亡發揮了免疫化的效應，讓生命超出自身有限的向度。

我們從以上政治神學免疫化的討論可以看到，（國王肉身的）死亡如同被體制化的例外狀態，發揮攔阻者的作用，延續了政體的生命。政治神學組合了生與死、內在與超越、君主與臣民，甚至君主自身不同層次的身體和存在。艾斯波西多指出，主權本身就是一種被體制化的例外狀態，現代民主政治並未脫離政治神學。類似政治神學的現代化也出現在神義論（theodicy）的轉變歷程。從免疫邏輯來說，神義論宛如一種「自體免疫化」（auto-immunization），將罪惡納入，以支撐基督教信仰體系，擺脫「上帝為何忍受祂所造之世界的罪惡與苦難」這個難題。舉例來說，萊布尼茲訴諸「非矛盾」（non-contradiction）原則為神義論提出辯解。簡單來說，神義論主張上帝對待所造物的合理性，即使是人世間的苦難和罪惡，背後也都有上帝的安排。萊布尼茲主張上帝是萬能的，其造物必然符合邏輯必然性。當他說上帝所造的「這個世界是最好的世界」，他指的是造物的整體計畫；個別部分不必然完美，微量的瑕疵和道德上的惡——這些都是否定性的概念——對於人類的自由是必要的。神義論在現代歷史階段轉向律法、禁忌和免疫面向，它要合理化的不是信仰背後的愛與善意，而是罪過和應報（retribution）的「法庭化」和「法制化」。上帝不需要為人世罪惡負責，人們承擔一切，神義論退場，取而代之的是「人義論」（anthropodicy）。人義論的轉變反映的是現代哲學和科學的發展對於人類的潛能更有信心，賦予人類更多的權力（利）和相對應的責任。

具有免疫色彩的人類

我們可以接著討論艾斯波西多如何透過「補償」（compensation）這個概念，論證同樣具有免疫色彩的人類學和神學間的連結。首先我們必須瞭解補償在經濟和法律的範疇的深刻意義。簡單來說，補償表示「扯平」（getting even），重建被傷害、債務或欠缺所破壞的秩序，追討修補性或交換性的正義。補償的本質是否定性的，更精準地說，是一種「否定的否定」；補償否定的對象（諸如傷害、債務或欠缺等）本身已是否定狀態。如同寬恕總是預設某種損害的存在（成為寬恕的對象），補償作為一種治療，必然帶著要平復的欠缺或傷害，或者傷口持續存在於解藥和治療中。艾斯波西多按照免疫邏輯接著指出，哲學人類學所呈現的並非真實的人類，反而是對人類的否定，讓人類的形象和內涵變得更分裂、更不可捉摸。這樣的觀點很接近傅柯在《事物的秩序》裡的〈人及其分身〉的講法。傅柯考究現代思想如何發明「人」這個概念，他特別強調十八世紀後半葉開始的歷史關鍵時刻，他稱之為為「古典思想的遮蔽」：西方思想體系從此進入分裂的知識型（episteme），裂解為眾多的人文科學，包括語文學、經濟學、人類學等。這些學科企圖賦予人更實證的內涵，卻同時將人推向超越的分身、更不可知的他者或意識之外……艾斯波西多也引用此篇章，指出人類的他者成了一種無法掌握的陰影，人文主義少了他者就無法思考人的存在，那是一種內在的「不」，也是斷裂、錯誤、空虛、距離：簡單來說，一種無法治癒的傷，讓我們活著。這裡談的他者一方面無法完全成為意識認知的客體，另一方面也是生命延續的條件：生命的延續依賴某種否定生命的外在物，如同精神分析所談的，欲望總是意謂著欲求他者的欲望（簡言之：我們總是想得到別人得到的）。到最後我們看到的是，人類學（和諸多的人文科學）和神學一樣，都讓人的存在依附在某個外部性（externality）、他者性或離異性（alterity）之上。

延續以上人類學免疫模式的討論，艾斯波西多接著從同樣的視角闡述霍布斯和尼采的虛無主義哲學立場。他先是重新定義虛無主義不是揭露虛無，而是掩飾虛無，是一種「否定否定」——也就是要否定的對象本身已是否定的狀態——的免疫運作。從這個角度來看霍布斯的政治哲學，從自然狀態到共和政體的發展歷程，等於透過一種「人造的虛無」——也就是作為「人造人」的君主或人造的「政體」——否定共同體與生俱來的虛無狀態，讓那種虛無被保持在可控制的狀態。臣民服從君主的統治以換取保護，任何超出這種交換關係的行動都必須被消除，君主的統治權隨時可以介入，決斷生死。至於尼采則檢視西方形上學和禁慾主義如何為了保護和延續生命，否定和傷害生命。尼采批判禁慾主義的「治療」，或是愈依賴人為的中介與社會組織，將使生命變得更脆弱，更加重病因，健康更惡化。順著這種尼采式的免疫邏輯，人類能存活是因為總有病因和危險啟動免疫性的警報系統，也就是說，生命不斷需要威脅生命的元素或力量才得以延續。

艾斯波西多在《免疫》一書的第四章檢視了各種文獻（特別是政治哲學）如何以身體作為一種譬喻。舉例而言，在機械論形上學當道的年代裡，契約論就以普遍意志（general will）連接個別身體和集合身體。傳統的政治哲學傾向將社會多元性併入整體的治理秩序中，但並不表示這種運作秩序不會遭遇阻撓或反抗。艾斯波西多從現象學的觀點指出，同一個身體（也就是政體或共同體）的成員之間或不同身體之間，不可能存在著完美的合併與共有，個別的自我和集體秩序之間也必然存在著緊張關係，極權主義就是企圖解決這種緊張的最極端的實踐。但艾斯波西多顯然是要循著免疫邏輯開展出身體與生命的多元性，跳脫免疫防護逆轉為對生命的壓制甚至毀滅。

延伸思考

在當前的跨國資本主義和國際恐怖主義時代裡，我們再次看到馬克思與恩格斯的《共產主義宣言》宣告的「一切堅固的東西都煙消雲散了」，因為勞力、金融、商品、甚至病毒與暴力的快速流動與擴散，各種形式的疆界——貿易、地理、族群、文化、身體——都變得模糊或消失，我們也目睹因戰爭與貧窮帶來的（被迫）遷居與逃難潮。

與此同時，全球各地正興起排外的極右派勢力或極端政治組織，訴求回歸純粹的族群根源，印證了艾斯波西多所談的免疫防護與反應，以及共同體否定性的核心。臺灣社會每當發生重大犯罪事件時，總是興起「治亂世用重典」的輿論浪潮，要求政府加強治安管理和監控，甚至儘速執行死刑，我們是不是因此更依賴一部更強大的統治機器，我們將更多的權利轉讓給它，愈讓自己成了可被任意徵收、宰制的「人身財產」？艾斯波西多在〈共同體、免疫、生命政治〉（Community, Immunity, Biopolitics）[7]一文，將自己的著作放進包括南希（Jean-Luc Nancy）的《不運作的共同體》（*The Inoperative Community*）、布朗修（Maurice Blanchot）的《無法聲明的共同體》（*The Unavowable Community*）和阿岡本的《將臨的共同體》（*The Coming Community*）的行列。《免疫》一書對於我們理解當前的生命情境的意義不言可喻。艾斯波西多對於西方政治神學與政治神學免疫化傾向進行了深入的批判，反思政治與社會關係的基礎，展望一種新的共同體，不是奠基在內與外、專有與非專有、故鄉和異鄉、神聖和褻瀆的區分，以及本質化的身分和財產，而是一種由異質性所建構、和外部保持開放性接觸的共同體。然而，這些思想如何能夠政治化、召喚什麼樣的政治主體和行動、轉化為政治實踐的動力，都有待進一步探問。

以免疫邏輯持續分析現代的生命政治：《生命：生命政治與哲學》

艾斯波西多在《生命：生命政治與哲學》（*Bios: Biopolitica e filosofia*）持續以免疫邏輯分析現代生命政治。他除了檢視包括主權、財產、自由等傳統政治哲學核心概念外，也與眾多當代哲學家對話。艾斯波西多不認為免疫化必然導致自體免疫的自我毀滅，也不像阿岡本把納粹集中營和死亡政治當作當代生命政治的普遍模式。他援引包括西蒙東（Gilbert Simondon）和史賓諾沙哲學，展望一種超越自體免疫的肯定性（affirmative）共同體和生命政治，對他者開放，差異性與獨特性得以共在，規範與生命相形相生、持續變異的視域。

自體免疫的肯定性思考

坎貝爾（Timothy Campbell）除了是艾斯波西多《生命：生命政治與哲學》（以下簡稱《生命》）的英文版譯者之外，也為本書寫了一篇言簡意賅的導論，清楚勾勒出艾斯波西多命政治思想輪廓。導論的重點之一是艾斯波西多與眾多當代生命政治論述的批判性對話。根據坎貝爾的觀點，艾斯波西多認為傅柯的生命政治論述以「治理」（governmentality）為重心，關照生物權力（biopower）如何管理生命、增長（而不是壓榨）生命的效能，但他不認同傅柯把治理和主權分離的做法，畢竟治理還是在國家主權的範疇之內進行，有賴政府的政治手段持續區分公領域與私領域。艾斯波西多也認為傅柯對於納粹生命／死亡政治欠缺前後連貫的詮釋，這一切的關鍵都在於傅柯沒有清楚論述治理和主權免疫化的關聯。

艾斯波西多極為關注當代全球化的自體免疫危機，蓋達組織九一一恐怖攻擊就是這種時代危機的產物。就這一點來說，德希達也相當關注宗教勢力重回當代政治舞臺，包括九一一恐怖攻擊，觀點與艾斯波西多頗為相近。德希達從「（自體）免疫」的角度解釋宗教與科學的交互作用，似乎宗教一方面得到科學與科技理性加持（別忘記類似蓋達組織的基本教義派都善於利用尖端科技），能像機器自動裝置或病毒精準地重複運作，進行複製與傳播。另一方面，德希達認為宗教還是沒有脫離不受反覆性限制的神聖空間——如同我們在討論《王國與榮耀》反覆提到為什麼權力總是需要天堂的榮耀——與超越性的生命形式，在這樣的超越與神聖空間裡，生物性的生命是被犧牲的對象。德希達認為這樣的宗教運作就是一種自體免疫暴力，他所構思的「友誼政治」（也就是以「友誼」而不是敵我區分或民族國家作為政治基礎）目的之一，就是要透過分離的愛，或者分離而共在，超越這種自體免疫暴力，也就是不再需要透過犧牲維持共同體，生命得以因此保有其獨特性，但同時還能彼此連結。

艾斯波西多從他和眾多當代哲學家的批判性對話，區隔出自己理解主權和共同體所用的「免疫範式」。坎貝爾強調，艾斯波西多並未像德希達認為免疫化必然導致自體免疫的自我毀滅傾向，雖然兩人都把保護和風險相形相生的自體免疫當作現代生命政治危機；艾斯波西多自然也不像阿岡本把納粹集中營和死亡政治當成當代生命政治的普遍模式。他展望一種超越自體免疫的肯定性共同體和生命政治視域，對他者開放，差異性與獨特性得以共在。艾斯波西多肯定免疫的多重可能，不認為一定會導向自體免疫的自我毀滅，而是生命和共同體可以透過和環境間持續的互動和多元的關係，維持系統的開放性，增加自身的多元性。

以下將就《生命》一書的幾個章節做深入探討。第二章〈免疫範式〉一開始對「免疫」做了精要的界定：

「免疫」一詞在生物醫學領域指的是生命體面對疾病所產生的自然或引發性的抵抗；「免疫」在政治法律詞彙裡則指主體得到暫時性或決定性的豁免，毋須執行那些在正常情況下讓他和他人產生連結的具體義務或責任。[1]

如同個別身體接種疫苗，政體透過導入某種要抵擋的病原產生免疫防護。在這樣的定義下，不論是個人或集體層次的生命，免疫力代表一種（否定性的）「防護生命的力量」；[2]那也是一種生命和權力的交會。從這裡我們看到生命政治由生物和政治兩個核心概念所組成，兩者的結合不是由外部的力量強加，而是內在的必然連結。根據艾斯波西多的研究，現代歐陸思想自黑格爾、尼采、佛洛伊德、魯曼到二十世紀中葉的德國哲學人類學，都很有意識且系統地處理不論是人類歷史、社會、文化或心靈不同範疇內部的否定性的問題。雖然艾斯波西多強調現代性與免疫性的密切關聯，但他並不認為兩者完全重疊。他澄清免疫化並非只在現代社會運作，現代性也不是只能用免疫模式來詮釋；他自己以免疫化為切入點，目的在於開展更多理解生命政治的可能。

免疫範式的興起

艾斯波西多在《生命》一書中同樣對免疫一詞的拉丁字源 *immunitas* 做了考究，在此不再複述，僅指出幾個重點。首先，共同體的建立與運作基礎並非實質的本質，而是一種「共」的否定或虛在（nonbeing）的狀態（也就是前一章提過的專有的、獨占的「不共」或「非共」、無法共享或無法成為共同的）。這種本質使得共同體無法完整，但也因此透過這樣不斷劃分和維護界線，共同體才得以生存。此外，艾斯波西多特別從現代「自由」的思想脈絡理解免疫的意義，表示屈從於某種更強大的秩序，以避免他人妨礙或傷害自身的財物、權利，甚至生命。必須釐清的是，雖然自我保存一直以來都是政治運作的重心，但西方世界是在現代性興起後才開始強烈意識到免疫防護是重大的生命政治議題，防衛生命也變成一種策略性的選擇。然而，是在什麼樣歷史或文明發展的脈絡下產生這樣的轉變？艾斯波西多從宏觀的歷史視角指出，自然防護象徵性的（或超越的、神學的）保護屏障在現代歷史階段式微，導致人造的生命政治防護機制更顯重要，這樣的轉變造就了免疫化範式的興起。他甚至認為，當前的基本教義派宗教勢力就是這現代政治的免疫化轉向的產物。

免疫範式的影響深入到政治哲學的核心概念，包括主權、財產、自由、權力等等。這些概念中介或建構了生命的語言和體制，它們並不具有絕對性，而是在免疫邏輯之下，為防衛生命、避免共同體自身衍生出風險才得以有效運作；透過這些概念，以保護生命為目的的權力變成對生命發展的限制，形成一種「二律悖反的辯證」（antinomic dialectic）。我們也可以從這種邏輯看到現代性主體矛盾的特質：主體——必然是「什麼的」的主體（the subject of......）——的再現（representation）活動無法脫離客觀的非人類的（non-human）世界裡的物件，主體自身同時也成了被再現、被制伏的客體（to be subjected to......）。

艾斯波西多從免疫模式重新思考現代生命政治的「主權」。他指出，雖然主權貫穿了整個西方生命政治史，但卻是從霍布斯開始，才比較明顯地看到主權和生命保存（*conservatio vitae*）的結合。不管個體或集體，會因為生命內在的其他欲望或本能衝動，使得保護生命的目的而無法完成，也因為生命具有內在的自我矛盾或自我毀滅性，需要有超越生命或否定生命——因此是「否定的否定」——的層次才能保有生命。當生命愈傾向自我保存，就愈會啟動更加保護性甚至侵犯性的方法來完成這樣的目的。於是，第二的、人造的——也是後設的——免疫機制凌駕在個別生命「自然的」免疫系統之上。主權的主體／臣民——我們必須牢記 subject 兼具主動與被動的雙重語意——的條件，在於他們透過自由契約建置了主權，但一旦建置了主權，他們就不得反抗，否則等於是反抗自己。這種完全不受限制的主權部署（*dispositif*）將生命限縮在個體的私我領域。最明顯的範例就是財產制度。整個來說，財產制度強化了共同體的免疫防衛機制。主權藉由財產制度更專業化、更內在化、更細微地貫穿個別生命與集體組織，生命與財產也更加糾纏不清。財產既是生命延續的結果，也是生命的先決條件：財產需要有生命體來擁有和繼承，生命沒有財產也無法延續。生命是最重大的財產，但是「存有」並不如一般物件可被擁有：生命既在財產之內，也在之外，從擁有和存有兩個角度看到的是不同的生命樣態，無法成為和諧的整體。更甚者，財產被視為身體勞動或勞動者的一部分，但會外化成勞動者依賴的對象，主導權也從主體轉移到客體。

除了主權和財產之外，自由（liberty）在現代性階段也有了免疫化的發展。Liberty 逐漸脫離希臘文字源 *eleutheria* 和拉丁文字源 *libertas* 裡的增長、繁榮等語義，趨向於否定性的定義，以不自由、奴役做為對照組，甚至愈來愈無法以正面表述；也就是說，肯定性的自由變得更無法被思考，因而發展成「免於……」的否定性自由。艾斯波西多認為這種語義的轉移反映了現代政體的重心由主權轉移到平等：現代政體裡的自由主體的條件是一個代表他們的主權者，而這些主體在個人的層次上，也都是彼此對等的主權者；他們對於主權者的服從顯示他們擁有命令自己的自由。與此同時，免疫的重心也由特許轉移到安全：現代的自由表示個體「自願隸屬」於某個更強大的秩序，以確保自身的自主性和生命免於受到他人干預。於是我們從一句流行諺語裡看到了免疫邏輯的悖論：「被綑綁的主體是自由的」（the subject in chains is free）。[3]

納粹政權的極端實踐

順著免疫化邏輯，我們彷彿從莫比烏斯環上生命政治的這一端走到死亡政治（thanatopolitics）的那一端，這也是自體免疫（autoimmunitary）的逆轉。像納粹那樣的政體透過擴大死亡的範圍來防護（德意志民族的）生命，而且殺戮的權力不單純由領袖掌握，而是已經貫穿整個社會內部結構，成為社會的本體存在，任何人都能「合法地」

殺死任何其他人，製造死亡成為整個國家生命政治的驅動力：這種狀況發展到極端，就是「謀殺與自殺的絕對吻合」。

如果傳統的政治哲學將身體、有機體或其他生物學語彙當作政治譬喻，納粹政權讓政治和生物在語言、概念和體制層次上的距離消失，也就是說，生物歷程直接變成政治行動的判斷標準和指導原則，「政治」和「生物」間完全失去區分。艾斯波西多進一步釐清，也許生物學的範疇太過廣泛，應該從醫學更能看出納粹生命／死亡政治的核心。他指出，從針對基因遺傳不佳的嬰兒和成人施行的安樂死、人體實驗，到取走屍體牙齒上的黃金和監督火化的進行，納粹大屠殺的每個階段幾乎都有醫學從業人員直接參與；用艾斯波西多自己的話來說：「沒有任何一個生產死亡的步驟能避開醫學驗證」。[4]他也主張戰後追究的重點不應只是個人責任的歸屬，更需思考為什麼整個醫療體系如此順從於納粹政體，原因比領袖或政體的操控更為複雜。納粹政權，特別是集中營的運作，有如古代的「神學動物政治」（theo-zoo-politics），醫生扮演類似擁有天命的祭師角色，具有決斷生死的權力，因為只有他擁有知識界定何謂有價值的生命，以及生命超出什麼樣的界線就有正當理由被消除。然而，個別的醫生實際上已消失在科學知識中，科學知識統治一切，足以消除人類的痕跡。必須釐清的是，納粹的死亡政治總不離治療防護的目的：屠殺所有侵犯德國政體的劣等的不良細胞，以強化政體的生命。「生命」成了一種超越性的神學原則，貫穿整個納粹政體，死亡則是防衛那個超越原則的方法或解藥。

艾斯波西多以退化（degeneration）和優生學（eugenics）為例，說明納粹生命政治如何匯集具有深遠的文化、社會、哲學、法律等發展脈絡的論述，並做了最完整而極端的實踐。退化原指環境的變化，屬於中性的詞彙，伴隨著進步史觀、現代化和小資產階級的發展，退化逐漸和包括衰敗（decadence）、降格（degradation）、惡化（deterioration）、異常（abnormality）等具有貶抑譴責意涵的概念結合，在醫學論述裡表示生命體失去完整性與獨特性、崩解或滅亡的過程。當退化被附加這些含義之後，等於從人之中分離出一個否定性的「非人」或是「人畜」（man-animal）的層次。如艾斯波西多所言，「退化是一種重新出現在人之中的動物元素，其存在形式嚴格來說既非動物亦非人，而恰好是兩者的交會」，[5] 或可說是失去區分。從自體免疫的角度來看，退化論等於透過將人排除或製造人的死亡——概念上和物質上的死亡——來防護生命，更可以持續跨大應用範圍，納入包括酗酒者、梅毒感染者、同性戀、妓女、癡肥者和無產階級等社會群體，讓他們成為必須被排除的對象。再者，退化涉及遺傳學，重心從個體轉移到血緣線，也因而形成生物鏈和無可避免的命運：生命之前的狀態決定生命及其所有變動。遺傳甚至成了「第一法律」，比其他任何形式的法律都強大，因為沒有比生理和血液更根本的正當性；它也被當成一種力量和事實。對於遺傳疾病的恐懼並不局限於同一個身體，更是對於從一個身體傳染到另一個身體的恐懼：換言之，退化性疾病的傳染力除了是內在的變質，也是外在的位移。免疫系統的建造——不論是個別生命體或政體——就是為了阻斷傳染。

除了退化論，納粹政體也將優生學做了最極端的實踐。簡單來說，優生學將技術性和人造的方案應用在自然生命之上，並企圖修正和改造生命發展過程。這樣的技術和人造性介入也是為了重建自然秩序，因此，所有不自然的元素都必須排除。納粹優生學的核心是所謂的「種族衛生」（racial hygiene），那是一種「免疫治療」，目標在於防範或消滅危害種族未來的生物品質的疾病帶原者，當然也包括那些被判定為「劣等」的種族。這種優劣種族的區分來自物種內部的分隔（intraspecies cleavage），透過人類學、動物學、社會學等學科在同一個「屬」（genus）內分化出許多不同價值的物種（species），而最根本的當然是人與非人的區分。納粹甚至擴大人類（*anthropos*）的定義範圍將動物納入，還制定一些善待動物的決策；這樣的分類系統多出一個更次等的、無法分類的類別：「畜人」（animal-man，或上述的「人畜」）。不論在納粹德國或其他國家，優生學都貫穿不同領域，包括了移民和婚姻，但最核心的還是絕育（sterilization）措施。許多空間的安排（包括隔離）不單單只是限制個人的行動自由，還有直接採取去勢和結紮，都是以防止受孕為主要目的，都是為了提前阻止生命的產生，等於是進行疫苗注射防止政體體質退化。一九二〇年代的美國維吉尼亞州甚至有高達八千三百多人遭到絕育的判決，原因不外乎他們可能生出智能不足或患有遺傳性疾病的嬰兒，導致政體健康的退化。這樣的政策也顯示對於生命的區分、否定甚至滅絕。事實上，我們已經可以從絕育措施中看到類似支撐安樂死（euthanasia）的「不值得活的生命」和「死亡的權利」論述。艾斯波西多指出，這些論述由來已久，但重心逐漸由個人轉移到集體。死亡的權利或義務似乎成了某些生命狀態下必須接受的自然結果，而不是主權對生命的否定。這些論述如同上述的優生學都在人類中設下門檻，讓人類這個類別包含了某種已不屬於人類、否定了人類的組成分子。

追求開放邊界的動態存有

縱使納粹政權一向被視為將生命／死亡政治、政治與生物法則之間失去區分推向最難以想像的極端，生命政治對生命的控管並未在納粹政權垮臺後有所減輕。艾斯波西多和阿岡本都觀察到「常態」與「例外狀態」持續失去區分，緊急狀態的立法和實施愈來愈普遍。在當前全球化的時代裡，在自體免疫邏輯的運作下，（生物性）生命的保護、保存和複製似乎成了最重要的政治課題，戰爭成了必然的手段。面對這樣的困境，哲學能完成什麼任務呢？這是艾斯波西多在《生命》一書最後企圖回應的問題。他透過與鄂蘭、海德格、梅洛龐蒂、西蒙東、德勒茲等人的哲學思想進行對話，檢視現代哲學過時的概念框架，進而展望一種跳脫自體免疫邏輯的「肯定性生命政治」。艾斯波西多指出，鄂蘭是現代哲學家中很早就認知到生命政治的現代性根源的一位。鄂蘭發現生命成為政治治理重心的同時，工作與生產成為人類行動最盛行的形式，帶給生命雙重的壓力，使其不斷萎縮。然而，艾斯波西多認為，鄂蘭對於政治行動的理解，依然停留在亞里斯多德以來以城邦為中心的政治哲學傳統（參見第一章），沒有深刻理解政治和（生物、物質層次的）生命的匯流。

《生命》的最終章〈生命哲學〉一項頗具挑戰性的工作，是對比海德格存有哲學與納粹生命／死亡政治。艾斯波西多認為海德格從世界、科技、虛無主義等視角進行的哲學思考更能觸及納粹的生命政治的本質，不受限於傳統政治哲學的視野。首先，海德格不透過存在主義、馬克思主義或自由主義等人文主義的框架理解存有，他認為那些框架都無法真正關照真實的（factical）生命；他同時也拒絕將具體的生命經驗套入形上學理論和科學客觀研究，因為兩者都預設了超越性知識主體。根據艾斯波西多的詮釋，海德格企圖讓他的存有論脫離所有規範性的預設，不依賴任何先行的哲學理解生命，而是回歸生命自身的內在性。海德格的此在（Dasein）即是「在世存有」（being-in-the-world），如果只從生物層次定義生命，將看不到世界或生命世界（*Lebenswelt*）的開放性，人將無異於其他物種。艾斯波西多主張從此在的角度理解海德格存有學和納粹生命／死亡政治的差異。在海德格的存有學裡，死亡是存有本真的狀態，生命在走向死亡的過程中，開展出自身有別於裸命的潛能和意義。但是納粹的死亡政治製造的死亡讓生命失去這些潛能和意義。與此類似，此在和動物的區隔——人開創生命世界，動物的世界是匱乏的——也反映海德格存有學不同於把人類存在動物化的納粹死亡政治。然而，因為海德格在此在與動物性物質性存在之間設下了本體區分，他的存有學還是沒有超越人類中心論，所考察的真實生命少了一大塊。

身體顯然是艾斯波西多期待的肯定性生命政治的核心。納粹政體將個別主體囚禁在身體（或動物生命）之中，而個別的身體又被併吞到德意志國族的大身體之中，修補和強化系統內外之間的界線，也因此使系統變得更為封閉。艾斯波西多引述梅洛龐蒂現象學視角下的肉體（flesh），帶出納粹自體免疫以外的可能性。艾斯波西多認為梅洛龐蒂談的肉體具有無法化約的異質性，尚未被現代哲學理解，在海德格存有學裡也是缺席的。那是一個膜層（layer）或介面（interface），打開身體的疆界，和世界與歷史產生連結，或和他者建立關係。或者說，整個世界就存在著一種肉體，讓人類經由邊界（threshold）和邊緣（margin）與其他物種、有生命的與無生命的連結在一起。這樣的肉體顯示一種多元的物質生命力，是整個基督教傳統和政治權力要管制的對象，甚至在當代哲學裡也都未被深入思考過。我們從西方政治（神學）傳統——包括上述的納粹政權——可以看到，個別身體有什麼樣的權力配置，被併吞到一個更大的身體，不論是宗教的精神共同體或世俗的政體。這種歷程對艾斯波西多而言，就是自體免疫的末期症狀，毀滅所接觸到的所有東西，包括自己的身體。艾斯波西多甚至也把當前全球化時代身體的經驗不斷往外擴張，因而導致去身體化（disembodiment）的弔詭傾向，看成是這種自體免疫症狀的一部分。這是身體的危機，但也可能是契機，端視是否能從免疫防護的漏洞或斷裂處展望一種新的共同體，「一種同時是獨特與共同、泛型（generic）與具體、無區分與差異的存有」，[6] 跳脫基督教政治神學語彙和概念，想像一種新的肉體，不同於精神居住的身體。我們也可以順著這樣的思考方向，理解西蒙東對艾斯波西多的重要性。整體而言，西蒙東啟發了艾斯波西多對於「動態的存有概念」的思考：一種不斷生成與變異的存有，不斷在充滿異質性的環境中進行個體化（individuation）。在這個總是未完成、進行中的本體生成過程中，主體不斷跨越個體的界線，不斷與更豐富的生命形式——不論是「前個體的」（也就是那些無法被個體化的）或動物的——維持動態的關係。

艾斯波西多在《生命》一書最後的思考任務，是找回被現代生命政治抹煞的規範（norm）和生命豐富的語義與關聯，跳脫像是納粹政權那樣將生命屈從於一種絕對化的自然法則。艾斯波西多的取徑並非經由霍布斯、康德、施密特等西方正統的法學傳統，不套用主權範式及諸多以免疫邏輯為基礎的現代法政概念，包括自由、財產、權利等，同時也避免（納粹）死亡政治的生物本質論（biological substantialism）。他援引史賓諾沙哲學，以「交互內在性」（reciprocal immanence）取代強加在生命的先驗、預設法則，規範與生命在同一個向度之中交互作用、持續變異。生命在這樣的過程中自然發展出自身的規範，個體自身的獨特性造就了個體關係和規範的多重性，而規範也因此具備了生命自我表現的內涵，不是由外交付給主體的權利和義務。這個意義下的規範不是以區分或排除為運作原則，而是每一個生命形式之間「無限對等」（unlimited equivalence），持續建立沒有等級區分的連結。

延伸思考

艾斯波西多在《生命》一書裡和政治哲學傳統與眾多當代哲學家進行對話，深入分析建立在免疫邏輯——也就是界線防護和否定——基礎上的主權、財產、權利、自由等概念，希望能建構一套新的語彙、路徑和思考框架，想像新的生命共同體和政治性（the political），以及資本主義私有化和資本累積之外的可能性，也就是所謂的「肯定性的生命政治」。我們處在一個各種形式的界線和疆界不斷被跨越的時代裡，但越界會不會只是表象，越界的表象會不會掩飾著更僵化、更具排他性的界線劃分？艾斯波西多的《生命》也許並沒有提供確切的行動藍圖，但是書中的理論思辨不外是想像新的勞動、生產與交換模式，或是與各種類型的「他者」（移工、難民、動物、LGBT）的共在重要的基礎。我們當然不可能天真以為，生命政治從此可以完全不再需要維護各種形式的界線或者完全沒有任何區分，不論是防疫或面對難民的問題都是如此。但是能不能深刻反思那些界線和區分是否變成對生命的否定，就有很大的差別。

神學救贖

巴迪烏的《保羅：普世主義的基礎》

回顧二十世紀幾次巨大的政治狂潮，包括法西斯主義、蘇聯與中國的共產極權、冷戰、中國文化大革命，以及無所不在、愈來愈難以預測的恐怖主義攻擊，都對民主政治體制、歷史進步和人類存在帶來空前衝擊。而全球資本主義和八〇年代後席捲全球的新自由主義治理，讓「自由市場」成了近乎毋庸置疑的自然法則。自由貿易與消費、更為彈性與流動的勞動並沒有消弭，反而強化了南北半球貧窮與富裕國家和社會內部階級間的鴻溝。左右派進步與保守政治的區隔漸趨模糊，全球各地持續興起一波波民粹主義與排外主義的勢力。當代政治的研究者甚至還觀察到，我們所處的世界普遍瀰漫著對於結構性的政治改造甚至整個民主代議政治的冷感和不信任。於是，「垃圾不分藍綠白」在臺灣成為社群媒體的流行語。然而，包括德希達、紀傑克（Slavoj Žižek）、阿岡本以及本章所要討論的巴迪烏（Alain Badiou）等當代思想家，卻在這樣歷史情境中開始構思如何超越資本主義廢墟的改造計畫。從他們的著作我們可以看到一種當代理論的「神學轉向」（the theological turn），他們開啟對於超越性的想像，但也關照如何介入政治現實。事實上，這樣的神學轉向正在重組文學、精神分析、批判理論、馬克思主義等人文學科。同時，基督教信仰與唯物論也發展出新的同盟關係，以社會實踐與改造做為終極關懷。

我們就是在這樣的歷史與思想脈絡中詮釋巴迪烏的《保羅：普世主義的基礎》（*Saint Paul : La Fondation de l'universalisme*）。巴迪烏認為在我們所處的「當代」，自由民主—資本主義體制／生命政治／多元文化社會已經失去根本性的改造力，重讀保羅可以開展回應、批判與解決我們所遭遇的困境。巴迪烏帶著他一貫的理論概念，包括「事件」、「減除」、「忠誠」等重讀門徒保羅的宣教。保羅對巴迪烏而言是反哲學傳統的戰將，他宣揚的基督復活超越任何事實論證，引領信眾超脫族群與文化的特殊標記、政治體制的計算、分類與定位，以及法律、罪惡與欲望的惡性循環，透過信念、恩惠與愛將信徒們凝聚在基督的國度中。我們不需要是基督徒才能領略和接受保羅的思想實踐，我們關注的是一些跨越標記與界線的基本原則。某種程度上我們所處的世界對許多事都失去信念，跟著巴迪烏一起重讀保羅，也許可以是一趟找回信念的思想旅程。

當代所需要的主體

巴迪烏於一九三七年一月十七日出生於摩洛哥拉巴特（Rabat）。一九六〇年畢業於巴黎高等師範學校，完成以史賓諾沙和康居廉（George Canguilhem）為研究主題的學位論文，先後任教於翰斯大學（University of Reims Champagne-Ardenne）和法國第八大學。巴迪烏從一開始就積極投入政治運動，涉入阿爾及利亞解殖民鬥爭，參與法國馬列共產主義工聯（UCFML），六八學運的發生更加堅定他基進左派的立場。巴迪烏廣泛涉入自柏拉圖以降的歐陸哲學傳統，當代則受阿圖塞與拉岡的思想影響甚巨，長期與包括德勒茲、李歐塔（François Lyotard）、紀傑克等同時代的思想巨人進行辯論。巴迪烏獨樹一幟的運用數學理論架構「主體」、「事件」、「真理」、「減除」等概念，除了產量驚人的哲學著述之外，亦有戲劇與詩歌創作，以及文學文化與電影理論與評論的產出。

「重讀保羅對於當代有什麼意義？」這是我們對於《保羅：普世主義的基礎》最根

本的提問，也是巴迪烏在全書一開始要回應的問題。當代理論不乏對於當前生命政治、自由民主體制、多元文化主義、身分政治現實的批判，認為這是一個失去對真理的信念、失去社會與政治根本性改造動力的時代。巴迪烏重讀保羅不是把他當成教徒，不是為了福音或任何祕密宗教的信仰，也不帶有任何歷史化和解經的意圖，而是「主體的」意圖。「巴迪烏的保羅」是一個被真理事件震懾，從而對事件保持忠誠的主體。可以說，巴迪烏透過保羅開展出包括有關主體、真理事件與其他相關的思想，對於反思當代的生命情境具有重大意義。

為了便於掌握巴迪烏重讀保羅的主要論述，我們可以先大致界定幾個核心概念。

事件與自由

巴迪烏談的主體由機緣的（aleatory）事件所決定，但不因此失去自由，而是有能力跳脫決定其存在的情境。這也是一種強調介入與決斷的主體論。

信念（faith）、真理與真理程序（truth procedure）

保羅宣揚的基督復活是一種沒有根源可考的虛構，不在當下的知識與計算系統中，但這被當成真理，在未來將達成無所不包的普遍性。用直白的語言來說，信念支撐的真理是「未來完成式」，也就是進入（朝向未來展開的）真理程序。

減除（subtraction）與泛型的（generic）

保羅及其追隨者不受制於任何國族、族群、文化的區分，也不受俗世與現實的法律制約，保羅甚至宣揚「（世俗的）法律上的死亡」（dead to the law）。

巴迪烏透過門徒保羅要批判、介入的「當代」，源自二十世紀初的語言學轉向、分析哲學和詮釋學，以及隨之而來的文化與歷史相對主義的思想氛圍。他認為一切現實都被化約成文化差異，人人變得脆弱無比，都可能是受害者。這種情境的決定因素是「貨幣抽象化」或金融全球化，也因此造就了虛假空洞的普遍性，與當前的多元文化與社群者主義、資本主義國會主義（capitalist-parliamentarianism）相輔相成，這些都同樣依賴全面性的交換和對價邏輯運作。巴迪烏嚴詞批判當代法國陷入身分認同的狂熱主義，與全球資本主義形成共犯結構。對他而言，當代不斷產生的（在地的、封閉的）身分屬性和資本主義不斷擴張、開拓新疆界的邏輯是一體兩面，「資本要求不斷創造主體和領土身分，讓它的運動原則得以將行動空間同質化；這些身分就只要求和其他人相同的權利，以相同的方式暴露在市場統一性的獨占權之中。資本主義全面對應的邏輯和社群或少數族群的身分認同與文化邏輯形成一種連貫的整體。」[1]

巴迪烏的保羅顯然與當前反真理與去主體化的時代氛圍格格不入。保羅宣告「基督復活」的真理，這樣的真理是主觀的、特異的（singular），但具有不受既存法律與道德秩序制約的普遍性。這樣的主體位置或基督教主體也是因為「宣告」的事件才得以發／重生，在宣告前並不存在。主體本著信念與愛忠於宣告行動所開啟的真理程序，不受國家、族群、性別標記主宰，不分男女老幼身分地位，從國家與「意見機器」（apparatus of opinion，即國會、媒體、習俗與習慣等）當中減除。[2]保羅所號召的主體忠於自己相信的真理，並讓真理徹底改變生命，拒絕從眾妥協。

對純粹事物的信念

保羅的宣教對所有人民與習俗——用巴迪烏式的語言來說，「（羅馬）帝國內的子集合」——保持徹底開放。但令人不解的是，他只有比較連貫而明確提到猶太人和希臘人而沒有包含其他族群。不論真正的原因為何，巴迪烏提醒我們不要把「猶太」和「希臘」理解為特定信仰、習俗、語言和領土等意義下的「民族」，而應該視為主體選擇的立場，對應兩種不同的「話語」（discourses），與保羅代表的「基督話語」形成對比。

根據巴迪烏的解釋，猶太話語和希臘話語是「支配」（mastery）的一體兩面。先知是神蹟的代理人，站在例外的發言位置，智者代表的邏各斯（logos）是一種全面性的理性，兩者都屬於「主宰」的形象。巴迪烏不認為兩者具有真正的普遍性，因為不管是先知解讀上帝留下的徵兆，或是智者掌握的宇宙整體，都是建立在既有的權威之上，並不是真正的事件。反觀保羅宣揚的基督救贖並不依賴解讀上帝的徵兆和掌握宇宙的知識，也就是說，不是建立在既有的知識權威之上。

「神子」的形象對於歷史、法律和話語傳統都是一種介

猶太、希臘與基督話語的特質比較

形態		主體形象	主體態勢
猶太話語	例外（exception）話語	先知	要求
希臘話語	全面性（totality）話語	智者	提問
基督話語	斷裂（rupture）話語	神子	宣告

入和斷裂，而非統整或總結。然而，基督話語還需要門徒對基督所彰顯的（復活）事件保持忠誠。門徒不代表任何權威，而是放棄權力、智慧和知識的宰制，以信念——有別於先知和智者的權威——宣揚普世真理。如巴迪烏所說，「門徒既非實質的見證人，也不是一種記憶。」[3]基督復活作為一種事件毋須證明或反證，無關乎經驗、知識與歷史考證，那是一種「純粹的事件，開啟一個新時代，改變了可能與不可能的關聯」。[4]門徒宣告與命名前所未聞的可能，也就是基督復活的福音，顛覆既有的知識和語言體系高低、強弱、智愚的區分以及本體存在，並對這「不可能的可能」保持忠誠。

為了說明保羅的基進性，巴迪烏將保羅的「基督話語」和帕斯卡頗具神祕主義色彩的神學著作[5]進行對比，得到的結論是：保羅的基進意義甚至超越了基督教神學傳統裡最基進的詮釋者帕斯卡。兩人的共通點是皆認為基督教思想裡最重要的宣告都關乎基督。巴迪烏認為帕斯卡即便表現出反哲學的姿態，仍然關注知識與信仰論證的問題，保羅則把基督的形象當成一種發生在人們身上的事件，使人們不受世俗法律和既有（猶太和希臘）的話語傳統的束縛。他不訴諸神蹟，也不靠其他宣稱與上帝有直接溝通的人來合理化自己的信仰，以信念支撐神蹟的真實性，表示自己的語言和智慧仍有不及之處。我們從這裡也認識到，保羅宣揚的基督話語給予那些被主流社會和區分系統所摒棄的人們力量，也就是出自於微弱的力量。

現世中進行愛的工作

巴迪烏重讀保羅自始至終都關注事件對於主體的效應，我們從這個面向特別能理解保羅的基進意義超越既有法律和生命政治統治。首先，「基督事件」將主體分化成「靈」（spirit）與「肉」（flesh），分別對應生命與死亡兩種主體準則，如同保羅在前往大馬士革途中受到靈召，頓悟了往日存在猶如死亡。這樣的主體分化也改變與事物的關聯，打破既有的事物配置和定位，甚至世界的整體性，主體也因而進入失根狀態，昨日種種譬如昨日死，超越個別的文化和族群傳統，這也是基督教成為一種普世宗教至關重要的基礎。

討論到這裡，我們不難看出巴迪烏重讀的保羅彰顯了反哲學的立場，反對類似上述猶太話語和希臘話語依賴的主宰（或大師）形象，以及對知識和意義的宰制。基督話語召喚的主體實質上是一種「非主體」（non-subject），不受大師和傳統典範的制約，彼此平等，在真理的道路上都是上帝的協力者。反哲學的立場也是反辯證的（antidialectical）：死亡、復活、恩惠等都不是黑格爾式的「絕對精神」開展過程中的一個階段，無關乎任何內在的必然意義。死亡與復活間就是一種斷裂，用巴迪烏的術語來說，復活產生於死亡的情境之中，但不屬於死亡的「集合」，等於是從死亡之中減除，同時肯定了新的生命。恩惠則是一種純粹的偶然事件，讓法律終止運作，打破時間運作「殘酷的常軌」，將主體帶往超越人畜（human animal）存在的變異。巴迪烏認為保羅開創了一種「唯物論的恩惠」（grace of materialism）：每個人都可被發生在他身上的事件（恩惠）擄獲，從而奉獻於對所有人都有用的事物。

從以上的討論我們可以瞭解，「靈」與「肉」的分化或主體的選擇也是生與死、恩惠與法律的分化和選擇。在保羅的思想系統裡，法律屬於俗世的、計算的、客觀化的範疇，阻斷了恩惠向所有人的號召。同時巴迪烏也指出，保羅充分理解法律具有「國家的」（statist）的性格，「計算、命名與控制某個情境的組成部分」，賦予並規範個別事物的特質，使它們各得其所。這樣的性格也反映在當前的多元文化主義時代，如同本章一開始所描述的「當代」，每一種聲音和身分都被認可、都算進去系統裡，看似多元包容，實際上是對差異的制約。「基督事件」彰顯的恩惠和救贖則是無法計算與命名、無法預測、無法控制的，超越經驗和功效主義的計算，不依循任何既定的法則，不能套入權利和職責、工作和報償的等式計算，因而是「無緣由的」（gratuitous）。

為什麼門徒保羅會宣揚「法律上的死亡」？我們該如何深刻理解恩惠的普世意義？保羅的宣教帶來什麼解放或救贖的希望？這些問題的思考方向都緊扣保羅如何看待法律、罪和欲望的糾葛。〈羅馬書〉第七章記載了保羅的話語：

我們可說什麼呢？律法是罪嗎？斷乎不是！只是非因律法，我就不知何為罪。非律法說不可起貪心，我就不知何為貪心。然而罪趁著機會，就藉著誡命叫諸般的貪心在我裡頭發動；因為沒有律法，罪是死的。我以前沒有律法是活著的；但是誡命來到，罪又活了，我就死了。那本來叫人活的誡命，反倒叫我死。[6]

根據巴迪烏的詮釋，法律規範著人們的欲求和滿足，但法律所禁止的反而會成為欲求的對象，形成一種追求僭越的潛意識自動裝置，使主體陷入愈遵守法律愈想僭越法律的惡性循環，受困於肉體欲望的束縛，失去意志力，雖生猶死。保羅宣揚的恩惠超出既有的計算系統與形式的法律條文，總是以一種偶發的、過量的、「無緣由的」狀態出現，打破法律、罪惡與欲望的惡性循環，召喚主體對於普世真理的忠誠。

保羅同時還宣揚透過愛的「宣告」，開啟某種超越文字表面或形式法律的靈魂法則，召喚主體的行動和忠誠，給予主體無法以經驗計算和理解的一致性。主體在「愛的宣言」事件發生前並不存在，是愛的宣言召喚了主體，並使主體對於愛的宣言保持忠誠。這樣理解下的愛和自我中心或自戀式的愛——也就是主體先站在自己的立場上想像他人要什麼再給出什麼——截然不同。必須強調的是，保羅式的愛（Pauline love）不是出世的愛，而是一種在現世中進行的「愛的工作」。對於受到真理感召的主體而言，即便是俗世中各種虛幻不實的意見、習俗（文化與族群）差異，也都是普遍真理和愛運作的場域。對此我們必須釐清，保羅絕非遊走在個別差異之中的投機主義者，而是走「群眾路線」，主張各種差異都可以統合在普遍性真理之中。

延伸思考

保羅宣揚的基督復活不受限於既存的知識體系和歷史考證，是一種由信念支撐的真理事件，召喚主體對於普世真理的忠誠，主體因而得以超脫國家、族群、文化的特殊標記。顯然巴迪烏理解下的保羅在一個強調各種層次的特殊性、對普世真理抱持懷疑甚至虛無態度，而且對重大變革失去信念的「當代」具有基進的意義。然而，當代多元文化真的如巴迪烏所認為的是資本主義邏輯的產物，有沒有其他看待多元和差異的方式？巴迪烏詮釋的保羅以基督復活作為所謂的事件，召喚主體的忠誠，凝聚在基督社群之中，這是否已經符合意識形態召喚的要件？保羅以及重讀保羅召喚的是現實世界中什麼樣的主體？其如何能普及／普世化？「以愛為名」的普世主義到底會是差異的共存或是另一種規訓的機制？在思考這些問題的同時，我們也必須瞭解保羅是整個基督教體制化——那當然意味著信仰權威的建立——的最重要推手，巴迪烏的詮釋是否有意無意忽視這個事實，他是否把保羅的宣教過度的哲學化，因而規避了真實的歷史脈絡，一樣是值得關注的問題。

桑特納的《日常生活的精神神學：論佛洛伊德與羅森茨維格》

不知道大家有沒有想過距離無憂無慮的童年——如果那真的曾經存在過——有多遙遠？我們總有太多義務必須履行，好比老師有改不完的作業和做不完的研究、星巴克店員有泡不完的咖啡、照顧與教養小孩，維持人際關係，「自主管理」身心狀態……生活在講究績效的資本主義世界之中，我們總是被工作壓得喘不過氣來，但事實上宰制我們的不僅是工作或其他任何義務，還有來自四面八方的「享樂律令」：購物、旅遊、美食、生涯規畫、投資理財、養生等，我們甚至必須學習享受我們的工作，無時不刻必須關注我們的生活有什麼意義、夠不夠滿足。我們似乎被某種力量驅趕著，忙得忘記傾聽自己內心的聲音，彷彿覺得生命中的什麼已經死了卻還是不斷往前，卻又不知道要去向何方。也許在某個片刻，我們會突然覺得什麼都不對勁，會想擺脫這一切，問題是：How? 哪裡有我們的救贖？

一般人或許會覺「神學」深奧艱澀甚至脫離現實，但桑特納（Eric L. Santner, 1955-）的《日常生活的精神神學：論佛洛伊德與羅森茨維格》（*On the Psychotheology of Everyday Life: Reflections on Freud and Rosenzweig*）為我們開啟新的神學視野，讓讀者看到神學如何貼近真實的日常生活和生命經驗。該書的標題「日常生活的精神神學」毫無疑問是刻意的安排，讓讀者聯想起佛洛伊德的《日常生活之精神病理學》（*The Psychopathology of Everyday Life*）。桑特納以他深厚的海德格現象學與精神分析理論基礎，透過欲望、本能、大他者（big Other，暫且簡便地定義為所有對我們提出命令的、社會期待、語言與法律系統）、生命自身等概念，提出一套神學論述。神學救贖不是對現世的否定或逃離，而是就在世界之中，在我們的日常生活之中，但又讓我們不再深陷那些讓人疲於奔命、焦慮不堪的生命狀態。也許有研究者會批判猶太教和精神分析是父權的產物以及欠缺寬容的精神文化，但是桑特納的《日常生活的精神神學》主張透過猶太神學與哲學家羅森茨維格（Franz Rosenzweig）和佛洛伊德的思想遺產，思考對於他者的開放態度。桑特納企圖從兩人的思想中開展出一種以他者的離異性（alterity）為核心的生命形式，這種生命形式可能的基礎在於破除心理防衛機制，讓他者的離異性進入「生命之中」（in the midst of life），讓主體在日常中與鄰人（the Neighbor）相近而居，而不是以否定的態度面對。鄰人或他者引發的矛盾心理無法完全用語言表述，卻是構成倫理關係的基礎。

進入「生命」之中

桑特納曾任教於普林斯頓大學，並於包括康乃爾等多所大學擔任訪問學者，一九九六年起任教於芝加哥大學德文研究學系，研究領域包含德語文學、電影、哲學、精神分析、政治理論、宗教思想等。主要著作除《日常生活的精神神學》外，還包括《活物生命》（*On the Creaturely Life*）、《皇室的殘餘》（*The Royal Remains*）、《肉身之量：論政治經濟學的題材》（*The Weigh of All Flesh: On the Subject-Matter of Political Economy*）。

一如桑特納的其他著作，《日常生活的精神神學》以猶太神學和佛洛伊德精神分析作為論述基礎。該書透過「不死」（undeadness）的視角，分析羅森茨維格、佛洛伊德、班雅明、卡夫卡和塞巴爾德（W. G. Sebald）等作品中的現代生命政治情境，企圖從中開展出新的政治倫理可能性。該書一開始指出，當前的時代處在一種強調寬容和跨文化溝通的氛圍，要求回頭檢視西方歷史裡不寬容或對立的思想根源和發展脈絡，眾多著作都將矛頭指向猶太教。根據桑特納的評論，舒瓦茲（Regina Schwartz）的《該隱的詛咒》（*The Curse of Cain*）中批判猶太教思想顯露出一種否定性的身分塑造模式，強調我們／他們、我／非我、自我／他者的族群區分。另一方面，舒瓦茲認為猶太教思想是一套「匱乏的象徵機制」（symbolic machinery of scarcity），只有血緣和信仰緊密相連的猶太群體才擁有資源和恩惠的天命，非猶太人的族群成了敵對的、受詛咒的他者。舒瓦茲認為這種身分認同模式和象徵機制成了宗教和族群暴力的根源。德籍埃及學泰斗艾斯曼（Jan Assmann）抱持和舒瓦茲類似的觀點，將西方世界不寬容和否定性的根源回溯到猶太一神教。艾斯曼認為，猶太一神教盛行前的一些密教並無太嚴格、絕對性和排斥性的界線，猶太一神教盛行後則更加嚴格區分真偽宗教，強化、加深了不同的文化模式之間的斷裂與鴻溝。這樣的斷裂對艾斯曼而言，造成了西方世界的創傷，在往後的歷史過程中不斷以施加在他者身上的暴力的形式出現。無獨有偶的是，大部分類似舒瓦茲和艾斯曼那樣對於西方一神教傳統的批判，也都沒有放過佛洛伊德。然而，從桑特納的角度來說，那些批判對於猶太一神教和佛洛伊德的理解都過於片面，甚至是誤讀，而他們所訴求的多元論實質上都是在抵擋「鄰人」的靠近。

桑特納《日常生活的精神神學》的主旨之一，就是開展出上述批判之外的「羅森茨維格—佛洛伊德」視域。桑特納主張，羅森茨維格和佛洛伊德的思想遺產有助於我們重新詮釋聖經傳統，思考對於他者——活生生的人或文化——的開放，面對彼此的差異的兩難或矛盾心理，並承擔這樣的兩難所衍生的責任。這樣的可能性——或救贖——意謂著破除抵擋他者的幻見框架，進入「生命之中」，在日常中與鄰人相近而居，跳脫否定性——用艾斯波西多的語彙來說，免疫性的——的對立關係。

桑特納在該書以「生命之中」為題的第一章，透過瓦爾澤（Robert Walser）的〈世界盡頭〉（The End of the World）和卡夫卡的〈陀螺〉（The Top）兩個短篇故事開展他的論述。〈世界盡頭〉的情節環繞在一位完全沒有家人和依靠的小女孩。有一天，小女孩突發奇想開始奔跑，想這樣一直跑到世界盡頭。一無所有的小女孩不斷地跑，路上經過的人事物、日月星辰都引不起她的注意。她想像著世界盡頭會是什麼樣子：一堵高牆，一座湖，一片幸福的海洋……小女孩後來遇見一位農夫，問他知不知道世界盡頭在哪裡。農夫告訴女孩他住的地方就叫作「世界盡頭」，女孩從此就在農夫家安頓下來，再也沒有奔跑的念頭。〈陀螺〉描述一位哲學家，想像如果能瞬間抓住旋轉中的陀螺，就能發現普遍真理。根據桑特納的詮釋，〈世界盡頭〉裡小女孩追尋的是大宇宙（macrocosm）的邊界，〈陀螺〉裡的哲學家彷彿固著在精神病的反覆衝動中，著迷於小宇宙（microcosm）裡極其微小的細節。即便有此差異，兩個故事似乎都假定有某種可以跳脫生命起伏變動、掌握生命全貌的位置，那當然是一種不可能的想像。

有別於以上兩個故事呈現的情境，桑特納透過羅森茨維格的思想闡述「生命之中的存有」（Being-in-the-midst-of-life），不依靠普遍法則和目的論，而是肯定獨特事件對生命世界的重要性，擁抱生命的困境和複雜性。根據桑特納的研究，羅森茨維格的人生起起落落，準備皈依基督教的當下，發現了猶太教思想的強韌生命力，一頭栽進古希伯來經典的研讀，甚至放棄了原本在學院體制裡大有可為的歷史學家學術生涯，他彷彿受到一股「陰暗的驅力」（dark drive）衝擊，對於生命有了全新的體驗。這股生命驅力不受天賦和才學的統治，它帶著羅森茨維格發現日常生活再平凡不過的細節的價值，專注於世界之中，並保持好奇心。主體因著這股驅力在某個難以言說的奇異時刻中，突然掙脫或抽離（unplugging）日以繼夜反覆如吸血鬼般、讓他雖生猶死的學術追求。桑特納這樣解釋羅森茨維格的生命體驗，「一種新生命力和人性的源流使他全心擁抱生命之中的情境，這源流消解那不死狀態的力量。」[1] 用比較淺白的話來說，沒有被驅動、被帶著走的狀態，就還是在既有的框架之中無意義地打轉，就不可能有真正的自由。羅森茨維格強調「驚奇感」（wonder），那是傳統形上學思考模式所欠缺的體驗，因為形上學思考總是預設某種在世界和時間流變之外的位置，企圖從那個位置掌握事物的全貌和本質。簡單來說，驚奇感意謂著解除心理防禦措施，隨時準備面對而不是逃離生命之中難以承受的焦慮。

精神分析的基進潛能

桑特納在第二章一開始先評述布魯姆（Harold Bloom）對於佛洛伊德精神分析的批判，[2]再進一步闡述精神分析的生命觀。布魯姆認為佛洛伊德誤解了猶太教思想裡的權威，他（布魯姆）指出體制化的、禁忌性的權威或權力觀源自羅馬文化，而不是猶太文化。此外，布魯姆將佛洛伊德精神分析的核心概念「無意識」（the unconscious）理解為體制或主權在心靈上的銘刻，是體制馴服主體的主要場域。布魯姆同時也指出，佛洛伊德沒有看清猶太思想裡蘊含「抽離」——也就是懸置主權或法律的運作——的可能性。桑特納在這裡引述布魯姆主要是為了帶出精神分析的定位爭議：也就是，精神分析是順從或挑戰體制？桑特納認為包括布魯姆在內的許多研究者都認為精神分析代表的是順從和同一性，他們有意無意地否定精神分析基進的潛能，這些潛能正是桑特納企圖經由羅森茨維格的思想所要彰顯的。

根據桑特納的詮釋，佛洛伊德精神分析裡的無意識以一種機械式的「反覆衝動」（compulsion to repeat）為運作原則。反覆出現的徵侯（symptom）裡總是存在著某種「非語義的（nonsemantic）核心」，但我們不能將無意識的運作等同於自我欺瞞或全然的無意義：我們從佛洛伊德有關夢的理論瞭解到，無意識和夢境有自己的獨特語言，也就是「替代」（displacement）和「濃縮」（condensation），分別對應「換喻」（metonymy）和「隱喻」（metaphor）。從拉岡的角度來看，無意識運作的重點不是「意義」的表現，而是環繞著「意符」（signifiers）的活動，像是徵候、說溜嘴、反覆衝動等具體行為的層次，沒有清晰的意義，卻糾結著超越享樂原則的、似人非人雖生猶死的生命；而幻見（fantasy）的作用則是組織這超出理性控制的生命形態。對此桑特納指出，把這種生命形態完全化約成生理現象是對精神分析的誤解，好像精神分析存在的目的只是為了制約管理原始的生物本能，把那些本能放進某種成長（Bildung）歷程、發展和進步的敘述之中；精神分析作為一種臨床技術或論述體系要實現的價值都不是如此。精神分析所形塑的主體根基與其說是生物生命，倒不如說是被法律、權威或主權擾動的生物生命。即便這樣的生命樣態有著無意識的、無意義的核心，卻並非脫離語言、法律與社會規範（也就是所謂的「大他者」）的介入；這樣的生命本質上早已是生命政治的，主體終其一生不停追問「你（大他者）要我怎樣」（what do you want from me?），如同《舊約》裡約伯的天問所顯示的。「你要我怎樣」，這道法律正當性和他者欲望的謎題，讓生命處在不死的焦慮之中。[3]幻見和形上學思維都是回應這種謎題的方式，將主體帶往某種例外狀態、外部或制高點審視或想像生命，如同桑特納在一開始提到的兩個故事。桑特納要開展的「更多生命的祝福」（blessings of more life）正好與此相反，是要把主體從超越的、例外的外部帶回日常生活，如果有什麼救贖也是在那裡找尋。

桑特納接著從「啟示」（revelation）的角度深化「不死」的意涵，特別是當我們把「不死」理解為難以承受的過量生命。他首先將符號運作區分出一般的「某物的意符」（signifier of something）和「對某人的意符」（signifier to someone）；後者表示我們知道意符針對我們，但不知道它對我們表達的確切意義。這種情境很像在卡夫卡的小說裡，法律召喚著主體（如同《審判》一開始主角K就被宣告有罪），但沒有具體的內涵，主體彷彿被迷宮團團包圍。從精神分析的角度來說，桑特納解釋，這種狀態會在主體的生命裡留下創傷，如鬼魅纏繞著心靈，沒有思想或情緒的出口。幻見的作用就在於阻擋那些語言無法表述的、無法卸除的刺激，並且組織成某種圖像，扭轉或粉飾世界的真實樣態。

史瑞伯（Daniel Paul Schreber）法官的偏執妄想症是佛洛伊德最著名的研究個案之一。史瑞伯的妄想情節主要是他受到上帝的眷顧，要為上帝孕育出新人類，同時覺得受到神（惡）靈襲擊掏空他的內臟，讓他變身為女人。佛洛伊德的詮釋聚焦在史瑞伯壓抑的陰性傾向，糾葛著對父親的愛恨情仇（見《標準版佛洛伊德全集》第十二冊）。桑特納在《日常生活的精神神學》第三章重讀此個案的主要目的，在於探索神學和精神分析的交會。但這裡不打算涉入太多史瑞伯個案的細節，只簡略描述桑特納如何將它套入自己的論述邏輯。桑特納認為史瑞伯的偏執妄想症導因於他的「象徵性授職（symbolic investiture）危機」。根據桑特納的定義，象徵性授職泛指個體經由社會行為承接某個職位或職責，在象徵秩序裡被賦予特定社會地位和角色，像丈夫、教授、法官、精神分析師等。這樣的象徵性授權特別關係到經由命名或語言行為界定個體的資格條件，並且產生實質效力，如同牧師「在此宣告兩人為夫妻」或軍隊呼喊的口號「國王萬歲」。諸如此類的語言行為，其話語字面本身不見得指涉特定意義，卻能產生行動的效應。然而，在史瑞伯的生命世界裡，這樣的語言行為和象徵秩序已無法運作，話語——特別是聲音形式的話語——引發的效應折磨著史瑞伯，或直接銘刻在他的身心狀態，這也表示過量過強的刺激導致身心錯亂。史瑞伯失去了和法律或大他者間的距離，或者說，他直接成為法律和大他者迫害的對象，成了被丟棄到例外狀態、任由主權宰割的「裸命」。

從主權中抽離

主權的例外狀態也是羅森茨維格的關注重點，企圖從中導引出「抽離」的可能。我們不難察覺羅森茨維格的主權論反映了班雅明〈暴力批判〉（Critique of Violence）的一些概念。〈暴力批判〉的核心概念是法律自我證成的本質，也就是說，法律的核心是一種毋須理由、毋須更高正當性的主權決斷，也因此本質是暴力的。班雅明區分了「創法暴力」（law-making violence）和「護法暴力」（law-preserving violence），而警察體制則體現這兩種暴力型態的混合，重複交替運用，最能證明國家治理可以不需要完全依賴法律體系。根據桑特納的研究，羅森茨維格的經典之作《救贖之星》（*The Star of Redemption*）將主權理解為一種時間化模式，更具體來說，是「自我保存的重複時間性」。國家彷彿挪用歷史主義和「虛假的進步意識形態」，透過法律制約、消耗改變的可能，維持一套重複運作的系統，達到自我保存和延續，如同班雅明〈暴力批判〉談的「創法暴力」和「護法暴力」的交替運作。然而，羅森茨維格指出這樣的運作過程並不穩固，原因在於國家機器依賴的法律、原則和慣例，和生命本身、偶發事件和新事物間必然存在著緊張關係：從時間的角度來說，國家必須不斷面對、處理新和舊之間的矛盾。在這問題上，國家以驅逐或丟棄的方式運作，直接介入生命的時間進程；用阿岡本的詞彙來說，以例外狀態的方式製造裸命。

本章最後要討論的是，桑特納如何將羅森茨維格的猶太神學思想精神分析化，尋求從主權運作抽離的可能性。羅森茨維格設想的抽離，指的不是和社會現實、共同體的法律以及歷史行動決裂，而是跳脫支撐法律的幻見框架或快感。[4]如果這意謂著覺醒，也是「在生命之中」的覺醒。和抽離密不可分的是「啟示事件」，兩者簡單地說都是要擺脫主體從被奴役的狀態裡得到的快感。這樣的啟示事件如同神蹟般地介入人類的生命，讓人們不再沉淪於雖生猶死、不死狀態之中，也是打破了上述的主權和生命政治的時間模式，或是勝利者的進步歷史。在這樣的邏輯之下，不死成了生命轉變的資源，如同主體必須面對進而理解讓人雖生猶死的焦慮，才有可能能為生命帶來變化。羅森茨維格特別強調作為一種神靈律令的愛，它的出現代表上帝永恆的本質介入生命之中，主體以愛作為回應，從存在的本體秩序中抽離。那是毋須政治授權、在生命之中和鄰人相近而居的愛，不是為了客體之中的什麼特質，也就是說，沒有設定具體的目標，向著「在主體之中比主體更多」的生命本身開放。羅森茨維格設想一種「超倫理自我」（extra- 或 meta-ethical self），不同於「性格」（personality），無法被特定概念、因果或認同吸納，也無法被歸類於任何種（genus）和通性（universal）。羅森茨維格關照生命的獨特性，什麼讓生命無可取代，無法用任何明確的特性表述。不論是愛或死亡都超出部分與整體的邏輯，也超出文化交換系統，總之，顯示一種自我是「不屬於整體的一部分的部分」，和任何分類和辨別系統都有所扞格的剩餘。這樣的自我甚至是打破目的論的評價邏輯、沒有特定目的和價值、「撿角」的生命（good for nothing）。

延伸思考

桑特納的《日常生活的精神神學》企圖為現代人的存在困境尋求解脫。史瑞伯個案在相當大的程度上反映出這種困境：存在失去重心，完全被過量的本能或驅力宰制，語言功能無法正常運作，無法回應他者的召喚，象徵秩序裡的職位或社會身分成了難以忍受的重擔。而啟蒙進步史觀和現代主權生命政治則是造就了以排除和否定強化界線的歷史發展。如果類似史瑞伯的存在代表一種（哲學層次的）瘋狂，那似乎也具有救贖的可能，不論有多曖昧或不確定。桑特納延續了猶太思想和精神分析的理路，將鄰人——具有過量的、難以捉摸的、引發焦躁和矛盾情感的特質——視為自我倫理的「構成的外在」（constitutive outside）。桑特納展望一種對這樣的他者／鄰人、也是對身分建構的集體開放性，使生命的潛能得以展開。桑特納的想法是否具有神祕主義色彩，或自我倫理為何需要神學，神學如何不再只是一套超越性的體系而能觀照內在性的生命本身，都還有進一步爭論的空間。

法律如同一座迷宮

——卡夫卡的《審判》

卡夫卡的《蛻變》（*Metamorphosis*）以主角葛瑞格變成一隻巨大的甲蟲開場，那怪異而無法想像的變形標示著葛瑞格整個生命世界徹底的異化。與此相似，《審判》一開始便宣告主角K被逮捕，自此K的人生落入一種「例外狀態」，或者說例外狀態成為他的日常。小說敘述進入小宇宙，彷彿以一種慢速和放大的視角，讓K生命世界裡的人事時地物都變得難以理解，無法拼湊出一個意義、動機與目的連貫的整體。在整部小說的情節發展過程裡，K試圖理解他被逮捕的罪名和法律程序並且尋求援助，卻沒有得到任何合理的答案，也沒有任何人真的有心、有能力幫助他逃離法律的迷宮。K在小說終了時「像隻狗」那樣被處決，他的恥辱溢出有限的肉體生命——被法律騷擾、凌虐、壓迫和拋除的恥辱，也是成為可有可無的裸命的恥辱。整個來說，《審判》仿若現代生命政治的寓言，讓我們看到法律和官僚體系如何穿透我們的生命，如同看不透、走不出的迷宮。

「法律如同一座迷宮」——這並不只是形而上或神學層次的比喻，也是小說場景與空間特質的具體描述。也就是說，小說裡的建築、空間和物體經常出現任意、不協調、怪異的配置。小說一開始的逮捕場景發生在K的租屋處，審訊官為了就地立即偵訊，將隔壁房客布斯特娜小姐房間充當審訊室，床頭几當作審訊桌，桌面上是任意擺放的蠟燭、火柴、書和針插，房間裡四處都是布斯特娜小姐的私人物品，因此讓整個審訊的場景（也可算是法律程序）添加了幾許性慾的味道。然而，小說中最詭異的空間莫過於第一次開庭的法院。法院坐落在窮人的出租公寓區，是一棟不尋常的長屋，大門口又高又寬，內部和四處都進行著喧鬧的日常活動。K必須穿過窄小通道爬上樓梯，才能到達審訊室。裡面早已擁擠不堪，接近天花板處有座迴廊一樣塞滿人，只能彎腰站著，頭和背頂著天花板。整個「庭訊」過程——如果那算是庭訊——都是此起彼落的噪音、笑聲和騷動。K第二次到法院的時候沒碰上開庭，事實上也從來沒有人通知他何時會再開庭，他發現那裡竟然變成居家客廳。後來又不經意發現法院辦事處設在出租公寓布滿雜物的閣樓第二層，部門之間沒有完整的隔間，只有高達天花板的柵欄，通風不良讓K感到暈眩；地板有洞，如果有人陷下去，腿就會垂到第一層。法院專屬畫家提托瑞里的住所也在閣樓，在又窄又長沒有轉彎的樓梯盡頭，房間狹小到最多只能走兩步，整個地方加上駝背女孩更增添詭異氣氛。

以上描述如迷宮般、荒謬、幽閉恐懼的空間事實上也呈現了《審判》裡的法律在形而上和神學層次的樣態。K的案子看似牽連了許多人，但沒有人真的瞭解、告訴他到底犯了什麼罪。執行逮捕K的督察只知道他被逮捕，不知道他是否被控告，更別說是什麼罪名。在小說情節發展的過程中，K試圖理解自己的罪名和執法者論理，為自己的清白發出不平之鳴，但最終都徒勞無功。法律與罪罰、執法人員和組織的真相無法窺測，司法程序也不公開，與法律有關一切總是處在不確定的狀態。在這樣的司法體系裡（我們甚至不確定法律是否以「體系」運作），答辯書被擺在一邊幾乎不會有人去讀，辯護律師是不是經由法院認證無關緊要，審訊的時候他們也不能在場。官員們不會和一般人接觸，他們似乎被囚禁在法律之中，無法也不願瞭解人際關係。如同K所想的，「在某種程度上，這個龐大的法院組織永遠懸在半空中，如果一個人在他的位置上獨自做了一些改變，他很可能移除了自己的立足之地，可能會摔落，但即使受到小小的干擾，那個龐大的組織也很容易就能在另一處加以彌補——畢竟這一切都是相連的。」[1] 簡而言之，沒有人關心罪的客觀事實，那根本也無從證實和理解，我們可以說真正逮捕K的是「罪的主觀感覺」。必須釐清的是，這種「主觀的罪」或「無罪的罪」並非全然符合猶太教諾斯提主義（Gnosicism）。強調超凡體驗的諾斯提主義認為無法理解的上帝所造的世界充滿罪惡，但有修為者能夠找到理解上帝的方法，也就是說，諾斯提終究還是一種救贖的宗教信仰。宗教救贖的希望在卡夫卡作品裡似乎是缺席的。

更進一步來說，小說中環繞著法律的視覺形象沒有絲毫莊嚴肅穆，反倒是猥褻與腐敗。法庭講臺桌上擺著一本淫書《葛蕾特從丈夫漢斯那兒所受的折磨》，呼應K和工友太太的接觸。從K的觀點來看，工友太太和大學生房客以及許多法院的低階官員有染，以提供協助為由誘惑K。他甚至發現參與逮捕他的兩名法院守衛完全不合邏輯地裸身出現在公司雜物間並被鞭打，這也是個頗具性意涵的場景。而理應為K的訴訟提供援助的律師卻是一只病懨懨的肉身躺在陰暗之中。除了以上這些視覺意象，法院的專屬畫家提托瑞里的兩幅畫作也頗值得一提。那位手臂橫擺在椅背上作勢隨時都會用力起身的法官充滿威脅意味，而飛奔的正義女神則顯現法律不可捉摸、沒有固定本質。法律欠缺實質的具體內容卻無損其威脅與壓迫，如同畫家對K所做的解釋，無人能實現真正的無罪釋放，「表面上的無罪釋放」允許暫時的自由，但檔案依然保存，而「拖延」則意味著無止盡的不確定狀態。這等於表示罪人實質上得不到饒赦，終其一生都必須背負著罪過。這樣的罪必須透過主體化的過程才成立，如出現在教堂的監獄長告訴K的話，「法院對你沒有要求。你來，它就接納你；你走，它就讓你走。」[2]

若說要當作小說裡最深奧、幾乎濃縮了上述迷宮寓意的「主視覺意象」，應該是監獄長告訴K的那則「法律之前」的寓言，又可命名為「法律之門」寓言。一位鄉下來的人走到了法律之門請求守衛讓他進去，不論怎麼行賄，怎麼央求都不得其門而入，逐漸在門旁老死，也都沒看到任何人要求進入。在鄉下人死去前，守衛告訴他法律之門專為他而設，現在要把它關上。事實上小說裡不只一次出現「法律之門」的意象。法院工友的太太在K第一次到達法院的時候對他說，「等你進去之後，我就得把門鎖上，不再讓任何人進去。」[3] K第二次到法院的時候不經意發現一張小紙條寫著「法院辦事處入口」，各部門辦公室設在彎曲的走道旁，看起來好像有數不盡的門，無法預測哪一扇門何時會開啟。K告訴引路的工友，「既然我已經看過這裡是什麼樣子了，現在我想走了。」工友回答，「你還沒有看到全部。」[4] 類似這樣神祕詭異的走道和的門的意象也出現在律師的住所。回到監獄長告訴K的「法律之前」寓言，不論K提出什麼詮釋，監獄長總是強調字面上的意義或文本的權威加以反駁，而K最後也放棄詮釋的企圖。這樣的情節發展讓我們似乎有理由把「法律之前」寓言看成是K的境遇最佳的寫照：K和鄉下來的人都被「逮捕」，終其一生走不出法律的迷宮，看不穿法律的真相，被法律——借用阿岡本的術語——「納入性排除」。然而，這真的是唯一的詮釋嗎？

K的反抗

如果我們更貼近K的存在情境，也許會對於「法律之前」的寓意甚至整部小說有不同的詮釋。K到底是一個什麼樣的人呢？他是銀行經理，平日粗魯對待下屬，與副行長暗中較勁；他依著體制規則而活，他是一個企求在現代社會中安身立命的「組織人」（organization man）。然而，逮捕的事件喚起了他對於存在困境的意識。K剛開始以為他遭遇的不是什麼大不了的狀況，也許是同事開的玩笑，或者發生了什麼錯誤，試圖尋求改正的可能。在第一次開庭時，司法體系的腐敗讓他感到厭惡和憤怒，並發出不平之鳴。在此之後，他發現自己整個被捲入案件之中，每天焦慮地期待官司的進展。K發現他的生命世界逐漸失去熟悉的面貌，陷入一種荒謬的存在困境，任何推論和策略都徒勞無獲，連誰該負責或指責誰都不知道。他在第一次開庭的義正詞嚴和清晰的邏輯似乎只是短暫的爆發，無法阻止和逆轉荒謬的形勢。他被告知官司一旦進入法庭辯護階段，律師甚至不被允許再接觸被告，懷抱希望辛苦寫成的答辯書，都被退回，成了無用的廢紙。諸如此類的荒謬性也反映在K和周遭的人之間互動的陌異。女房東、布斯特娜小姐、法院工友太太、銀行同事、舅舅、律師、蕾妮……言行舉止也許一如往常，但從K的眼光看來卻變得神祕不可知、矯揉造作、荒誕可笑。K存在的世界似乎成了一部非人的機器，不在乎人類意志不停地轉動……

在如上所述的情境中，還有談反抗、自由或救贖的可能或必要嗎？要思考——如果不是解答——這個問題，我們必須先知道卡夫卡肯定的不是正面碰撞，而是安靜的反抗。K如同卡夫卡的其他角色，他並沒有逃離，即使是被迫也還是經歷了掙扎和自衛。從某個角度來說，K如同《變形記》裡變成甲蟲的葛瑞格，在歷經法律的凌辱後變成了一隻狗，兩人都算是阿岡本所說的「裸命」。但從另一個角度來說，葛瑞格和K都經歷了「象徵性死亡」，也就是說，他們的存在掙脫了所有加諸在人身上的標記，只剩下最真實最純粹的生命本質。卡夫卡「也許」因為親身經歷父親的嚴格管教與阻撓寫作事業，加上與菲莉絲的婚約破滅而對家庭本質抱持陰暗看法，臨終前要求摯友燒毀他的文稿，但這些都不足以否定K的反抗。K的反抗，也許就是卡夫卡本人的反抗，始於荒謬感，如同「法律之門」那則寓言裡鄉下來的人，以自身的生命和作為法律代理人的守衛相持不下，維持一種不確定的狀態，讓法律的運作無盡延遲，最終讓守衛把門關上，懸置了法律的運作。這種懸置法律運作或讓法律「不作為」（而不是摧毀整個法律系體系），從阿岡本的角度來說，就是彌賽亞的救贖，也類似桑特納所談的「在生命之中」的救贖。我在下一章會仔細爬梳阿岡本的著作，特別是「剩餘、潛勢與彌賽亞」一節，繼續討論這個問題。

不死生命與救贖政治：阿岡本觀點[1]

鄂蘭對於當代生命政治論述的貢獻，主要在於讓世人清楚看到極權體制如何從根破壞思考活動、政治道德判斷、社會和國際關係、甚至人類的生命和存在。她將極權主義生命政治——嚴格來說是「死亡政治」——描述為「全面統治」（total domination）。大量的科學和醫學人員投入科學實驗室和集中營進行人體和化學實驗，達到全面統治的權力效應，將強迫性勞動和大量生產做了最極端的實踐，這一切都已經超出任何功效主義的考量和目的，我們已無法思考納粹集中營到底帶來什麼實際的政治經濟效益。更可怕的是，「人類」被化約成一成不變的樣態，成了失去所有人類標記——像是「自由」、「自發性」（spontaneity）、「個別性」（individuality）、「團結」（solidarity）

等——的生物性存在，人類（如果還算人類），隨時可以被替換、被丟棄，顯得可有可無（superfluous）。

極權主義毫無限制的權力統治了人類存在的每個層面，全面滲透並掌控人類的存在本質，而集中營則以最極端和可怕的方式體現了這種權力。集中營完全與外在世界隔絕，完全封閉在全面、絕對的恐怖之中，那是一種「瘋狂和虛幻的氛圍」以及「變態、凶惡的幻境」。集中營儼然是個再難以想像的罪行都可能發生的世界，不僅大規模地毀滅生命，也有系統地「處理」遺體，企圖完全抹滅生命、死亡和記憶的痕跡。死亡在集中營裡得不到悼念和安頓，失去了社會、文化和宗教意義；個體無法以自己的方式死去，無法經歷海德格說的「向死存有」（being-toward-death）的特異經驗。集中營的倖存者恍若隔世，無法描述「自己」的遭遇，他們的證言指向某種脫離人類世界的存在，擾亂了「責任」、「合法性」、「罪過」與「清白」、「恥辱」與「尊嚴」等概念，使得政治道德判斷與行動窒礙難行。鄂蘭深切地指出，只有那些情緒受到集中營的證言和報導波動、但自己沒有親身經歷慘況的人，才能透過「令人畏懼的想像力」（fearful imagination）思考集中營的恐怖狀況。

鄂蘭自己正是訴諸「令人畏懼的想像力」，避免落入後大屠殺的道德幻想，幻想經歷集中營絕對邪惡摧殘的人們會得到福報。鄂蘭這樣的立場也呼應了她對於「最終解決方案」推手艾希曼軍法大審的異議，反對將審判過程的重心擺在倖存者證言，特別是那些證言大多不具有清晰明暸的敘述。[2]「令人畏懼的想像力」反映鄂蘭堅持證言必須發揮傳遞知識的功能，倖存者受創的情感和記憶並非她所關心的。

以上所觸及的「見證的不可能」在阿岡本那裡有更複雜的論述。阿岡本和鄂蘭一樣都關注極權體制造成的政治崩解。然而，阿岡本比鄂蘭更深入集中營的極端情境，面對倖存者證言的「非語言」（non-language）和「陰暗傷殘的語言」，以及倫理和法律、有法和無法、迫害者和被迫害者之間失去區分，更對於「邊界」（threshold）和「無區分地帶」（zone of indistinction）有更深入的探討。這些問題和概念都環繞著「不死」（undead），也就是本章要探究的主要議題。

「不死」幾乎體現了對於宗教和神聖所有形式的罪過，因為它擾亂了身體和靈魂、生命和死亡、自然和文化、人與非人、有生命與無生命之間既定的區分。「不死」長久以來一直纏繞著哲學、倫理學和神學，更別說哥德小說（Gothic fiction）和恐怖電影了。它逼使我們面對邏輯悖論、認知的不確定性和存有的閾限性（liminality）。當代生命政治論述正熱烈辯論生命的情境，不死的問題更顯重要。本章希望通過阿岡本的思想，將不死的生命樣態往前推進一步，關照更多政治與倫理的可能性，以及阿岡本整體思想對於當代神學、解放與救贖政治的意義。[3]

不死的怪異邏輯

尼采《快樂的科學》（*The Gay Science*）裡的名言，「活著只是死亡的一種類型，一種很稀有的類型」，警醒我們不要把死亡當成生命的對立，同時強調人類生命濃稠、腐化和不成形體的元素。而死亡文化史的研究者也許會認同哈里森（Robert Pogue Harrison）在《死者的國度》（*The Dominion of the Dead*）裡的說法——「只有死者才能賜給我們正當性」，或者也會像諾伊斯（Benjamin Noys）在《死亡的文化》（*Culture of Death*）一書中思考權力與死亡的關聯。可以確定的是，生命與死亡的糾葛，或者存有的閾限（liminal）本質，一直都是哲學思考和學術研究的重要課題。接下來我將進一步探討「不死」這樣褻瀆或「不合法」的範疇如何構成了經驗的界限，藉此重思生命政治情境中的倫理與政治。

當紀傑克在探討康德為西方哲學帶來的革命性影響時，他把康德的「無限判斷」

（indefinite judgment）連結到「純粹思想物」（*Gedankending*），也就是那些因為我們經驗的限制而無法形成確切知識的客體。「否定判斷」直接否定某項述詞（predicate）（例如，「他不是人類」），「無限判斷」則肯定某項「非述詞」（例如，「他是非人」）。「吸血鬼是不死的」這樣的無限判斷指的是，吸血鬼和一個已經失去所有活人的述詞（但不影響屬於「人類」的歸屬關係）的死人不同，即便保留了「活著」的述詞，但已不屬於「人類」。紀傑克指出，當我們企圖理解某些既有的區分和差異（例如生與死）的邊界現象，我們就會訴諸無限判斷。順著這種怪異邏輯，我們會看到當下時代裡的人與機器、自然與文化、有機與人造、人與非人的區隔模糊化的賽博格（cyborgian）或後人類情境。

事實上我們不難在精神分析裡看到各式各樣不死的化身：精神分析所談的詭奇（uncanny）、焦慮、小客體（*objet a*）、驅力（drive）、快感等，都牽涉主體和欲望的誘因、大他者、以及原初的身體和心靈狀態之間曖昧而糾纏的關係。按照紀傑克的觀點，當不管多變態的幻想公開展演時，不死的狀態就會格外顯著。紀傑克在《享受你的症狀！》（*Enjoy Your Symptom*）探討的「真實層鬼臉」（the grimace of the Real）不只經常出現在《歌劇魅影》、《象人》之類的恐怖小說和電影，更儼然已是當代快感社會或後現代文化的普遍現象。在這樣的環境裡，不協調、扭曲、畸形愈來愈成為文學和文化生產的主流特質。這些不死的形象似乎依附著某種鬼魅的生命狀態，超出語言表述和任何具體的生命形式，不是主體所能承受，令人不安焦慮，特別是當主體失去幻見（fantasy）的防護因而過度靠近那樣的生命狀態。精神分析視角下的不死生命本質上是曖昧的：一方面它顯露語言、法律、生命政治或大他者介入主體生命的事實；另一方面它具有無法馴服的、絕對的特異潛能，可以激發政治和倫理行動。[4]

精神分析裡的不死生命與阿岡本談的裸命有相通之處，兩者都見證了法律與政治介入生命本質。阿岡本是當代思想家中最具體呈現生命政治下不死生命的一個。更精確地說，以上所談的不死呼應了阿岡本《牲人》的核心概念：「邊界」。阿岡本的「邊界」是一種界限性的概念，跨越了肯定與否定的區隔，因此本質是不死的。阿岡本企圖解構西方政治哲學自亞里斯多德以來設定的政治生命與裸命（或動物生命）之間的區分；對他而言，這兩種形式的生命之間並不存在恆常穩定的關係，政治需要持續介入、重新界定和裸命的關聯。他認為傅柯的生命政治論述雖然碰觸到這種緊張關係，卻沒有深入探討；傅柯沒有將集中營當作現代生命政治的範式，沒有清楚論述全面性的政治技術如何和個別化的、微觀的自我與身體技術一起運作。阿岡本整個「牲人」計畫目的之一，不外乎是要探究「司法體制和生命政治兩種不同的權力模式隱藏的交會點」。

阿岡本的《牲人》並不只是要填補傅柯的生命政治論述留下來的空缺，而是追溯自古代到現代政治裡權力和裸命的交會。換言之，他企圖完成的是一種生命政治系譜學，而不是像傅柯把生命政治看成現代產物。就細部來看，我們在此討論的雙重束縛其實就是（裸命在政治領域裡的）「納入性排除」這種怪異邏輯，我們也會看到現代生命政治存在著一種政治生命和動物生命、納入和排除、內與外、主權與裸命之間的無區分地帶：現代主體被賦予（與生俱來不可剝奪的）主權的同時，也是裸命被納入排除的時機。更具體地說，現代民主體制裡的主體權力延伸到身體、性、健康和其他生命的基本單位，這樣的主體恰好證成自身自然的、生物的生命更加成為生命政治支配的對象，以及自身受制於更加全面也更加微觀的政治技術。

順著阿岡本的理路，我們可以說裸命已然是現代政治領域的中心，而不在政體的邊緣，這也顯露「民主體制與極權主義的祕密連帶」：這正是《牲人》全書的主旨。這種祕密連帶在納粹死亡集中營裡更顯著也更恐怖。集中營是最絕對的空間，在那裡權力不需要任何中介而赤裸裸地面對生命，牲人和公民實質上已混淆不清。[5]這種連帶的另一面是生命政治與死亡政治失去區分：生物科學原則和政治秩序合而為一，導致政治的生物化，對於生命（或裸命）的決斷帶來的是死亡。面對這樣的政治情境，阿岡本倡議重新調整各種學科的分際，不論是政治學、倫理學或哲學。若我們無法完成這樣的任務，阿岡本警告，將會發生「前所未有的生命政治大災難」。

邊界的不死生命：牲人與穆斯林

生命政治和法律讓生命處在不死的狀態，這樣的理解也是進行政治與倫理反思必要的出發點，我們也因此必須探討阿岡本著作裡那些生存在邊界或「無區分地帶」的生命形態，特別是牲人和穆斯林。如果在生命政治的範疇裡，裸命已成為政治運作的核心（而不是邊緣），阿岡本的《牲人》第一卷會以「主權的弔詭」和施密特的政治神學進行批判性對話，似乎並不令人感到意外。根據阿岡本的觀點，主權者的位置同時在法之內與法之外，具有「懸置法律效力的法律權力」，或是解釋定義和超越通則和常態的絕對權力。這樣的弔詭特質顯示法律的核心是一種「無法」的狀態，「有法」與「無法」因此失去區分。這種弔詭或例外狀態的結構和單純的否定或上述的「否定判斷」不同，比較像是「無限判斷」（主權例外是 non-legal 而不是 not legal），是一種通過否定來肯定法律的治理，也可說是透過「納入性排除」運作。主權者是法律和政治治理下的生命的轉喻，其弔詭邏輯擾亂了任何區隔分明的、具有目的論（teleology）的空間性與方向性。順此邏輯，我們不應將例外狀態和納入性排除運作下的不死生命過度道德化或寓言化，更不應將阿岡本的思想套入任何倫理框架。阿岡本提醒我們，任何將邊界或界限實體化的行動，都將帶來像是集中營那樣的災難。我們也許可以從這裡領略某種彌賽亞的訊息，探索存在於邊界的不死生命具有什麼樣的政治倫理意義。

阿岡本的《牲人》考察了諸多古代和現代文獻裡各種牲人的形象，其重心不在於歷史事實，而在於生命政治範式（paradigm）的界限。古羅馬文獻規定牲人「殺而不罰，嚴禁獻祭」，換言之，牲人遭受人類和神靈法律的雙重排除，但並未脫離政治治理的範圍。阿岡本指出，西方政治從未停止製造「不可獻祭但殺而不罰」的裸命。《牲人》除了追溯「神聖生命」（sacred life）的根源及其在西方文明、社會與政治的軌跡，更揭露主權如何需要不斷丟棄某些生命形態，不斷指認「活死人」，才得以劃定內部與外部的界線。該書同時也顯示國家如何成為所有集體生命形式最根本的界域（horizon），而這一點卻在我們所處的時代被忽略。阿岡本所考察的各種形象的牲人，包括為國捐軀者（devotees）、狼人、難民、人類白老鼠、重度昏迷者等，都讓我們看到主權決斷的暴力本質，或暴力如何是共同體和集體生命運作的根本原則。阿岡本把這種本質看作是西方人權政治的另一面。對他而言，這是西方人權政治「和它企圖對抗的權力維持一種祕密的連帶」。因為他認為西方人權政治在宣揚人類生命價值的同時，似乎把人類生命想像成無比脆弱、等待援助的裸命。阿岡本這樣的觀點是否過度簡化人權政治，沒有處理人權政治對於對抗壓迫的歷史現實，當然是可爭論的。

阿岡本的《奧許維茲的殘餘者》裡的穆斯林（按：有關穆斯林的定義請參考〈「我們都是難民」？〉的注釋7）可說是所有形象的牲人當中最極端的一種，因為穆斯林見證了最殘暴、最難以想像的集中營罪行。穆斯林因集中營的勞動和虐待而不成人形，眼神飄忽空洞，是完全失去意志和意識、甚至所有可辨識的人類標記、不再和環境維持任何關聯的活死人。不死的穆斯林存在於「無區分地帶」，成了生命政治（或死亡政治）最赤裸的本質，也是非人的殘暴苦難的載體。穆斯林是大屠殺最原始、也是終極的見證者，他們的不死生命成了一種不可能的證言，由倖存者傳遞給集中營以外的世人。這些倖存者只能算是「偽證人」，不可能完整述說、再現穆斯林無人能懂的話語和恐怖的非人經歷。這種見證的不可能性顯露語言、歷史、政治、道德、甚至本體存在的界限已超出事實論證的範疇。穆斯林存在的邊界不僅介於生與死之間，也在人與非人之間。我們可以說，見證的不可能關乎人之中的非人，或人與非人、存活與說話之間的斷裂。不可能的見證主體身心受創，見證自身被剝奪主體性的歷程，然而，阿岡本卻認為這是真正的倫理思考與行動必要的條件。我們從阿岡本談的穆斯林看見傳統倫理的失敗，悲劇和鬧劇、壯烈和荒誕之間失去界線，道德價值和情感的不確定。阿岡本在集中營差吏和囚犯身上看到類似的「主觀的清白和客觀的罪過之間擴大的鴻溝」。艾希曼也是另外一個相關的範例。艾希曼是納粹德國猶太問題「最終解決方案」的推手，納粹政權垮臺後偷渡到阿根廷，後為新建立的以色列政府綁架回耶路撒冷接受戰犯審判，鄂蘭接受《紐約時報》委託前往法庭觀察，之後於一九六三年出版《平凡的邪惡》。艾希曼在整個審判過程堅稱自己在上帝之前有罪，但所作所為完全合乎（德國）法律。顯然艾希曼挪用「上帝」、宗教信仰和道德作為逃避法律責任的藉口，我們從他身上看到平庸的邪惡，也就是欠缺思考、無法感受他人苦難的科層體制人員最可怕的極端。阿岡本甚至認為，許多目睹甚至親手參與集中營同伴苦難和死亡的倖存者，經常訴諸他們的道德良知和責任感以掩飾罪惡感或逃避法律責任。

剩餘、潛勢與彌賽亞

如以上討論了集中營暴露各種道德和法律概念的失效後，我們還有可能或者有必要談彌賽亞救贖嗎？化解這個疑慮的關鍵在於理解「穆斯林」這樣的不死生命的本質：即是，當主體褪去所有特質、讓所有區分失去效用的非人剩餘狀態，也可說是（無）主體最純粹的狀態。阿岡本也因此認為「人」處在主權主體和裸命的交會處。穆斯林對他而言守護著一種新生命形式的倫理的邊界，那裡恰好也是人性或人權的「尊嚴」中止的地方。這種「新倫理」等於是「不死生命的倫理」，是「人類」毀滅的剩餘。我們不能說「人」即是「非人」，比較精確的說法應該是：人類的本體是自我分裂的，「存在於……非人與人之間的斷裂處」，總是不斷溢出自身，以剩餘的樣態存在著。此一觀點也讓我們更能看清，為何沒有人敢直視穆斯林，對他們避之唯恐不及，難道不是因為人們害怕在穆斯林那不成人樣的形體看見自身，那經歷所有非人的恐怖罪行後依然存在、無法被任何進步主義和歷史演化吸納的人性？人們害怕看到所有秩序、非人的罪行、恐怖和罪惡都除不盡的剩餘就是人性自身！

大致瞭解當代理論的「神學轉向」（the theological turn），將有助於定位阿岡本的彌賽亞思想，再進一步探究那如何根植於「不死」的概念。自一九八〇年代以來，許多當代理論家即便有各自的思想脈絡，當他們面對共產主義政權垮臺和全球資本主義擴張衝擊之下的反抗與解放政治危機，都有志一同地重思或重振彌賽亞主義。隨之而起的「神學轉向」重新整合文學、精神分析、批判理論等等，關照行動、時間性、歷史等議題，將超越性——超越當代的資本主義世界——導向實質的政治改造。另一方面，許多神學轉向學者包括阿岡本、巴迪烏、德勒茲、德希達、奈格里、拉克勞（Ernesto Laclau）和珊妲・莫芙（Chantal Mouffe）、南希（Jean-Luc Nancy）、洪席耶、紀傑克等等，尋求基進民主的理論基礎。基督的受難和復活成了「事件」，連接超越性和內在性，在物質情境中實現基督教的普遍信仰。包括神召（metanoia）、忠誠、信念、希望、愛、恩惠等宗教法則都被納入真實的物質的政治改造計畫。

許多人可能會因為阿岡本深刻呈現了裸命，因而覺得他的著作流於陰暗悲觀，但其實我們還是可以發現彌賽亞思想如同碎片散布在其中。阿岡本的彌賽亞思想重心在於「不死生命」或被動性的政治和倫理潛勢，也是要重新定義何謂「能夠」（to be able）。他所談的穆斯林在絕對無區分地帶移動著，是一種讓集中營守衛不知所措、威脅集中營活法（*lex animate*）的「無言的反抗形式」。這種無言、被動的反抗也出現在阿岡本所談的巴特比（Bartleby）身上。巴特比是十九世紀美國文學作家梅爾維爾（Herman Melville）的短篇故事〈抄寫員巴特比〉（一八五三）的主人翁，他每天除了像是一部機器抄寫法律——在象徵層次上「法律」也可以說是「神聖」——文件，對於其他任何差遣他一概回答「我寧可不要」（I would prefer not to）。有一天巴特比突然決定不再抄寫，故事情節發展緊扣著律師雇主如何試圖走進巴特比怪異的生命世界，最終在巴特比死於監牢之後，揭露他曾在郵局的「死亡信件辦公室」工作的經歷，因此失去對生命的熱忱和希望。但顯然阿岡本賦予巴特比獨特的神學與倫理意義，也就是這裡討論的「潛勢」。早在《將臨的共同體》[6]階段，阿岡本就已從「不為」（not-be）和「不思」（not-think）的角度構思「潛勢」。於是，我們在這個環節又再面對了超出單純的肯定或否定的不死邏輯。阿岡本將巴特比連結到具有「無法丈量的潛勢」、「除了不寫（to not-write）的潛勢之外什麼都不寫」的天使形象。巴特比的潛勢在後來《潛勢》一書的〈巴特比，或論偶發性〉篇章中，有了更複雜的呈現。阿岡本在那裡中延續卡巴拉（Kabbalah）神祕主義傳統，將造物神描繪成一位沒寫什麼或者自己變成使用寫字板的抄寫員。這裡牽涉到的「無」並非虛無主義的空無一物，而是「創造性的空無」。化身為抄寫員的造物神持有（而不是消耗）「無為的潛勢」，如同巴特比一再重複說的「我寧可不要」，也像是本章一開始提到的康德式的「無限判斷」，開啟肯定和否定、接受和拒絕、選擇和不選擇之間的無區分狀態。巴特比反覆說著「我寧可不要」，不僅顯示無法妥協和化約的特異性，實際上也是在「我寧可不要寧可不要……」之中無盡地迴盪著。阿岡本在《將臨的共同體》將巴特比詮釋成降臨人世的彌賽亞，拯救不為—不思—不寫（也就是無為）的潛能，或是「無能之能」。簡單地說，阿岡本構思的彌賽亞體質是微弱的，其救贖的力量正出自於這種微弱狀態。

我們從阿岡本分析的巴特比身上看到不死的被動性、無為的潛勢和彌賽亞的交會，《敞開》（*L'aperto. L'uomo e l'animale*）一書也有類似的論述。阿岡本在該書第一章提及義大利米蘭的安部洛西亞圖書館（Ambrosian Library）收藏的希伯來聖經裡的小畫像，畫中代表末日來臨時的正直之人長著動物的頭。我們有理由將這些「彌賽亞降臨時還活著的以色列遺民……正直之人」理解為不死之人，居住在人與動物之間的無區分地帶。這種不死的狀態也出現在阿岡本詮釋之下的海德格的「深層無聊」（fundamental boredom）。海德格以「生成世界」（world forming）作為「此在」的特性，動物的世界是貧乏的，而礦物或植物則是沒有世界的。研究者或許會認為那顯示海德格對於動物或其他物種貶抑的看法，但是根據阿岡本提出不同的詮釋。他認為那種貧乏（poverty）在海德格思考無聊的本質時被賦予倫理意義。無聊的初期階段是一種被環境迷惑的動物狀態，亦即主體在無聊的狀態中首先是對周遭的事物失去區分，陷入空虛，在下一個階段則對對具體時間和空間失去知覺，最後連「我」都整個放空。但從阿岡本的角度來看，深層無聊讓主體處在一種無區分狀態，阿岡本稱之為「不為的潛勢……無為」，沒有指向任何具體的可能性，因而保留所有可能性的條件。

經由以上的討論，我們能夠瞭解阿岡本的彌賽亞主義超越任何具體宗教的範疇。在《剩餘的時間》（*Il tempo che resta*）一書中，阿岡本廣泛引述猶太教、基督教和什葉派伊斯蘭教，鑿空彌賽亞的具體宗教內容，保留彌賽亞「無為的潛勢」。我們也是從這樣的角度理解阿岡本如何重讀門徒保羅的書信。阿岡本認為保羅的書信目的在於解決所有與何謂彌賽亞式的生命、彌賽亞的時間結構相關的問題。彌賽亞的時間是剩餘的時間，介於基督復活和將臨的啟示論終結間的時間，不是世俗的計算時間（chronological time），也不是永恆的時間或時間的終結：彌賽亞時間以特異的樣態中斷了這兩種時間，帶進了一種剩餘（remainder），超出兩者的區分。彌賽亞時間不是來自外部的、超越的、絕對的時間，而是「時間之中的時間」，從內部改變可計算的時間，它既非「黃金年代」，也不是「完美的結束」：簡單來說，彌賽亞時間無關任何目的論和進步論的時間觀或歷史大敘述。彌賽亞的到來將「現時」（now-time）轉化成行動的時刻或開口。阿岡本在《奧許維茲的殘餘者》接近終了的篇章裡，將彌賽亞時間界定為「剩餘」，既非未來（千禧年），亦非過去（黃金年代），而是「剩餘的時間」。

剩餘的時間超出可計算的、熟悉的時間軌跡，也適用於主體的本體變化。阿岡本認為，門徒保羅宣揚的基督復活是一個革命事件，撤除基督徒的「天命」或「召喚」，使主體「非似」（as not）自身地在人世之中活著，質問每一個人世的情境。活在彌賽亞時間下的主體無以為家，處在錯置的失根狀態，脫離任一種社會建構的身分和現實、直線時間和進步歷史。如同門徒保羅自己放棄王室的優渥而就動物般的卑賤，彌賽亞召喚的是弱勢的力量，那也是與窮苦者或棄民團結在一起的「無主權的上帝」，[7]而不是將他們拋棄的政治權力。這樣形成的彌賽亞共同體既非多數亦非少數，比較接近馬克思主義裡的無產階級和洪席耶的「無分之分」（non-parts），他們尚未被主權「算進去」，不能被化約成任何階級、群體歸屬和文化身分。我們似乎可以從這裡看到基督教和馬克思主義革命傳統在阿岡本思想裡的交會，即便阿岡本和兩者的同盟關係並非不言可喻。[8]

延伸思考

西方主流神學傳統傾向將上帝理解成從創世行動之中展現大能，阿岡本的彌賽亞主義則將「無為」看成潛能的界限，他展望的不是新世界的創造，而是「解創造」（decreation）。阿岡本透過牲人、穆斯林和巴特比這些形象所得出的微弱的彌賽亞主義引發了不同立場的回應和批判，有些研究者認為這些形象是阿岡本為了驚醒讀者面對所處的生命政治情境所使用的修辭裝置，也有研究者如杜蘭岱（Leland de la Durantaye）提醒我們不應過度誇大牲人的適用範圍。各家評論大多聚焦修辭和史實的精準度，不太關注這些形象背後的彌賽亞思想。然而，透過以上的討論，我們可以主張阿岡本談的生命形式已經不等同於人類主體，也不是任何形上學意義下的「本質」和等著被實現的實際目標，而是超出主權暴力和生命政治支配的「無為的潛勢」（potentiality qua impotentiality）。這對當代的後人文主義和基進政治自然有其貢獻。阿岡本視角下的生命既非全然的動物性、亦非人類理性，也不是超克人性的尼采式超人，而是救贖、自由和正義的核心，跳脫語言再現、邏輯推理、形上學和神學預設、主權身分標記和所有歷史和生命政治的決定論。像巴特比那樣的微弱的彌賽亞天使，表面上只是被動且安靜地退縮和抗拒，實質上則是為基進政治清理出必要的基礎。我們從一個比較日常的層次來說，我們總習慣從「力量」、「能力」、或做了什麼，來思考生命的意義或政治與社會改造。會不會真正的救贖是透過阿岡本談的潛勢或不作為，讓生命依循其內在的規律運作？潛勢或不作為並不是什麼都不做，而是讓生命的條件歸零，是更多的可能性。

思想報導

新冠肺炎下的生命政治思想論戰

全球COVID-19（或稱武漢肺炎、新冠肺炎、SARS-CoV-2）在進入二〇二一年之後，並未有減緩的跡象，中國和歐洲各國都不斷爆發新一波的疫情高峰，多次實施封城政策和其他緊急防疫措施。回顧新冠肺炎自二〇二〇年一月在中國武漢爆發以來，對全球政經局勢已經造成相當劇烈的衝擊，許多汽車大廠（像通用和福特）或是一些知名時尚品牌Prada，Armani，都改為生產防護衣、口罩等防疫用品，整個全球產品供應鍊正經歷重組。前所未見的全球大傳染也侵襲專業技能、科學知識和國家地位，模糊了民主與威權政體的界線。各個學科領域都在談疫情，透過病毒重新理解我們所處的世界，以及提前部署之後所謂的「後疫情時代」。簡而言之，新冠病毒的全球性擴散似乎帶來了病毒論述的過度生產。本文主要目的是要釐清一些和疫情有關的思想論戰，反思疫情衝擊下的生命政治情境。

首先發難的是當代義大利最重要的哲學家阿岡本。他於疫情在歐陸（特別是義大利）爆發之際，就在二〇二〇年二月二十六日義大利文刊物《混成曲》（*Quodlibet*）發表評論，隨即被翻譯成英文〈大疫的發明〉（The Invention of an Epidemic）迅速在網路媒體流通，引發廣泛討論。阿岡本引述義大利官方機構的資料指出，只有一〇%到一五%的感染個案會有嚴重的症狀，絕大部分都屬於輕症。阿岡本對於客觀事實及義大利和整個歐洲後來的疫情發展的掌握是否精準，也許值得再商榷。大體上阿岡本認為整個義大利社會對於疫情過度反應。政府部門的運作已無異於軍隊，為了對抗病毒傳染，以衛生和安全為由採取的緊急措施坐實了例外狀態常態化的治理模式，包括封城、關閉學校和公共設施的緊急措施成為日常生活情境，嚴重侵犯人民的自由。這樣的觀點事實上貫穿了阿岡本長期以來的著作，如同他認為集中營就是現代政治普遍的治理模式，民主與極權體制之間存在著祕密的連結。阿岡本同時也認為這樣的緊急措施和社會大眾的集體恐慌形成一種惡性循環，彼此相互強化。可惜的是，阿岡本並沒有舉證政府如何挑動人民的集體恐慌，藉此證成緊急措施的正當性。

阿岡本發文隔天，法國哲學家南希立即以〈病毒的例外狀態〉（Eccezione virale）一文作為回應。南希反對阿岡本將新冠病毒傳染「常態化」，視之與一般流行性感冒相同。南希顯然比阿岡本更能掌握醫學上的客觀事實，畢竟新冠肺炎現在尚未有絕對可靠的疫苗，而且它的症狀多變，不同於流行性感冒，對身體各器官功能可能會有不可逆的後果。南希強調傳染病和防疫的問題涉及生物、科學、文化等面向，不能像阿岡本那樣把問題簡化成政府措施。不過南希並沒有進一步具體分析那些複雜交錯的面向。但可以確定的是，我們不應忽視個別情境，直接將任何單一的理論模式套用到有關病毒和防疫措施的討論上，不論是傅柯談的隔離措施或是阿岡本的「例外狀態常態化」。

緊接著是另一位義大利哲學家艾斯波西多加入論戰。艾斯波西多認為南希拒絕涉入生命政治是不智的做法，顯示他對生命政治全然負面的理解是一種誤讀。對艾斯波西多而言，生命政治已是無所不在、無法迴避的事實。生物和基因工程介入傳統上被認定是自然過程的生育與死亡、生化恐怖主義、移民管制、乃至傳染病，在在都是生命政治的課題。即便如此，艾斯波西多還是提醒我們必須具有歷史意識，必須關照不同歷史階段的生命政治模式的特殊性，也必須區分近期的事件和長期的過程。醫學的政治化也許是通則，但是當前防疫措施如何透過醫療行為進行社會控制，恐怕還是得有更確切的個案論證。艾斯波西多在文章最後指出，義大利的疫情反映的比較是公共性權威的崩壞，而不是極權主義權力的擴張。這樣的釐清無疑也提醒我們不應該過大誇大阿岡本「例外狀態常態化」和「民主和極權體制的祕密連結」。我們是否也該區分類似集中營裡的那種永恆的例外狀態——也就是再難以想像的違反人性的罪行每分每秒都可能發生——和暫時性的、策略性的，而且是可協商的例外狀態？

思考與書寫方式向來頗為好戰的紀傑克自然也沒有錯過這場論戰，以他一貫的超音速學術生產效率在二〇二〇年三月底左右就出版了《全球大流行！新冠病毒震撼全世界》（*Pandemic! Covid-19 Shakes the World*）一書。紀傑克首先指出，包括隔離、停班停課、限制和禁止公共活動等防疫措施導致人們不敢觸碰他人，加深彼此的不信任，也改變了我們和自己身體的關係，任何一點小症狀都可能引發焦慮和恐慌。他認為當下的肺炎疫情帶來的是一種「新野蠻主義」，徹底改變我們的生活的基礎。我們不可能把它當成只是一次的意外事件，或者天真地以為等到確診率和死亡率到達一定的高峰，疫情「自然」就會舒緩，我們就能很快回歸常態。相反的，新冠病毒的威脅會一直延續，對全球化市場和國家主權都造成前所未有的根本性衝擊。

紀傑克格外關照我們對於疫情的理解如何被「傳染病意識形態病毒」感染，包括各種假新聞、偏執的陰謀論、種族主義等。他甚至認為，想像一種超越民族國家、會自己實現全球團結和合作的另類社會也是意識形態病毒。紀傑克以他慣有的反諷口吻指出，重點是我們為什麼需要災難才能反思我們所處的社會的基本特性。必須強調的是，紀傑克並不認同上述阿岡本的批判，隔離或其他防疫措施的確限制了我們的自由，但是病毒的感染與擴散卻也帶動了新型態的地方性與全球性具有共產主義色彩的團結。令人好奇的是，紀傑克在批評另類社會想像的同時，卻把他個人的共產主義願景寄託到事實上已被其他許多國際媒體嘲諷變質為CHO的世界衛生組織（WHO），主張要賦予世界衛生組織更多的執行權。他也如同許多左派學者讚賞中國防疫的成效，忽略或無視中國政府封鎖疫情，壓制關於武漢病毒的調查和研究。他們甚至歌頌中國對外輸出醫療援助，但事實上中國輸出的篩劑口罩和醫療物資大多不符合國際標準，而且並不如他們的大外宣所宣稱的捐贈而是交易買賣。

例外狀態與它的例外

討論到這裡，我們還是要回到先前的提問，哲學家們關於肺炎疫情的論戰，在多大的程度上深化或改變了我們對於當前生命政治情境的理解，乃至於反饋、修正或重塑生命政治理論概念和框架？印度學者杜薇維蒂（Divya Dwivedi）與蒙罕（Shaj Mohan）從宏觀的歷史、複雜化的角度理解「例外（狀態）」，將人類視為「技術例外的製造者」。從他們的觀點來看，包括疫苗注射等人類對生態系統或自然時間性的介入（interventions）都是例外狀態，而當代生命政治論述經常忽略人類與其他物種或生命形式的連結。正當世界各國因為新冠肺炎疫情擴散而進入封城和限制觀光旅遊的「例外狀態」，也就是當人類為了自我防護避免病毒感染而減少移動與生產活動時，無意之中，數十萬隻海龜游上印度海岸產卵，北極的臭氧層也出現修復現象，這是否可稱之為「例外狀態的例外」？在防疫期間大量使用的口罩、防護衣、酒精、次氯酸水或其他消毒用的化學產品，又會對其他物種生命和生態環境造成什麼衝擊？以自我防護為目標的生命政治措施，該如何能回應其他物種生命對於物質環境的要求？更根本地問，我們的思考是否被某種僵化的生命政治框架所綁架？

生命政治作為一種治理模式不僅在例外狀態也在常態之中運作。我們不僅關注包括隔離的種種防疫措施如何侵犯人權，也不能無視更為隱形、自動化的常態性權力運作。除此之外，英國學者羅倫奇尼（Daniele Lorenzini）也從傅柯的角度強調生物權力

（biopower）和種族主義的連結。這樣的連結不論在常態或例外狀態，都顯示在生命政治的治理下，生物的連續體被斷開成不同種族群體的等級，不同的種族接受不平等的醫療照護，也因此暴露在不同程度的風險。口罩、酒精、各種防疫物資的價格在許多國家都迅速飆漲，而經濟收入較低的族群顯然更受到隔離和停班的衝擊。雖然在亞洲、歐洲和美國也有不少經濟能力較強的人感染，例如在臺灣的疫情初期，確診者最大的族群是出國旅遊者。但是貧窮、人口密度、食物與營養供給、是否為慢性病患者等都是感染風險的客觀因素。普遍來說，低經濟能力階層、貧民窟、移工宿舍等都暴露在較高的感染風險，這點從在臺灣的東南亞外籍移工確診個案不斷增加就可看出。羅倫奇尼所說的差異化的脆弱性涵蓋的層面似乎不限於種族，大眾運輸司機、送貨員、藥師等日常生活情境中的群體都暴露在較高度的風險之中，他們是不是也可以被界定為「防疫照護工作者」甚至是「防疫英雄」，醫療權利更應該受到重視？羅倫奇尼最後提醒我們，「危機」可能是一種意識形態圈套，讓人盲目尋求立即性的對策，卻又不願意真的改變既有的生活、生產、旅行等等的方式。

從歷史脈絡來說，自十七世紀早期現代時期以來，健康衛生已然成為國家治理的核心，緊扣著政體的生產能量和戰鬥力。不論是霍布斯、盧梭或孟德斯鳩等共和主義政治哲學家也大多強調，共和政體有責任保護人民免受病原感染。生命政治的免疫力防護一直以來都是要維護地理、生態、物種和物質的界線，但病毒或任何傳染型的微生物讓界線顯得危脆（precarious）。特別在當前的全球化情境中，病毒的擴散和演化路徑愈形複雜、愈不可測，病原與宿主偶發性的連結讓傳染病不斷衍生出新的症狀。

隔離的時代

當代法國哲學家凱撒琳・馬拉布（Catherine Malabou）在她的〈隔離隔離：盧梭、魯賓遜和「我」〉（To Quarantine from Quarantine: Rousseau, Robinson Crusoe, and 'I'），先從盧梭在《懺悔錄》中記載的一個軼聞談起。盧梭在一七四三年從巴黎到威尼斯旅行，當時義大利西西里島上的墨西拿傳出瘟疫，奪走近五萬人的性命。盧梭根據緊急命令必須接受隔離二十一天，但隔離的處所完全沒有任何日常生活器具。盧梭就地取材和善用他隨身攜帶的材料，拼湊出包括坐墊、被單等必需品。盧梭自詡為魯賓遜，兩人都在與外界隔絕的生活中進行即興創作。

馬拉布從盧梭的軼聞導引出人生選擇的思考。在一個隔離的時代中什麼是最好的選擇？和所有人一起被隔離，或者自己一個人被隔離？馬拉布似乎認為比較好的個人選擇是能夠隔離於隔離措施，也就是既在隔離措施中又與之保持距離，從集體的隔離狀態中創造出一個類似盧梭／魯賓遜的孤島。「隔離隔離」意謂著在傳染病擴散的艱困時刻中，保有自發性和創造性的生活，距離因此是自我培力的必要條件。馬拉布最後將思考導向「遠距的社會性」(the social in the distance)，她並不認為防疫措施下的隔離和社交活動限制強大到足以摧毀這種社會性，那是一種同時能夠自處並且與他人共在的另類選擇。對她而言，孤獨（solitude）有別於疏離（estrangement），孤獨是寫作和其他創造性活動不可或缺的條件，也是自我照料和自我治術的一環。

馬拉布對於防疫措施的反思具有相當程度的倫理普遍性。然而，「隔離隔離」和作為一種自我治術的孤獨與距離，如何成為一種有意義的選擇，特別是和作為防疫措施或生命政治管理一環的「自主管理」有所區隔，還值得更進一步思考。

事實上，當前生命政治情境中的危脆性並不僅限於疾病，從投資理財、交通、食品、老化、工作，到環境汙染、恐怖主義攻擊、各種形式的暴力，莫不顯示不穩定、脆弱與危急的本體存在。然而，如同當前資本主義體系以債養債，兼職、約聘等非典型勞動在各行各業都日趨普遍化，危脆性顯然已成為新自由主義治理邏輯的一環。從這個角度來看，我們如何確定「自我治術」或「自主管理」是不是新自由主義生命政治的一環，或者如何抵抗那樣的治理邏輯？主體隸屬和培力的界線如何劃分？脆弱的生命如何值得活或無法忍受？

回顧過去二十多年的時間，全球受到一波又一波的病毒侵襲，包括H5N1（禽流感）、伊波拉病毒、茲卡病毒以及新冠病毒，無不造成大規模的重大傳染與死亡。大致而言，病毒是寄生的基因，會入侵或綁架宿主的細胞，在裡面複製無數自己的基因，差別在於複製的方式和相似性高或低。病毒普遍都能夠快速重組、跨越不同物種的界線和適應新的寄生環境。新冠病毒作為一種在人畜之間傳播的病毒類型，在野生世界的存在極不顯目，可以隱藏在宿主體內而不容易被發現。根據戴維斯（Mike Davis）的研究，引起目前這波肺炎疫情的新冠病毒透過RNA（ribonucleic acid，核糖核酸）進行精準度較低的複製，表示它們具有更強大的能力抵抗人類過去的感染或疫苗產生的抗體，也就是說，這樣的病毒更難被人類的免疫系統鎖定、吞噬和排除。更複雜的是，由於中國政府有關疫情的資訊不透明，甚至刻意隱匿，武漢爆發肺炎傳染之前，病毒極可能早已在人與人之間傳播，但無從追蹤病毒組合、變種和演化的確切途徑，也因此更難掌握發病的症狀。

戴維斯指出，新冠病毒引發的症狀和 SARS 以及中東呼吸症候群（MERS）有部分雷同，包括發燒、乾咳、肌肉酸痛等。但新冠肺炎又有別於其他兩種肺炎症狀，它會以近似流感的樣態傳播，而感染者不見得會表現出任何可辨識的症狀。它還會攻擊新造組織，但是不見得會引發致命的心臟病，而是讓感染者終其一生都無法遠離心血管疾病。也因為新冠病毒比其他冠狀病毒的外殼都還要堅硬，使得它更能附著在唾液和其他體液以及身體之外，不被體液中的抗微生物酵素（antimicrobial enzymes）溶解。

病毒可以伴隨著物質和空氣輕易入侵我們的身體，附著在身體組織繼續存活和複製，如同一種不斷自我複製的殘留物，擾亂了生與死、有機與非有機的區隔，無法被納入生命秩序之中。然而，特別在防疫期間，日常的作息和時程一方面被病毒傳播懸置，進入例外狀態的時間，同時卻也必須環繞著病毒捉摸不定的症狀和軌跡而運作。處在隔離和封城狀態中的人們經歷的似乎是一種脫離熟悉的節奏、失去具體座標的最純粹的時間。在這樣一個「瘟疫蔓延的時代」，生命落入病毒傳染的怪異邏輯，同時是沉滯固著和無法預測的加速擴散的狀態。

我們可以從這種病毒傳染的時間性進入一個更為普遍的層次討論當前新的慢性病型態。如同新冠肺炎感染者、隔離和封城狀態中的時間，慢性病時間無盡延伸，卻逐漸變得稀薄扁平，從感染到發病似乎也沒有依循著線性的、有機的軌跡。不只像此次的新冠肺炎極有可能會衍生出日常的慢性病，當前的各種癌症、腫瘤、免疫系統失調、身心症等，也都變得更不確定、更難以救治與痊癒：這是一個看不到末期或終端的時代，我們的病或症狀永遠都好不了，我們已經進入一個新的慢性病模式，「治癒」的邏輯已經被「管理」和「控制」取代。

根據加拿大學者凱茲丁（Eric Cazdyn）提出的數據，在加拿大有一千六百萬超過四十五歲的人同時受兩種以上慢性病所苦。在臺灣有五成以上的老年人有三種以上的慢性病，最常見的慢性病包括高血壓、白內障、心臟病。慢性病的處方藥充其量也只能控制而非治癒症狀。如同上述新冠肺炎疫情暴露的差異性脆弱，慢性病的治療牽涉財務與保險管理、生技食物與藥品的開銷，也就是醫療照護因著社經地位與能力而不平等。

在慢性病愈來愈普遍的時代裡，潛伏的癌症比實際發病的個案多，陰性與陽性、良性與惡性、健康與得病之間的界線日趨模糊。從醫療實務的角度來說，絕大部分慢性病患者接受的舒緩照護沒有確切的時間限制。慢性病的存在否定了治癒的可能，因而在慢性病的時間性裡並不存在終點，時間失去線性的區隔與進展，如同病毒總是以剩餘的樣態無盡蔓延著。

「後疫情」的想像

弔詭的是，在肺炎疫情尚未明朗更別說是減緩或結束的情況下，在慢性病愈來愈普及的時代裡，我們卻同時看到「後疫情」論述或想像正在各種社交媒體、產品促銷、學術活動和公共論壇中急速擴散。主題包羅萬象，涵蓋國際關係、全球產經結構、生技醫療趨勢、城市營造、飲食生活、旅遊、藝術實踐……到世界的樣態。這些論述與想像不乏對疫情衝擊提出全面性評價，作為「疫情過後」全球政治、經濟與公共衛生的政策方針。在當下的情況，「後疫情」的說法其實讓「提前部署」和「延後／長部署」失去區隔。「後」並非真的是時序上的結束，如同在當前的慢性病／病毒時間性裡，並不真的存在或者已不可能談論終點和終結。「後」如同病毒變種和重新組合，衍生出延後、延長、迂迴、擴散等不同含義，一種提前到來的不確定的未來，纏繞著此時此刻的我們，逼迫我們不斷去言說和描繪各種未來的圖像。我們不禁懷疑，當下這股對於後疫情形勢和回歸常態的著迷是否暴露出我們在逃避根本的改變。為什麼北半球諸大國對於二氧化碳排放量的反應遠不及於對新冠肺炎的反應急迫？

當我們面對疫情的時候愈是驚慌，我們會更焦急要改變什麼以便快點「回歸正常的生活」。相反的，相信、期望新冠肺炎疫情發展到不可收拾的程度自然會摧毀資本主義，似乎是一種不負責任的逃避主義，畢竟我們已經充分瞭解面對疫情需要針對人力、物資、空間、行動各方面做必要的部署。最根本的問題是跳脫既有的常態與例外狀態、可能與不可能、樂觀與悲觀、主動與被動之間的區隔。從前面的精神分析倫理學的角度來說，如果想像「後疫情」時代有任何意義，不在於「回歸常態」，而在於改變構成我們所熟悉的日常世界的要件，改變飲食、生產、移動、生活的方式，以及資本主義使我們不斷消費、旅遊、享樂的刺激。

且讓我用一個精神分析界流傳已久的笑話為本文作結。一位病人掛號看診，精神分析師先問助理該位病人的狀況是否緊急。助理回答，「不，病人看起來還算穩定，運作的還可以，還能適應現實狀況，不算緊急。」分析師大叫，「那不行，我最好趕快看看他！」

後記

我經常戲稱自己是「瀕臨退休的動物」，但我一直在嘗試新的閱讀和研究方向，以及更多知識生產的可能，期望能跨越高深的學術藩籬趨近社會大眾。《閱讀生命政治》的初稿原本是根據我的授課內容改寫而成，從交稿到正式出版的過程中，和春山出版的小瑞和君佩數次來回討論，不斷修改與擴充，期望讓原本較為嚴肅甚至生硬的學術論述能更具親近性和可讀性，也讓這本書孕育出不同形式的生命。我作為這本書的作者也學習如何拋開作者的身分，成為一位傾聽者、讀者和對話者。這種體驗近似後結構主義者所宣告的「作者之死」，開展出對話、符號與文本交互擺盪的快感。

當我在寫這篇後記時，臺灣本土乃至於全球各地 COVID-19 疫情依然嚴峻，世界各國施行著檢疫、隔離、接種疫苗、封城、限制或禁止社交活動，諸如此類的防疫措施在在都是生命政治的控管，都是為了抵擋病毒的擴散和防衛共同體的生命。然而，生命政治並非只在疫情嚴峻的「例外狀態」或類似納粹的「死亡政治」中運作，而是早已與常態性的治理密不可分。就近來的確診個案來看，COVID-19 會更往輕症或無症狀的趨勢發展，極有可能會成「流感化」，也就是日常化。然而，常態性的生命政治治理並非只是為了防患病毒與傳染病，而是牽涉更廣更細的人員、身體與精神、物體、資源、空間和權力的部署，本書的主要目的就在於提供一些思想座標，引導讀者審視這些錯綜複雜的面向。

面對嚴峻的疫情、嚴格的生命政治控管和更無所不在的病毒感染威脅，我們其實都是「倖存者」，不僅必須做好防疫措施和自我防護與照料以「活下來」，也試圖敘述我們所經歷的憂慮、恐慌和磨難，想像我們活下來要成為什麼樣的人。當人們鎮日叫喊著要疫苗，頓時都成為疫苗專家，或因為某些行政首長的宣示感到恐慌而到大賣場搶貨，讀書是否成為一種時空錯置的奢侈，或者人們是否已無法靜下心來好好讀一本書，走進哲學家的思想世界了？

不可諱言，這波疫情嚴重衝擊各行各業，出版業和書店也無法倖免。《閱讀生命政治》在這個時間點出版和 COVID-19 肆虐的時機產生交集，有一部分是偶然的機緣使然，但也是一種逆勢而為的企圖。正當我們在面對 COVID-19 的威脅和侵襲之際，每天盯著防疫指揮中心公布的數字和訊息，各種包含惡意的訊息也四處在社群媒體流竄，纏繞著臺灣人的心靈。我們似乎處在一種極度焦躁不安、價值混亂、現實感被綁架的狀態之中，那也是一種雖生猶死、不死的「例外狀態常態化」。防疫防的到底是什麼？我們還可能想像「後疫情時代」嗎？我們還可能尋求「例外狀態的例外狀態」，從那焦躁不安的不死狀態中抽離，讓我們的心靈得到安頓嗎？

《閱讀生命政治》不是生命政治的百科全書，但讀者可以從中開闢和延伸自己的閱讀路徑，安排讓這本書陪伴你的方式，走過這一段「瘟疫蔓延」的年代。

辯證唯物論（dialectical materialism），根植於「不全」（non-all）、內在的斷裂和無法分解的剩餘（indivisible remainder)：簡而言之，「不死」的邏輯。很明顯的，紀傑克將「不死」導向更具有馬克思色彩的現實、認同、主體性、階級鬥爭等概念。紀傑克在〈意識形態的鬼魂〉（The Spectre of Ideology）裡明白指出，階級鬥爭「指的是讓客觀現實無法為自成一體的對立」。這種不全的不死狀態也足以顯示主體本體存在的核心：主體的生成必然有其物質真實層作為基礎，但主體存在無法化約成那樣的物質基礎。非物質、化精神化或鬼魅化的傾向從內部騷動主體的物質存在，使其不斷溢出自身或無法成為自身，這正是主體自由的條件。

7.「無主權的上帝」是卡普托（John D. Caputo）後形上學解構神學的核心概念，起源於1960年代的「上帝之死神學」。如羅賓斯（Jeffrey Robbins）解釋，「上帝之死基進神學……代表從文化與信仰危機之中發出的批判與預言聲音，遠離舊有宗教的確定性」。上帝之死神學，以及後續發展出來的各種基進神學，是否具有足夠的政治基進性值得另文細究。在此我僅指出，卡普托在《上帝的微弱：事件神學》（*Weakness of God: A Theology of Event*）裡，將「事件神學」連結德希達的「沒有宗教的宗教」和班雅明的「微弱的彌賽亞力量」，如同阿岡本努力讓宗教信仰脫離實質內容，藉此保存宗教信仰彌賽亞的潛勢。卡普托的事件神學承襲了解構的「鬼魂詮釋學」（spectral hermeneutics），強調事件鬼魂般的、不可化約的可能性，逼催著被言說，又無法被納入有限的形式和秩序；這與阿岡本的神學頗為契合。但是阿岡本對於生命政治範疇裡的不死的無區分地帶，卡普托或其他否定神學不見得有什麼著墨。

8. 有關這個問題的深入探討，可參考羅伯斯（John Roberts）的著作。羅伯斯針對巴迪烏、阿岡本和紀傑克三人的辯證思想進行比較，他也認為基督教和馬克思主義同屬辯證思想傳統。暫且不論彼此間的殊異，他們三人的思想都堅持「斷裂的普遍主義」（universalism of the break）和反對進步史觀，也都特別關照過去如何得到救贖，以便清醒的朝向未來。不過羅伯斯並沒有處理「不死」的問題。從本文的觀點來說，「不死」擾亂、懸置、不斷溢出語言、認知和本體區分，這是我們理解基督教和馬克思辯證傳統裡的基進潛能必須掌握的面向。舉例而言，即便紀傑克自我標榜的「好戰的普遍主義」和阿岡本的「微弱的彌賽亞主義」看似對立，紀傑克反覆引述謝林、黑格爾、拉岡、量子物理等形塑的

Politics of Redemption from an Agambenian Perspective," *Concenric: Literary and Cultural Studies* 38.1（March 2012), 171-94, 中文改寫版。

2. 有關艾希曼軍法審判的細節，見Arendt, *Eichmann in Jerusalem: A Report on the Banality of Evil*, 或中譯本《平凡的邪惡：艾希曼耶路撒冷大審紀實》（臺北市：玉山社，2013）。
3. 包括卡普托（John D. Caputo）、泰勒（Mark Lewis Taylor）以及其他相關學者在這方面已有豐富的著述，即便使用和本文截然不同的語彙。他們援引解構思想——特別是德希達的——將神學論述「鬼魂化」（spectralize）、「不死化」。舉例而言，卡普托透過「鬼魂詮釋學」形塑「微弱神學」（weak theology），關照被壓抑的記憶與事件不可化約的、纏繞的特質。與此相似，泰勒也運用德希達和南希（Jean-Luc Nancy）的後結構主義，提出一種以纏繞為核心的鬼魂神學理論。泰勒認為，神學作為一種論述是由哲學家和政治理論家所發展，而不是神學家。神學的任務是在政治思想和實踐的衝突場域中，對權力的概念進行批判性的反思，更重要的是，追溯那些支配人們和群體、為他們帶來苦難的體系運作，並致力瓦解那些體系。泰勒的鬼魂神學理論撼動了傳統的神學權威，他不斷以語言、性意識、性別和種族的特異性讓神學論述更為複雜且多元。有別於卡普托和泰勒的進路，本章探究阿岡本著作裡的不死生命，更關照生命政治統治下的人與非人的本體存在情境。
4. 亦見本書的〈桑特納的《日常生活的精神神學：論佛洛伊德與羅森茨維格》〉。
5. Giorgio Agamben, *Homo Sacer: Sovereign Power and Bare Life*. Trans. Daniel Heller-Roazen (Stanford: Stanford UP, 1998).
6. 義大利文原版*La communità che viene*於1990年出版。

3. 根據佛洛伊德精神分析的基本原理，心靈機制最重要的任務之一是卸除（discharge）來自生物體內在和外在環境的刺激（excitation），以維持平衡狀態。就字源和構詞的層面而言，excitation表示「召喚」和「發話」，dis-charge則有「交託任務和職責」的意涵。我們可以從這些語意豐富而曖昧的詞彙看到，精神分析理解的心靈機制和生命樣態都糾結了他者的話語、欲望和要求。順此邏輯，創傷導因於過量卻無法卸除的壓力，持續擾亂著主體的生命，但也驅動了主體尋求抽離或救贖的動力。
4. 拉岡精神分析談的「幻見」主要的功能在於回應法律或大他者「你要我做什麼」的謎題，也就是說，服從法律的行動不是只牽涉到文字和象徵層次的法律，而是牽動欲望和快感，如同透過服從交換快感。看似逾越的快感其實是法律所允許的。晚期佛洛伊德的超我已不再是純粹的中介行為規範和道德良知，而是會借用本能衝動形成對主體的監控甚至壓迫。後來的拉岡精神分析發展出法律的底層支撐或添補（supplement）的概念，指的就是形式上的的法律都有檯面下的潛規則或陰暗分身，也就是絕爽。

法律如同一座迷宮

1. 卡夫卡（Franz Kafka）著，姬健梅譯，《審判》（*Der Process*）（新北市：漫步文化，2018），頁139。
2. 同前注，頁248。
3. 同前注，頁53。
4. 同前注，頁84。

不死生命與救贖政治：阿岡本觀點

1. 本文為作者所著“The Crime of Indistinction? The Undead and the

4. Roberto Esposito, *Bios: Biopolitics and Philosophy*. Trans. Timothy Campbell (Minneapolis: U of Minnesota P, 2008), 8.
5. ibid., 119.
6. ibid., 167.

神學救贖

巴迪烏的《保羅：普世主義的基礎》

1. Alain Badiou, *Saint Paul: The Foundation of Universalism*. Trans. Ray Brassier (Stanford: Stanford UP, 2003), 10-11.
2. 數學家出身的巴迪烏所用的「減除」一詞不單純是「否定」，而是透過否定肯定或開展了新的可能性。
3. ibid., 44.
4. ibid., 45.
5. 科學訓練出身的帕斯卡在1654年11月23日午夜體驗神靈的啟示，開啟了他包括《懺悔錄》（Pensées）、《致外省人書》（*Lettres Provinciales*）等神學著作。
6. ibid., 80.

桑特納的《日常生活的精神神學：論佛洛伊德與羅森茨維格》

1. Eric L. Santner, *On the Psychotheology of Everyday Life: Reflections on Freud and Rosenzweig* (Chicago: The U of Chicago P, 2001), 19.
2. （桑特納原注）Harold Bloom, "Freud and Beyond," *Ruin the Sacred Truths: Poetry and Belief fron the Bible to the Present*（Cambridge, MA: Harvard UP, 1987).

Routledge, 2010), 94.

5. 藍佩嘉，《跨國灰姑娘：當東南亞幫傭遇上台灣新富家庭》（臺北市：行人，2008），頁97。
6. 同前注，頁119-126。

免疫與生命政治

艾斯波西多的《免疫：生命的防護與否定》

1. 英文immunization在本章裡隨中文語境不同譯為免疫、防疫或免疫化，immunity則為免疫和免疫性。
2. Roberto Esposito, *Immunitas: The Protection and Negation of Life*. Trans. Zakiya Hanafi (Cambridge: Polity, 2011), 1.
3. ibid., 31.
4. ibid., 63.
5. ibid., 67.
6. ibid., 69.
7. Trans. Zakiya Hanafi, *Angelaki* 18.3, September 2013, 83-90.

以免疫邏輯持續分析現代的生命政治：《生命：生命政治與哲學》

1. Roberto Esposito, *Bios: Biopolitics and Philosophy.* Trans. Timothy Campbell (Minneapolis: U of Minnesota P, 2008), 8.
2. ibid., 46.
3. 艾斯波西多在此環節似乎呼應了盧梭《社會契約論》（*The Social Contract*）的名言「人生而自由，無處不受綑綁」（man was born free, and everywhere he is in chains）。

海地區頗為盛行，後來擴散到中亞地區，不限定任何單一宗教，早期基督教和摩尼教都帶有諾斯提色彩。諾斯提主義最廣為人知的是一個遙不可知的神格，以及光明與黑暗、靈魂與物質兩股力量交互的二元論世界觀。

3. 有關阿岡本對於傅柯生命政治論述其他的詮釋，請參考本書「裸命與見證」篇的阿岡本《牲人》一章。
4. Giorgio Agamben, *The Kingdom and the Glory: For a Theological Genealogy of Economy and Government*. Trans. Lorenzo Chiesa (Stanford: Stanford UP, 2011), 118-119.
5. ibid., 122-123.
6. Jürgen Moltmann, *The Trinity and the Kingdom of God*. Trans. M. Kohl (London: SCM Press, 1981).
7. Giorgio Agamben, *The Kingdom and the Glory: For a Theological Genealogy of Economy and Government*. Trans. Lorenzo Chiesa (Stanford: Stanford UP, 2011), 208-209.
8. ibid., 239.

「故鄉的異鄉人」

1. 本文為國立臺灣師範大學文學院2013年人文暨活動靜態展報告資料改寫而成。
2. 藍佩嘉，《跨國灰姑娘：當東南亞幫傭遇上台灣新富家庭》（臺北市：行人，2008），頁21。
3. 詳見勞動部勞動統計月報：https://www.mol.gov.tw/statistics/2452/2453/勞動統計月報/
4. Encarnación Gutiérrez-Rodríguez, *Migration, Domestic Work and Affect: A Decolonial Approach on Value and the Feminization of Labor* (New York:

理》（臺北市：聯經，2018），30-31。

經濟與治理

傅柯的《生命政治的誕生》

1. Michel Foucault, *The Birth of Biopolitics: Lectures at the Collège de France 1978-1979*. Trans. Graham Burchell. Ed. Michel Senellart(London: Palgrave MacMillan, 2008), 4.
2. 可參考蔡友月，〈想像的病毒共同體：全球vs.台灣生物民族主義之戰〉，《報導者》(2020/5/14)（ https://www.twreporter.org/a/opinion-covid-19-imagined-communities）。
3. Michel Foucault, *The Birth of Biopolitics: Lectures at the Collège de France 1978-1979*. Trans. Graham Burchell. Ed. Michel Senellart (London: Palgrave MacMillan, 2008), 79-80.
4. ibid., 269.
5. ibid., 278.

阿岡本的《王國與榮耀》

1. 義大利文原著於2007年出版。英譯本*The Kingdom and the Glory*：*For a Theological Genealogy of Economy and Government*將“rengo”（英文的reign，指「統治」、「在位」）譯為“kingdom” 似乎較不容易看到本書的主旨。本文提到書名沿用英譯kingdom，建議讀者從上下文脈絡理解阿岡本談的是範圍更廣泛的治理，而不是局限在政治組織。
2. 從比較廣泛的角度來說，「諾斯提」(Gnosis）表示透過神祕主義的體驗達到靈知和脫離凡世。諾斯提主義在公元初幾世紀的地中

2. 研究者大多認為，歐洲的精神醫學和一般醫學伴隨著殖民主義的擴張，從「中心」移植到「邊緣」。從傅柯式的批判角度來說，這種殖民醫學移植似乎把被殖民者設定成等待醫治的對象，他們亟需趕上現代化的潮流。也就是說，精神醫學的建置、歐洲殖民主義和西方中心的現代化具有平行發展的軌跡。這樣的進程勢必對殖民地在地的傳統療法產生排擠和壓抑。當然，我們也不一定要依循這樣的「中心—邊緣」的對立模式，可以更關注不同文化背景下的醫學體系之間的折衝與磨合。而且，將殖民地的醫療人員都看作帝國的僕傭似乎也過於武斷和偏頗。然而，殖民主義或種族主義對殖民地住民或者移居到帝國中心的（前）殖民地人民的壓迫，所造就的不平等教育、法定權利、健康衛生、經濟與勞動條件等等，和精神患疾的相關性，以及精神醫學在這樣的情境中所扮演的角色，一種具有解放意義的精神醫學體系該是什麼樣態、如何可能，這些都值得從傅柯的精神醫學權力批判出發，做進一步的考察。
3. Michel Foucault, *Psychiatric Power: Lectures at the Collège de France 1973-1974*. Trans. Graham Burchell. Ed. Jacques Lagrange (New York: Picardo, 2003), 4.
4. 指某一器官或組織的病理變化。

關於瘋狂與精神醫學（史）的哲學漫談

1. 此為貓頭鷹出版社2018年出版之中譯本書名，原著為Andrew Scull, *Madness in Civilization: A Cultural History of Insanity from the Bible to Freud, from the Madhoues to Modern Medicin*e (London, Thames & Hudson, 2016).
2. 蔡有月、陳嘉新主編《不正常的人？台灣精神醫學與現代性的治

爾貢和三姊妹各自的形象與魔力並沒有固定一致的版本。

9. Giorgio Agamben, *Remnants of Auschwitz: The Witness and the Archive*. Trans. Daniel Heller-Roazen (New York: Zone, 2002), 104.
10. Emmanuel Levinas, *On Escape: De l'évasion*. Trans. Bettina Bergo (Stanford: Stanford UP, 2003), 64.
11.「範式」在阿岡本著作裡的用法，見本書《牲人》注釋1。
12. Susan Sontag, *Regarding the Pain of Others* (New York: Picador, 2003), 59.
13. ibid., 102.
14. 鄭明河（Trinth T. Minh-ha）著，黃宛瑜、呂欣怡譯，《他方，在此處：遷居、逃難與邊界記事》（*Elsewhere, within Here: immigration, Refugeeism and the Boundary Event*）（臺北市：田園城市，2013），頁97。
15. Judith Butler, *Precarious Life: The Powers of Mourning and Violence* (London: Verso, 2004), 134.

精神病院

傅柯的《精神醫學權力》

1. 本書法文原版 Folie et déraison: Histoire de la folie à l'âge classique 長達六百多頁，為傅柯博士學位論文，於1961年出版，並於1964年發行縮減版，其英譯本以 *Madness and Civilization: A History of Insanity in the Age of Reason* 為名於隔年發行（華語世界常提到的《瘋癲與文明》），完整之英譯本 *History of Madness* 於2006年發行（本章與下一章使用的版本）。此中文譯名參照林志明之中文譯本（1998發行）。

「無法」，而指的是法律自身的運作超出常態性規範或不受規範。

6. Giorgio Agamben, *Homo Sacer: Sovereign Power and Bare Life*. Trans. Daniel Heller-Roazen (Stanford: Stanford UP, 1998), 134.
7. ibid., 147.
8. ibid., 171.

「我們都是難民」？

1. 本文首次發表於第四十屆全國比較文學學會議（2018年5月26日，國立臺灣大學外文系）。
2. Peter Gatrell, *The Making of the Modern Refugee* (Oxford: Oxford UP, 2013), 6.
3. ibid., 6.
4. Hannah Arendt, *The Origins of Totalitarianism* (San Diego: Harvest, 1968), 284.
5. ibid., 291.
6. ibid., 295-296
7. 「穆斯林」（*der Muselmann*）是二次大戰期間集中營裡的猶太裔囚犯之間流通的用語，泛指那些飢寒交迫、不成人形、雖生猶死的囚犯，包括李維（Primo Levi）、德爾波（Charlotte Delbo）、魏瑟爾（Elie Wiesel）等大屠殺證言作者都持續使用。但實際上 *der Muselmann* 二次大戰之前就已在歐洲流通，至於為何是 *der Muselmann* 而不是其他詞語，確切的歷史緣由為何，是否與歐洲從中古世紀晚期開始接觸穆斯林有關，有待進一步考究。
8. 希臘神話的蛇髮女妖，最早出現的時候指的是斯忒諾（Sethno）、歐律阿勒（Euryale）和梅杜莎（Medusa）三姊妹，傳說中看見她們的人會馬上化為石頭，象徵目睹最恐怖的景象。有關戈

資本主義老大哥在看你！

1. 本章為作者“Conspiracy and Paranoid-Cynical Subjectivity in the Society of Enjoyment: A Psychoanalytic Critique of Ideology”（*NTU Studies in Language and Literature* 17, 2007, 159-98）的部分文字中文改寫版，略去原論文意識形態理論的展演，更聚焦在生命政治的議題。

裸命與見證

阿岡本的《牲人》

1. 阿岡本使用「範式」的用意之一在於顯示舉例和類比的複雜面向。集中營表面上看來獨特極端，一般人總習慣把它當成發生在世界邊緣的現象，但阿岡本以集中營作為一種範式，正是要挑戰人們的慣性思考或既有的分類和知識系統，讓我們從那「貌似」極端邊緣的例外現象看到普遍性的意義。因此，我們不妨將阿岡本的「範式」理解為一種語言和思想實驗，開展某個客體或觀念潛在的意義，讓事物之間的連結得以被思考、被揭顯。
2. 本書在後續有關難民和不死生命的篇章約略討論阿岡本和鄂蘭思想的「跨時空對話」，在此不再贅述。
3. Topography譯為「拓樸」，原意為地球科學的一支，研究地表形狀或區域地理形勢的科學，兼顧自然與文化特性，經常被人文學科挪用，意指實質或概念層次上的、想像性的空間劃分，例如佛洛伊德就曾提出「心靈拓樸結構」，將心靈分為「自我」(ego)、「本我」(id) 與「超我」(superego)。
4. 在後文有關《牲人》第三部的討論還會延續「主權主體」這個議題。
5. 在本書的政治神學或生命政治脈絡裡的「無法」，當然不能理解成常識性的、日常語境裡任意破壞規則、為所欲為或亂無章法的

2. ibid., 156.

霍布斯和他的《巨靈論》

1. 有關「免疫」確切的語義和學術思想背景，見本書導論第三節與後文艾斯波西多的篇章，在此處是較一般性的用法，側重政體的安全界線防護。
2. Thomas Hobbes, *Leviathan*. Ed. Richard Tuck (Cambridge: Cambridge UP, 1996), 120.

極權主義與集中營

鄂蘭的《極權主義的起源》

1. Hannah Arendt, *The Origins of Totalitarianism* (San Diego: Harvest, 1968), 346.
2. ibid., 349.
3. ibid., 323-324.
4. ibid., 414-415.
5. ibid., 459.
6. 參考施奕如中譯本。漢娜・鄂蘭（Hannah Arendt）著，施奕如譯，《平凡的邪惡：艾希曼耶路撒冷大審紀實》(臺北市：玉山社，2013)，頁304-305。

生命如同一座集中營

1. 採徐立妍中譯本。喬治・歐威爾著(George Orwell)，徐立妍譯，《一九八四》(臺北市：遠流出版，2012)。

注釋

【導論】現代生命政治情境與理論

1. 本文部分文字出自作者“Risk, Fear and Immunity: Reinventing the Political in the Age of Biopolitics,” *Concentric: Literary and Cultural Studies* 37.1（March 2011）, 43-71一文之中文改寫與擴充。
2. 例如：Karl Binding,《國家的演化與生命》（*Zum Werden und Leben der Staaten*, 1920）; Eberhard Dennet,《國家做為一種存活的有機體》（*Der Staat als lebendiger Organismus*, 1920）; Edward Hahn,《國家，一種生命本質》（*Der Staat, ein Lebenwesen*, 1926）。見Esposito, *Bios* 16。本節有關生命政治論述歷史脈絡的討論主要參考Esposito, *Bios*, 16-24。
3. 英文版*The Birth of the Clinic*於1973年出版。
4. Roberto Esposito. *Bios: Biopolitics and Philosophy*. Trans. Timothy Campbell (Minneapolis: U of Minnesota P, 2008), 188.
5. Priscilla Wald. *Contagious: Cultures, Carriers, and the Outbreak Narrative* (Durham: Duke UP, 2008), 7.

城邦與政體

亞里斯多德與他的《政治學》

1. Aristotle, *The Politics*. Ed. Stephen Everson (Cambridge: Cambridge UP, 1988), 9.

4.4: 375-94.
——. 2006. *The Parallax View*. Cambridge, MA: MIT P.
——. 1999."The Spectre of Ideology." *The Žižek Reader*. Ed. Elizabeth Wright and Edmund Wright. Oxford: Blackwell. 53-86.
——. 1993. *Tarrying with the Negative: Kant, Hegel, and the Critique of Ideology*. Durham: Duke UP.
——. 2020. *Pandemic! Covid-19 Shakes the World*. New York: OR Books.
European Journal of Psychoanalysis. 2020."Coronavirus and Philosophers." (http://www.journal-psychoanalysis.eu/coronavirus-and-philosophers/)

Scull, Andrew Scull. 2016. *Madness in Civilization: A Cultural History of Insanity from the Bible to Freud, from the Madhoues to Modern Medicin*e. London: Thames & Hudson.

Shorter, Edward. 1998. *A History of Psychiatry: From the Era of the Asylum to the Age of Prozac*. New York: John Wiley and Sons.

Sontag, Susan. 2003. *Regarding the Pain of Others.* New York: Picador.

Taylor, Mark Lewis. 2011. *The Theological and the Political: On the Weight of the World.* Minneapolis: Fortress.

Vogt, Erik. 2005. "S/Citing the Camp." *Politics, Metaphysics, and Death: Essays on Giorgio Agamben's* Homo Sacer. Ed. Andrew Norris. Durham: Duke UP. 74-106.

Zartaloudis, Thanos. 2010. *Giorgio Agamben: Power, Law and the Uses of Criticism*. Abingdon, Oxon: Routledge.

Wald, Priscilla. 2008. Contagious: Cultures, Carriers, and the Outbreak Narrative. Durham: Duke UP.

Waddington, Keir. 2011. *An Introduction to the Social History of Medicine: Europe since 1500.* London: Palgrave MacMillan.

Wolfe, Cary. 2013. *Before the Law: Human and Other Animals in a Biopolitical Frame*. Chicago: U of Chicago P.

Žižek, Slavoj. 1992. *Enjoy Your Symptom: Jacques Lacan in Hollywood and Out*. New York: Routledge.

——. 2005.Neighbors and Other Monsters: A Plea for Ethical Violence." *The Neighbor : Three Inquiries in Political Theology*. Chicago: U of Chicago P.

——. 2006."Notes towards a Politics of Bartleby: The Ignorance of Chicken." *Comparative American Studies: An International Journal*

MIT P.

Nietzsche, Friedrich. 1974. *The Gay Science*. Trans. Walter Kaufmann. New York: Vintage.

Norris, Andrew, ed. 2005."Giorgio Agamben and the Politics of the Living Dead."Introduction. *Politics, Metaphysics, and Death: Essays on Giorgio Agamben's* Homo Sacer. Durham: Duke UP. 1-30.

Noys, Benjamin. 2005. *The Culture of Death*. New York: Berg.

O'Connor, Patrick. 2009."Redemptive Remnants: Agamben's Human Messianism."*Journal for Cultural Research* 13.3-4 : 335-52.

Prince-Smith, Andrew T. 2009. *Contagion and Chaos: Disease, Ecology, and National Security in the Era of Globalization*. Cambridge, MA: The MIT P.

Robbins, Jeffrey W, ed. 2007. "Introduction."*After the Death of God*. New York: Columbia UP. 1-26.

——. 2011. *Radical Democracy and Political Theology*. New York: Columbia UP.

Roberts, John. 2008."The'Returns to Religion': Messianism, Christianity and the Revolutionary Tradition."*Historical Materialism* 16 : 59-103.

Rose, Nicholas. 2007. *The Politics of Life Itself: Biomedicine, Power, and Subjectivity in the Twentieth-First Century*. Princeton: Princeton UP.

Santner, Eric L. 2005. *On Creaturely Life: Rilke, Benjamin, Sebald*. Chicago: U of Chicago P.

——. 2001. *On the Psychotheology of Everyday Life: Reflections on Freud and Rosenzweig*. Chicago: The U of Chicago P.

Jones, Reece. 2016. *Violent Borders: Refugees and the Right to Move.* London: Verso.

Kaufman, Eleanor. 2008."The Saturday of Messianic Time (Agamben and Badiou on the Apostle Paul)." *South Atlantic Quarterly* 107.1 : 37-54.

Kleinmann, Arthur. 1998. *The Illness Narratives: Suffering, Healing, and the Human Condition.* New York: Basic Books.

LaCapra, Dominick. 2007."Approaching Limit Events: Siting Agamben." *Giorgio Agamben: Sovereignty and Life.* Ed. Matthew Calarco and Steven DeCaroli. Stanford: Stanford UP. 126-62.

——. 2004. *History in Transit: Experience, Identity, Critical Theory.* Ithaca: Cornell UP.

Lechte, John, and Saul Newman. 2012."Agamben, Arendt and Human Rights: Bearing Witness to the Human." *European Journal of Social Theory* 15.4 : 522-36.

Levinas, Emmanuel. 2003. *On Escape: De l'évasion.* Trans. Bettina Bergo. Stanford: Stanford UP.

Lupton, Deborah, ed. 1999. *Risk and Social Cultural Theory: New Directions and Perspectives.* Cambridge: Cambridge UP.

Milbank, John. 2005. "Materialism and Transcendence." *Theology and the Political: The New Debate.* Ed. Mike Davis et al. Durham: Duke UP. 393-426.

——. 2008. "Paul against Biopolitics." *Theory, Culture & Society* 25.7-8 : 125-72.

Milbank, John, and Slavoj Žižek. 2009. *The Monstrosity of Christ: Paradox or Dialectic?* Ed. Creston Davis. Cambridge, MA: The

UP.

Gordon, Colin. 2013."History of Madness." *A Companion to Foucault.* Ed. Christopher Falzon et al. Chichester, West Sussex: Wiley-Blackwell. 84-103.

Griffiths, Paul J. 2010."The Cross as the Fulcrum of Politics: Expropriating Agamben on Paul." *Paul, Philosophy, and Theopolitical Vision: Critical Engagements with Agamben, Badiou, Žižek, and Others*. Ed. Douglas Harink. Eugene, OR: Cascade: 179-97.

Gutiérrez-Rodríguez, Encarnación. 2010. *Migration, Domestic Work and Affect: A Decolonial Approach on Value and the Feminization of Labor*. New York: Routledge.

Harrison, Robert Pogue. 2003. *The Dominion of the Dead.* Chicago: U of Chicago P.

Hirsch, Marianne, and Leo Spitzer. 2010."The Witness in the Archive: Holocaust Studies/Memory Studies." *Memory: History, Theories, Debates.* Ed. Sussannah Radstone and Bill Schwarz. New York: Fordham UP: 390-405.

Hobbes, Thomas. 1996. *Leviathan*. Ed. Richard Tuck. Cambridge: Cambridge UP.

Huang, Han-yu. 2009."The Banality of Radical Evil in the Name of Enjoyment: Hannah Arendt Revisited through Ethics of Psychoanalysis."*NTU Studies in Language and Literature* 21 : 57-80.

Isin, Engin F. 2004."The Neurotic Citizen."*Citizen Studies* 8.3: 217-35.

Johnston, Adrian. 2008. *Žižek and Ontology: A Transcendental Materialist Theory of Subjectivity*. Evanston: Northeastern UP.

——. 2013.*The Terms of the Political: Community, Immunity, Biopolitics.* Trans. Rhiannon Noel Welch. New York: Fordham UP.

Foucault, Michel. 2008. *The Birth of Biopolitics: Lectures at the Collège de France 1978-1979.* Trans. Graham Burchell. Ed. Michel Senellart. London: Palgrave MacMillan.

——. 2003."The Birth of Social Medicine." *The Essential Foucault.* Ed. Paul Rabinow and Nikolas Rose. New York: The New Press. 319-37.

——. 2006. *History of Madness.* Trans. Jonathan Murphy and Jean Khalfa. Ed. Jean Khalfa. London: Routledge.

——. 1990. *The History of Sexuality, Volume I: An Introduction.* Trans. Robert Hurley. New York: Vintage.

——. 1980. *Power/Knowledge: Selected Interviews and Other Writings 1972-1977.* Trans. Colin Gordon et al. Ed. Colin Gordon. New York: Harvester.

——. 2003. *Psychiatric Power: Lectures at the Collège de France 1973-1974.* Trans. Graham Burchell. Ed. Jacques Lagrange. New York: Picardo.

——. 2003. *Society Must Be Defended: Lectures at the Collège de France 1975-1976.* Trans. David Macey. Ed. Mauro Bertani and Alessandro Fontana. New York: Picardo.

Fox, Nick F. 1999. "Postmodern Reflections on 'Risk,' 'Hazards' and Life Choices." *Risk and Social Cultural Theory: New Directions and Perspectives.* Ed. Deborah Lupton. Cambridge: Cambridge UP. 12-33.

Gatrell, Peter. 2013. *The Making of the Modern Refugee.* Oxford: Oxford

Ed. Jeffrey W. Robbins. New York: Columbia UP.

——. 2011. *The Weakness of God: A Theology of the Event*. Bloomington: Indiana UP, 2006. Crockett, Clayton. *Radical Political Theology: Religion and Politics after Liberalism*. New York: Columbia UP.

Davis, Creston, ed. 2009. "Introduction: Holy Saturday or Resurrection Sunday? Staging an Unlikely Debate." *The Monstrosity of Christ: Paradox or Dialectic?* Cambridge, MA: MIT P. 2-23.

Davis, Creston, John Milbank, and Slavoj Žižek, eds. 2005. *Theology and the Political: The New Debate*. Durham: Duke UP.

Davis, Creston, and Patricke Aaron Riches. 2005. "Metanoia: The Theological Praxis of Revolution." *Theology and the Political: The New Debate*. Ed. Mike Davis et al. Durham: Duke UP. 22-51.

Davis, Mike. 2020. *The Monster Enters: Covid-19, Avian Flu and the Plagues of Capitalism*. New York: OR Books.

Debord, Guy. 1983. Society of the Spectacle. 1967. Detroit: Black & Red.

Dean, Mitchell. 1999. "Risk, Calculable and Incalculable." *Risk and Social Cultural Theory: New Directions and Perspectives*. Ed. Deborah Lupton. Cambridge: Cambridge UP. 131-59.

De la Durantaye, Leland. 2009. *Giorgio Agamben: A Critical Introduction*. Stanford: Stanford UP.

Dickinson, Colby. 2011. *Agamben and Theology*. London: T & T Clark.

Esposito, Roberto. 2008. *Bios: Biopolitics and Philosophy*. Trans. Timothy Campbell. Minneapolis: U of Minnesota.

——. 2011. *Immunitas: The Protection and Negation of Life*. Trans. Zakiya Hanafi. Cambridge: Polity.

Asdal, Kristin, et al. eds. 2017. *Human, Animals and Biopolitics: The More-than-human Condition*. London: Routledge.

Badiou, Alain. 2003. *Saint Paul: The Foundation of Universalism*. Trans. Ray Brassier. Stanford: Stanford UP.

Beck, Ulrich. 2009. *World at Risk*. Trans. Ciaran Cronin. Cambridge: Polity.

Behar, Ruth. 1996. *The Vulnerable Observer: Anthropology That Breaks Your Heart*. Boston: Beacon Press.

Benjamin, Walter. 1996."Critique of Violence." *Walter Benjamin: Selected Writings, Volume 1, 1913-1926*. Ed. Marcus Bullock and Michael W. Jennings. Cambridge, MA: The Belknap P of Harvard UP. 236-52.

Cazdyn, Eric. 2012. *The Already Dead: The New Time of Politics, Culture and Illness*. Durham: Duke UP.

Beverungen, Armin, and Stephen Dunne. 2007."'I'd Prefer Not to': Bartleby and the Excesses of Interpretation." *Culture and Organization* 13.2 (2007): 171-83.

Bond, Phillip. 2005. "The Politics of the Eye: Toward a Theological Materialism." *Theology and the Political: The New Debate*. Ed. Mike Davis. Durham: Duke UP. 439-62.

Buch, Robert. 2007."Seeing the Impossibility of Seeing or the Visibility of the Undead: Giorgio Amamben's Gorgon."*Germanic Review* 82.4 : 179-96.

Butler, Judith. 2004. *Precarious Life: The Powers of Mourning and Violence*. London: Verso.

Caputo, John D., and Gianni Vattimo. 2007. *After the Death of God*.

Agamben, Giorgio. 1993. *The Coming Community*. Trans. Michael Hardt. Minneapolis: U of Minnesota P.

——. 1998. *Homo Sacer: Sovereign Power and Bare Life*. Trans. Daniel Heller-Roazen. Stanford: Stanford UP.

——. 2011. *The Kingdom and the Glory: For a Theological Genealogy of Economy and Government*. Trans. Lorenzo Chiesa. Stanford: Stanford UP.

——. 2004. *The Open: Man and Animal*. Trans. Kevin Attell. Stanford: Stanford UP.

——. 1999. *Potentialities: Collected Essays in Philosophy*. Ed. Werner Hamacher and David E. Wellbery. Stanford: Stanford UP.

——. 2007. *Profanations*. New York: Zone.

——. 2002. *Remnants of Auschwitz: The Witness and the Archive*. Trans. Daniel

Heler-Roazen. New York: Zone.

——. 2005. *State of Exception*. Trans. Kevin Attell. Chicago: The U of Chicago P.

——. 2005. *The Time That Remains: A Commentary on the Letter to the Romans*. Trans. Patricia Dailey. Stanford: Stanford UP.

——. 1995. "We Refugees."Trans. Michael Rocke. *Symposium* 49. 2 (Summer 1995): 114-19.

Arendt, Hannah. 1963. *Eichmann in Jerusalem: A Report on the Banality of Evil*. Harmondsworth: Penguin.

——. 1968. *The Origins of Totalitarianism*. San Diego: Harvest.

Aristotle. 1988. *The Politics*. Ed. Stephen Everson. Cambridge: Cambridge UP.

引用資料

卡夫卡（Franz Kafka），2018，《審判》（*Der Process*）。姬健梅譯。新北市：漫步文化。

李舒中，2018，〈主體性與精神疾病：思覺失調（精神分裂）的臨床民族誌研究〉，出自蔡有月、陳嘉新主編，《不正常的人？台灣精神醫學與現代性的治理》。臺北市：聯經。頁211-256。

林淑蓉，2018，〈身體、意象與變異的自我感：精神分裂患者的主體經驗〉，出自蔡有月、陳嘉新主編，《不正常的人？台灣精神醫學與現代性的治理》。臺北市：聯經。頁167-210。

泰勒（Barbara Taylor），2017，《精神病院裡的歷史學家》（*The Last Asylum: A Memoir of Madness in Our Times*）。黃佳瑜譯。新北市：木馬文化。

黃涵榆，2017，《附魔、疾病、不死生命》。臺北市：書林。

蔡有月、陳嘉新，2018，〈導讀：不正常的人？精神醫學與人文社會科學的跨界〉，出自蔡有月、陳嘉新主編，《不正常的人？台灣精神醫學與現代性的治理》。臺北市：聯經。頁21-78。

鄭明河（Trinth T. Minh-ha），2013，《他方，在此處：遷居、逃難與邊界記事》（*Elsewhere, within Here: immigration, Refugeeism and the Boundary Event*）。黃宛瑜、呂欣怡譯。臺北市：田園城市。

藍佩嘉，2008，《跨國灰姑娘：當東南亞幫傭遇上台灣新富家庭》。臺北市：行人。

國家圖書館出版品預行編目 (CIP) 資料

閱讀生命政治 / 黃涵榆著 . -- 初版 . -- 臺北市：春山出版有限公司 , 2021.09
面； 公分 . --（春山之聲；29）
ISBN 978-626-95003-1-4（平裝）
1. 政治思想

570.1 110013216

春山之聲 029

閱讀生命政治

Biopolitics in Contexts

作者 黃涵榆
總編輯 莊瑞琳
責任編輯 夏君佩
行銷企劃 甘彩蓉
封面設計 井十二設計研究室
內文排版 極翔企業有限公司

出版 春山出版有限公司
地址 116 臺北市文山區羅斯福路六段 297 號 10 樓
電話 （02）2931-8171
傳真 （02）8663-8233
總經銷 時報文化出版企業股份有限公司
電話 （02）29066842
地址 桃園市龜山區萬壽路二段 351 號
製版 瑞豐電腦製版印刷股份有限公司

初版一刷 2021 年 9 月
定價 460 元

填寫本書線上回函

All Voices from the Island

島嶼湧現的聲音